网店实战全攻略

——人气·绝招·案例

何海霞 ◎编著

中国致公出版社

图书在版编目(CIP)数据

网店实战全攻略 / 何海霞编著. —北京：中国致公出版社，2011

ISBN 978-7-5145-0115-5

Ⅰ.①网… Ⅱ.①何… Ⅲ.①电子商务-商业经营-基本知识 Ⅳ.①F713.36

中国版本图书馆 CIP 数据核字(2011)第 153388 号

网店实战全攻略——人气·绝招·案例

编　　著：何海霞
责任编辑：安　庆

出版发行：中国致公出版社
（北京市西城区德胜门东滨河路 11 号西门　电话：66168543　邮编：100120）
经　　销：全国新华书店
印　　刷：三河市文阁印刷厂
印　　数：1—10000 册

开　　本：710×1000　1/16 开
印　　张：18.5
字　　数：310 千字
版　　次：2011 年 9 月第 1 版　2011 年 9 月第 1 次印刷

ISBN 978-7-5145-0115-5　　定价：36.00 元

前　言

时至今日，我国网民已经突破 4 亿关口，稳居世界第一。与此同时，中国网络购物也达到每年 5 000 亿元的规模，交易额占社会消费品零售总额的比重提高到 5% 以上。即使如此，中国网民的购物潜力仍未完全释放，网购市场前景依然十分诱人。

根据国内著名互联网分析机构艾瑞咨询调查显示，淘宝网占据国内电子商务 80% 以上的市场份额，拥有注册会员近两亿，是亚洲最大的网络零售商圈。数据显示，截止到 2011 年 4 月 30 日，淘宝网创造了 106 万个直接就业机会，间接提供了 302 万个就业岗位。越来越多的人将创业的目光瞄准了网络开店，尤其是一些年轻人更是视其为就业的另一条出路。

阿里巴巴集团董事局主席马云说："网货将和'中国制造'一样，在未来 10 年里占据世界经济主流。"随着网络市场的蓬勃发展以及网络购物的兴起，开网店的人越来越多，进行网购的用户也在不断增长，顺应这样的潮流，必然带来对相关网络购物指导书籍的需求。本书正是为了满足那些已经或正在进行网上开店但对相关理论、具体操作流程及方法还不太了解的读者而编写，它作为一本网上开店创业的全程指南，从实际淘宝网上开店的准备知识讲起，详细介绍了照片的拍摄与处理、网店装修、网店推广、网店经营与售后、物流发货等知识，同时对网上创业者在实际经营中遇到的问题进行了分析与总结。

本书特色如下：

● 内容翔实，语言精练。本书是网上开店最新、最全面的实战宝典。不仅介绍了淘宝网开店的一般流程，还介绍了寻找货源、拍摄处理图片、

装修旺铺、店铺推广、物流发货、皇冠卖家速成秘籍、优秀店铺营销经验等内容，并通过某些网店成功致富的案例，全方位地阐述了淘宝网开店的理论和流程。

- 结合实际，操作性强。编写本书的根本目的是给那些已经或正在进行网上开店的人员提供一个操作指南，因此结合了卖家的实际经验，一步步按流程进行准备、注册和认证等操作，轻松完成第一笔交易。

- 最新功能介绍。本书按照2011年最新改版的淘宝界面进行教学，让你不会有过时或找不到界面的困扰。

- 具有权威性。本书大部分的技能都已经得到专业人士及淘宝卖家的有效论证，能够实实在在地帮助卖家提高利润。

本书尤其适合想要在淘宝网上开店创业的读者，以及已经在淘宝网上开店但欲进一步掌握网店经营和交易的高级技巧以期把网店生意做大做强的读者，另外还可以作为网络交易初学者的入门参考书。

本书由经验丰富的网店店主编写，同时得到众多网店店主的支持，我们在此表示衷心的感谢。参加编写和整理素材的有何海霞、何琛、吴秀红、马超、王洪东、吕志彬、刘中华、尚振波、郭鹏、刘宇星等。由于编者水平所限，书中可能还存在疏漏和不足之处，欢迎读者朋友不吝赐教。

编　者

目 录

第 1 章 轻松做好网上开店准备

开店指导

如果你已经不满足于在互联网上聊天、看新闻、收发 E-mail；如果你还在为自己的店面每月数千元的房租而焦头烂额；如果你还在为办公室政治而身心疲惫；如果你意识到还可以利用网络创一番事业、改写人生轨迹。那么请选择网上开店，这是一种风险最小却大有前途的创业方式。随着电子商务、物流的发展和诚信体系的逐步完善，会有越来越多的人选择网上开店创业。

1.1 网上开店入门

网上开店是一种在互联网时代背景下诞生的新兴商务模式，近几年发展迅速，并成为许多年轻人的创业首选。一些主流的电子商务网站如淘宝、易趣、拍拍等，已成为近年来最受欢迎的创业平台之一。

1.1.1 什么是网上开店

网上开店是一个新兴的词汇，具体来说就是经营者在互联网上注册一个虚拟的网上商店（以下简称网店），将待售商品的信息发布到网页上，通过照片的形式呈现在网民面前。使日常生活中的面对面讨价还价变成了通过互联网交流工具（阿里旺旺）进行网络咨询；传统的店铺装修变成了网页设计的美化工作。对商品感兴趣的浏览者通过网上或网下的支付方式向经营者付款，经营者通过邮寄等方式，将商品发送到购买者手中。如图

1－1所示在淘宝网开设的网店。

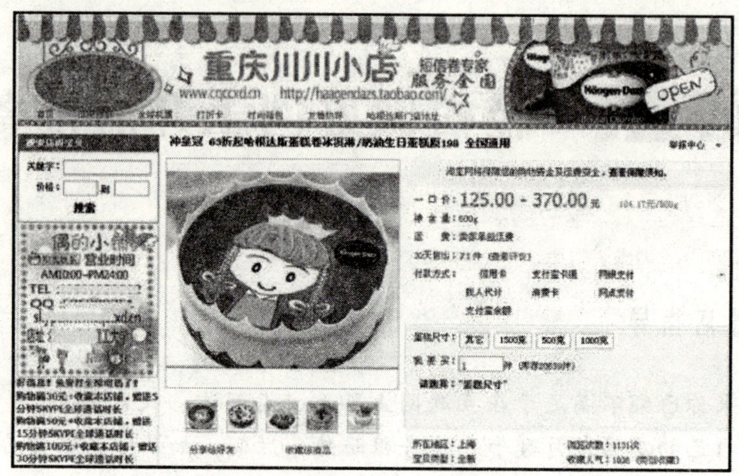

图1－1 在淘宝网开设的网店

网上开店是在互联网时代背景下诞生的一种新销售方式，它区别于网下的传统商业模式，与大规模的网上商城及零星的个人网上拍卖相比，网上开店投入不大、经营方式灵活，可以为经营者提供不错的利润空间，成为许多人的创业途径。网店是随着互联网的发展而逐步走向人们生活的一种新兴商业活动，主要表现形式在于利用互联网进行商业贸易行为。

1.1.2 为什么要在网上开店

据《中国互联网调查报告》显示，我国网民的互联网应用表现出商务化程度迅速提高、沟通和信息工具价值加深的特点。2010年上半年，大部分网络应用在网民中更加普及，各类网络应用的用户规模持续扩大。其中，商务类应用表现尤其突出，网上支付、网络购物和网上银行用户增长率均在30%左右，远远超过其他类网络应用。2010年7月增至1.38亿人，其中，九成以上的用户访问过淘宝网、拍拍网等C2C购物网站；近六成的用户访问过京东商城、当当网、卓越亚马逊等B2C购物网站。可以想象，在这个大背景下投身网上开店，真可谓“赶早不如赶巧”。

与实体店对比，网店的优势是显而易见的：

第一，因为网络连接全世界，所以网店的商品更容易销售。网店几乎

不要资金投入，你只要有网页发布信息就可以。网店是虚拟商店，无须仓库等类似的存储空间，可免去昂贵的店面租金。

第二，网店的资源充足且容易组织。你可以销售本企业或自己的商品，可以销售其他企业或他人的商品，也可以到市场上去找寻商品，甚至可以销售你周围商店里的商品。

第三，网店的适应性广。企业、家庭、个人等都可以开网店，上班族在工作之余也可以开个网店来赚钱。

第四，在生活节奏加快的今天，网上开店方便了顾客，因为他们不必再刻意赶到实体店里，就能很方便地挑选到中意的商品，顾客的忠诚度无疑会加强。

第五，有些商品、服务拿到网上卖，目标市场会更大，如性保健用品，这是由于中国人特有的传统意识的缘故；再像数码重印、网上炒股信息服务，网上经营可谓更便捷。

第六，网店的成本低、收益大，是一个可以全面展现自我的广阔舞台。

最后，我们通过图表对比的方式来看看实体店与网店的异同，如表 1－1所示。

表 1－1　网店与实体店的对比

对比项目	网　店	实体店
经营时间	24 小时	10 多个小时
工作时间	自由安排	8 小时
销售区域	全国	当地周围区域居民
店铺租金	0 元/月	3 000～6 000 元/月
其他经营成本	低	高
可展示的商品	不受限制	受门面大小的限制

1.2 网上开店有什么优势

“打工不如开店”已经成为时下最流行的话语，网店如此风行是因为它具有一些传统商业模式所不可比拟的优势。那么网上开店都有哪些优势呢？

1.2.1 经营成本低

一项针对中国中小企业的情况调查显示，个人在网下启动销售公司的平均费用至少5万元，而网上建店开店成本非常小。一般说，筹办一家网上的商店投入很小，不用去办营业执照，不用去租门面，不用囤积货品。许多大型开店平台基本免费提供，网店可以根据顾客的订单再去进货，不会因为积货占用大量资金；基本不需要水、电、管理费等方面的支出；不需要专人时时看守，节省了人力投资。

1.2.2 经营方式灵活

全职经营和兼职经营皆可；营业时间比较灵活，不受营业地点、营业面积等因素限制，可以在任意角落开网店，可以在网上橱窗摆上成千上万种商品；不需要像实体店那样必须经过严格的注册登记等手续；甚至不需要或者只需要少量存货，易调转船头，风险相对较小。

1.2.3 收入可观

数据显示，以淘宝网为生的店主中，按照收入水平分布，以1 000～2 000元/月为主。其中，39.3%的人月收入在1 000～2 000元之间，22.0%的人月收入在2 000～3 000元之间，而5 000元以上的有7.4%，这些卖家的信用等级较高，开店时间较长。

1.2.4 顾客来源广

消费者地域跨度比较大，所面向的是全国乃至全球的消费者，只要是上网的人群都有可能成为商品的浏览者与购买者。潜在消费者众多，市场

潜力巨大。只要网店的商品有特色，宣传得当、价格合理、经营得法，就可大大增加网店的销售机会，取得良好的销售收入。

1.2.5　营业时间不限

网上开店营业时间不受限制，不必专人看守，却可时时刻刻营业。网上商店无限延长了营业时间，一天 24 小时、一年 365 天不停运作，无论刮风下雨，无论白天晚上，不需要专人值班看店，也可照常营业。传统店铺的营业时间一般为 8 ~12 小时，遇上坏天气或老板、店员有急事也不得不暂时休息。网上商店则节省了人力方面的投资，不用雇佣帮手，店主完全可以在享受生活的同时把自家的网上小店打理得井井有条，还避免了因为来不及照看店铺带来的损失。同时，营业时间不受限制，消费者可以在任何时间登录或购物。

1.3　选择合适的网上开店方式

俗话说："男怕入错行，女怕嫁错郎。"在网上开店之前，精心选择网店平台是非常重要的一件事。磨刀不误砍柴工，在网站选择上多下工夫，对以后的商品销售很有益处。

1.3.1　自助式开店

在专业的大型网站上注册会员，开设个人的网店。如易趣、淘宝、拍拍、百度有啊等许多大型 C2C 网站都向个人提供网上开店服务，只要支付少量的相应费用，就可以拥有个人的网店，进行网上销售。如图 1 –2 所示在自助开店平台开店。

这种方式的网上开店相当于网下去一些大的商场里租用一个店铺或柜台，借助大商场的影响与人气做生意，目前所看到的网店基本都是采用这种方式。

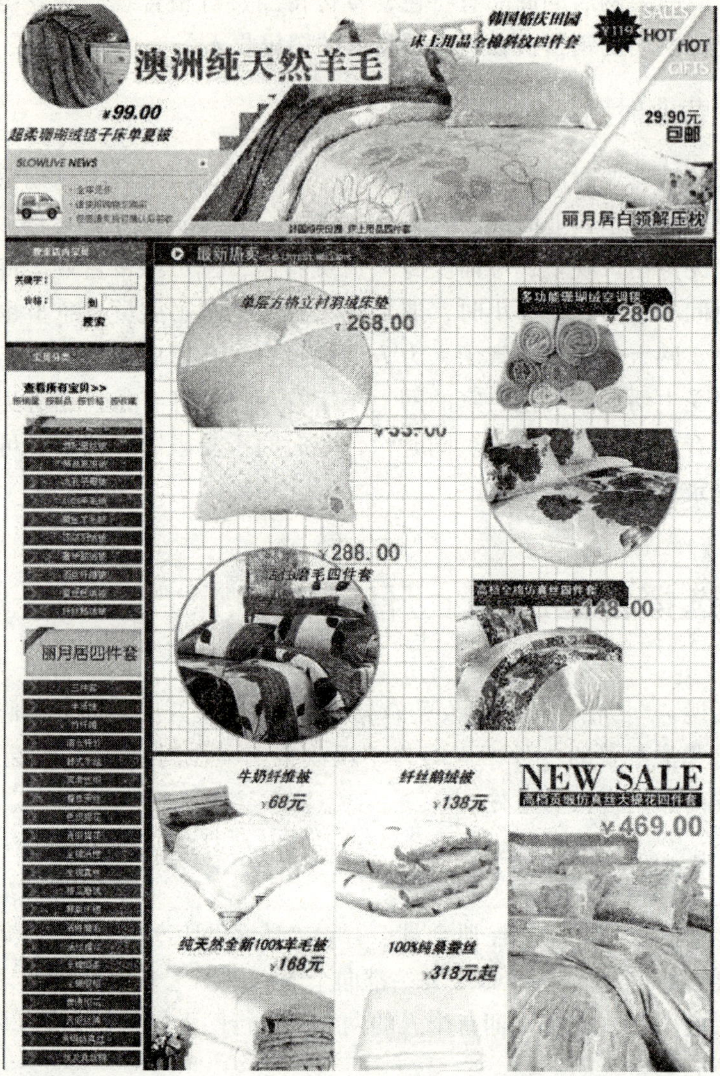

图 1－2　在自助开店平台开店

1.3.2　建独立的网站

建设独立的网上商店是指经营者根据自己经营的商品情况，自行或委托他人设计一个网站，独立的网上商店通常都有一个顶级域名做网址，不

挂靠在大型购物网站上，完全依靠经营者通过网上或者网下的宣传，吸引浏览者进入自己的网站，完成最终的销售。如图1－3所示，建设独立网站进行网上销售。

图1－3　建设独立网站进行网上销售

独立网店的建设方式有两种：一是完全根据商品销售的需要进行个性化设计，需要进行注册域名、租用空间、网页设计、程序开发等一系列工作，个性化较好，费用较高；一是向一些网络公司购买自助式网站模块，操作简单，费用较低，但是缺乏个性。

独立的网店建设缺点是费用较高，同时还需要投入足够的时间与金钱进行网站宣传；优点是网店内容不需要像第一种类型的那样受到固定格式的限制，也不必交纳如商品交易费之类的费用。如何吸引浏览者进入自己的网店，完全依靠经营者自己的推广。

1.3.3 自建网站和自助式开店相结合

读者还可以将前两种方式相结合，既在大型网站上开设网店，又有独立的销售网站，这种方式将前两者的优点集合在一起，不足之处是投入会相对较高。

许多网下的商店经营者认识到网络的作用，开始通过网上销售商品；而一些网上开店取得不错收益的经营者也会考虑在网下开一个实体店，两者相结合，销售效果相当不错。

1.4 网上开店的基本条件

网店是一个虚拟商店，不需要支付昂贵的店面租金，不需要自己或雇佣营业员站柜台。可以说，只要具备网上开店最基本的条件，任何人都可以在网上开店。

1.4.1 硬件要求

尽管网上开店投资少，操作简单，但是也需要具备一些最基本的条件。其中网上开店需要的硬件主要有以下设备：

一、电脑与便捷的网络

当今社会，快节奏的生活、工作，需要更方便的移动办公设备。拥有一台电脑是进行网上开店最基本的条件，是必不可少的。网上开店最好能拥有一台方便携带、随时随地都能投入工作的笔记本电脑。用笔记本电脑可以更加快速、方便地与自己的客户和厂家进行沟通，还可以及时查看和回复买家的留言。此外，它还可以起到移动硬盘的作用。当然，如果没有条件，也可以配一台台式电脑，只要时间分配适当，同样可以达到事半功倍的效果。如图 1 -4 所示为一台电脑。

拥有了电脑后，便捷的网络也是非常重要的。网上开店，顾名思义，就是需要选择一个提供个人或企业店铺平台的网站进行开店。同时，需要利用网络查询一些资料，也需要利用网络与客户或厂家收发电子邮件，所以，便捷的网络也是进行网上开店的条件之一。

图1-4 电脑

二、联系电话

有时网上联系并不能解决全部问题，还需要电话来帮忙。电话也是网上开店常用的工具，因为网络联系有时受制于电脑的限制而无法随时进行，固定电话、手机则可以解决这个问题。

固定电话和手机都配备完整，这样就便于客户与店主联系，客户一旦打电话来询问，那就说明客户有一定的购买意向！客户也希望老板能很好地解答自己的问题，所以提供一个方便联系客户的电话号码是很重要的。

三、数码相机

对于很多店铺而言，数码相机也是基本的装备。因为大部分买家都是通过图片和文字叙述了解商品的。有了自己的数码相机，就可以自由地将自己的产品多角度地反映在买家面前，使买家更加直观地感受和了解物品。如果没有货物的实物图片，商品就很难引起买家的注意和购买欲望，而且还会让买家怀疑该物品是否存在。如图1-5所示为一款数码相机。

因此，好的数码相机和娴熟的拍摄技术就显得尤为重要。当然，在拍摄技术方面，可以多请教一下相关的专业人士，也可以通过网络搜索一些拍摄方面的技巧，帮助自己快速掌握，以免出现高质量的数码相机拍摄出低水准图片的尴尬。

图1-5 数码相机

四、打印机和传真机

当自己的网店进入实际操作阶段，小店发展成为大店时，商家可以通过传真机来接收一些订单或文件。另外，很多资料的收发也离不开传真机，所以传真机是很重要的一项设备。

在开店前期，打印机可能并不常用，但业务发展到一定程度时，可以选择使用打印机打印发货单，这相比于手写的发货单更为正规和专业。

1.4.2 软件要求

网上开店在初期准备中除了投入必要的硬件外，还需要相应的软件。掌握基本的网上操作技术并学习一些相关的软件操作知识，将更加有利于开展网上销售。

以下是网上开店应该具备的一些软件和相关的操作知识。

一、熟练的网上操作

熟练的网上操作有利于开展网上销售，如果连自己网店的网页都不会打开，那么即使具备了开网店的一切硬件条件也没有能力把生意做好，网上开店也将成为空谈。

二、收发电子邮件

电子邮件是 Internet 应用最广泛的服务，它是一种通过网络与其他用户进行联系的简便、迅速、廉价的现代通信方式。它不但可以传送文本，还可以传递多媒体信息，如图像、声音等。在通常情况下，一个独立的网络中，邮件在几秒钟之内就可以送达对方邮箱。同时，还可以得到大量免费的新闻、专题邮件，轻松地实现信息搜索。

三、会使用聊天软件

如果卖家能够熟练地运用一些网上即时聊天工具，如阿里旺旺、微软 MSN、腾讯 QQ 等，或者使用其他网站平台自带的聊天工具，将有助于卖家与买家的沟通。

另外，在与买家聊天时打字要熟练，否则买家会误会卖家怠慢了自己，没有很认真地在与他交谈。网上开店，有时卖家的生意就是在手指敲击键盘的时候谈成的。

四、学会网站设计软件

学会网站设计的相关软件可以为自己的店铺设计几个漂亮的广告宣传

页面。通常，为自己的店铺添加一些人性化的页面，效果会更好。需要学习的网站设计软件主要是 Dreamweaver，它是专门的网页设计软件。

五、熟练使用图像处理软件

网上开店，客户主要是通过图片来判定产品的，所以精美的商品图片和宣传图片尤其重要。精美的图片往往会吸引客户的眼球，而质量差的图片将会使买家望而却步。通过数码相机拍摄的照片，拍摄中可能会出现各类问题，如曝光不足、反差过高等情况。因此做出漂亮的商品图片，对网上开店来说也是一个至关重要的因素。现在的作图软件有很多种，我们所需要学会的也就是最简单的作图方法，只要能熟练使用一款作图软件就可以了。这里推荐一个非常有用的图像处理软件——Photoshop。如图 1 –6 所示为使用 Photoshop 软件处理图像。

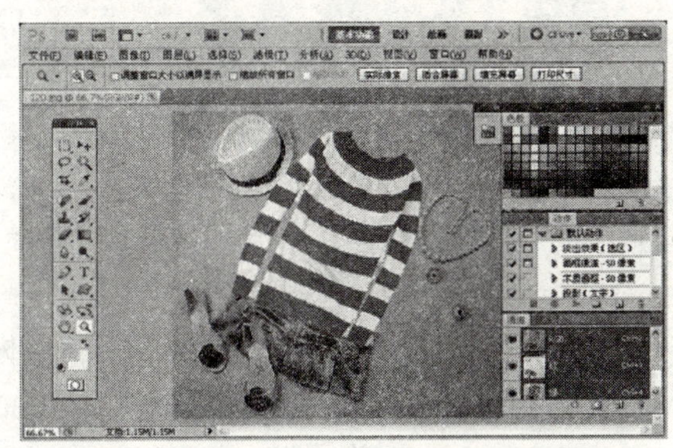

图 1 –6　使用 Photoshop 软件处理图像

1.5　认识网上开店的交易平台

网上开店需要一个好的平台，一般是通过大型网站注册会员进行售卖，创业者通过注册成为网站会员，然后依靠其网站开设店铺。在人气高的网站上注册建立网店是目前国内最火的开店方式，目前常见的网上开店四大平台分别是淘宝网、易趣网、拍拍网和百度有啊。

1.5.1 淘宝网

淘宝网（www. taobao. com）成立于 2003 年 5 月 10 日，由阿里巴巴集团投资创办。经过 6 年的发展，截至 2009 年底，淘宝网拥有注册会员 1.7 亿；2009 年全年交易额达到 2 083 亿元人民币，是亚洲最大的网络零售商圈。如图 1 -7 所示淘宝网首页。

图 1 -7 淘宝网首页

据国内著名互联网分析机构艾瑞咨询调查显示，淘宝网占据国内电子商务 80% 以上的市场份额。数据显示，截至 2010 年 4 月 30 日，淘宝网创造了 106 万个直接的就业机会，也就是说有 106 万人通过在淘宝网上开店实现了就业。据全球咨询机构 IDC 测算，每一人在淘宝开店实现就业，就将带动 2. 85 个相关产业的就业机会。也就是说，截至 2010 年 4 月 30 日，淘宝网已经为产业链创造了 302 万个就业岗位。

1.5.2 易趣网

易趣网（www. eachnet. com）作为全球最大的中文网上交易平台之一，具有较为安全、高效的优点。

易趣网采用美国 eBay 的模式，起初对在易趣网上开店的卖家收取费用。由于后来者淘宝网依靠免费策略，逐步扩大市场份额，所以，随着市场的变化，易趣网宣布自 2008 年 5 月 5 日起对卖家终身免收包括高级店铺和超级店铺在内的店铺费，也不再收取商品登录费、店铺使用费等传统项

目费用。如图 1－8 所示易趣网首页。

图 1－8　易趣网首页

1.5.3　拍拍网

拍拍网（www. paipai. com）是腾讯旗下的电子商务交易平台，网站于 2005 年 9 月 12 日上线发布，2006 年 3 月 13 日宣布正式运营，目前是国内第二大电子商务平台。依托于腾讯 QQ 超过 7.417 亿的庞大用户群以及 3.002 亿活跃用户的优势资源，拍拍网具备良好的发展基础。作为腾讯“在线生活”战略的重要业务组成，拍拍网依托于腾讯 QQ 以及腾讯其他业务的整体优势，现在已成为国内成长速度最快、最受网民欢迎的电子商务网站，并且帮助几十万社会人员和大学生解决了就业问题。如图 1－9 所示拍拍网首页。

图 1-9 拍拍网首页

拍拍网目前主要有女人、男人、网游、数码、手机、生活、运动、学生、特惠、母婴、玩具、优品、酒店等十几大频道，其中的 QQ 特区还包括 QCC、QQ 宠物、QQ 秀、QQ 公仔等腾讯特色产品及服务。拍拍网拥有功能强大的在线支付平台——财付通，为用户提供安全、便捷的在线交易服务。

1.5.4 百度有啊

百度有啊（www. youa. baidu. com）是百度旗下网站，以生活消费为核心，致力于帮助用户满足对于商品和服务信息的获取、筛选、交流、决策直至交易的一个创新、开放、生活的电子商务平台。如图 1 - 10 所示百度有啊网站首页。

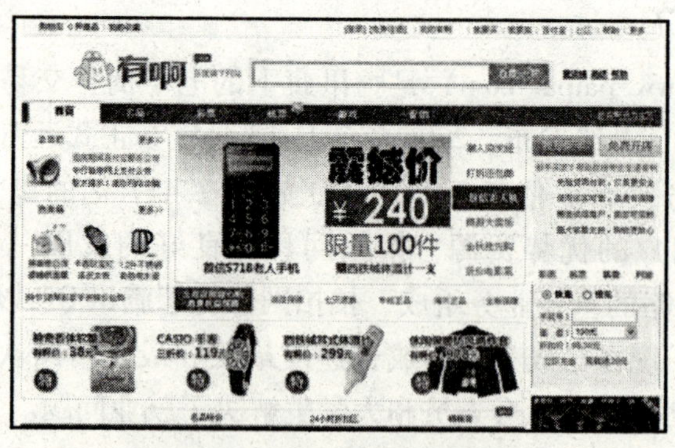

图 1 - 10 百度有啊网站首页

百度有啊秉承百度创立以来的“让人们最便捷地获取信息，找到所求”的公司使命，一直致力于将搜索引擎、社区与电子商务无缝对接，始终坚持为网民提供基于搜索引擎的电子商务产品及服务，更好地满足消费者与商户两端的需求。百度有啊将持续朝着这个方向发展，让消费者获得完美的体验，享受电子商务带来的美好生活。同时让优质商户有效推广自己的产品和服务，享受业务的增长和事业的成功。

2008 年，建立在全球最大的中文搜索引擎百度旗下独有的搜索技术和强大社区资源的基础上的百度有啊推出了网络购物平台，突破性实现了网络交易和网络社区的无缝结合，为庞大的百度用户及网购消费者提供更贴心、更诚信的电子商务服务。

1.6　做好网上开店的准备

在开网店之前，首先要明确自己是否适合开网店，是否拥有经营网店的时间、优势和资源，并且要熟悉网上开店的流程，做好开店的心理准备。

1.6.1　什么样的人适合网上开店

究竟哪一类型的人比较适合网上开店呢？一般来说，下面这些人比较适合在网上开店。

一、中小企业主

对于中小企业主而言，网上开店是一种必然的选择。过去，那些名不见经传的中小企业，要想把产品送进大百货店的大门简直比登天还难，可如今网络店铺给它们提供了一个广阔的天地，解开了中小企业产品“销售难”的死结。不受地理位置、经营规模、项目等因素制约，只要上网就能资源共享，中小企业在网络店铺上与知名大品牌实现了平等，而且还可以开展以前想都不敢想的全球经营。

二、大学生

有很多大学生朋友都在红红火火地搞着网上销售，他们的那份热情，他们的那份执著，真的很让人感动，大学生平时的学习生活比较清闲，对

网络的应用得心应手，上网开店唾手可得。很多成功的网上店主就是在读的大学生，他们通过这种方式淘到了人生中的第一桶金。

三、拥有货源的人

无论是开网店还是实体店，货源都是最主要的。我有货，那就是资源，现在需要更好的销售推广，那就可以网上开店。一次的投资，专业推广自己的产品，马上就可以得到立竿见影的效果。网上开店的一个必要因素就是货源，有货源的人在网上开店，是一种很有眼光的选择！

四、需要处理手中旧货的人

每个人都会有一些物品像鸡肋，食之无味、弃之可惜。对于他们来说，网上商店就像以往的跳蚤市场一样，是用来交易各种旧东西的场所。当然以前的跳蚤市场是面对面，现在科技进步了，跳蚤市场改称网上商店，采用网上交易。在所有网上开店的卖家中，这类人群应该占有不小的比例。

五、初次创业者

现代社会中，很多人都梦想自己创业，但面对形形色色的压力和风险，往往又望而却步。对于这类人群而言，通过网上开店开始自己的创业生涯，无疑是个很好的选择。

网上开店创业风险比较小，投入资金少，甚至可以是零投入，对于初始创业的人来说，这无疑增强了信心与创业热情。网上开店和实体店的性质是一样的，都是与人交流，能锻炼沟通交流能力，增加人脉，学习宝贵的经验，为下一步发展奠定基础。

六、拥有实体店的人

如果你拥有实体店，那么可以选择在网上开家店，作为实体店的分店，从而把潜在客户拓展到网上，不断发展自己的消费群体。使用这种方法往往会有意想不到的效果，销售额还有可能超过实体店。

七、企业白领

网络购物在职场人中渐渐盛行，网上开店也成为白领们赚取外快的方式。智联招聘的职场人网上开店特别调查显示，三成职场人开过网店，八成职场人有过网上购物经历。白领店主们表示自己开网店的主要目的是赚钱，但开网店需要付出大量的时间和精力来打理，需要协调好本职工作与兼职之间的关系。

八、自由职业者

年轻人越来越追求独立自主的生活方式，不喜欢被束缚，希望通过自身的奋斗，摆脱给他人打工的状况，成为所谓的自由职业者。现在不少的自由职业者喜欢上网冲浪，他们开设网络店铺并不在意自己的东西能卖多少钱，而是希望那些平时逛街所购买的东西同样会有人欣赏和喜欢，其目的是通过开店来充实生活，寻找一些志趣相投的朋友。通常这类朋友多会将此作为拓宽社会圈子的一种有利方式，为今后的发展打下坚实基础。

1.6.2　熟悉网上开店的流程

现在要想在网上开店是非常简单的，只要遵循一定的流程，掌握适当的方法，店铺很快就可以开业了。如图 1－11 所示网上开店的一般流程。

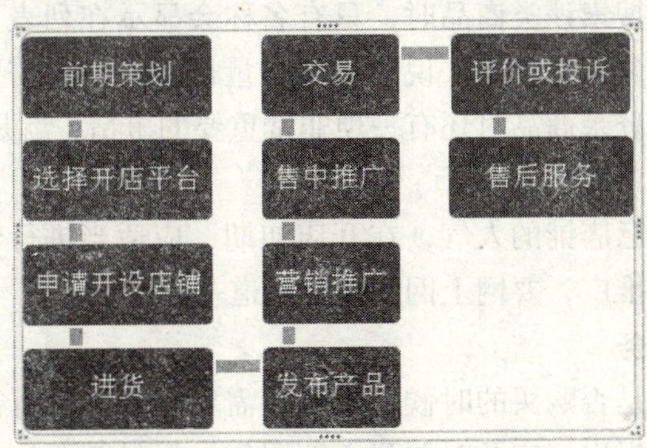

图 1－11　网上开店的一般流程

一、前期策划

开店之前需要想好自己要开一家什么样的店铺。在这点上，网店与传统店铺没有什么区别，寻找好的市场、让自己的商品有竞争力才可能取得成功。

二、选择开店平台

接下来，需要选择一个合适的开店平台。大多数网站会要求网友用真实姓名和身份证等有效证件进行注册。在选择网站时，人气是否旺盛、是否收费以及如何收费等都是要考虑的因素。现在很多平台提供免费开店服务，这一点可以为你省下不少费用。

三、申请开设店铺

申请店铺时要详细填写自己店铺所提供商品的分类，然后需要为自己的店铺起个响亮的名字，买家在列表中点击哪个店铺，更多取决于名字是否吸引人。

四、进货

从你熟悉的渠道和平台进货，在这一环节中一定要注意控制成本。选择别人不容易找到的特色商品，是一个好的开始，保证商品的质优价廉才能留住客户。

五、登录商品

把每件商品的名称、产地、性质、外观、数量、交易方式、交易时限等信息填写在网站上，最好搭配商品的图片。名称应尽量全面，特点突出，因为当别人搜索该类商品时，只有名称会显示在列表上；为了增加吸引力，图片的质量应尽量好；说明也应尽量详细；如果需要邮寄，最好注明谁负责邮费；登录商品时还有一项非常重要的事情，就是设定价格。

六、营销推广

为了提升自己店铺的人气，在开店初期，应适当进行营销推广，而且不能只限于网络推广，要网上网下多种渠道一起推广。

七、售中服务

顾客在决定是否购买的时候，很可能需要很多你没有提供的信息，他们随时会在网上提出，应及时并耐心地回复。但是需要注意，很多网站为了防止卖家私下交易以逃避交易费用，会禁止买卖双方在网上提供任何个人的联系方式，如信箱、电话等，否则将予以处罚。

八、交易

成交后，网站会通知双方根据约定的方式进行交易。可以选择见面交易，也可以通过汇款、邮寄的方式交易，但应尽快完成交易，以免对方怀疑你的信用。至于是否提供其他售后服务，应视双方的事先约定而定。

九、评价或投诉

信用是网上交易中双方非常看重的因素，为了共同建设信用环境，交易完毕，买卖双方应互相给予对方评价。如果交易满意，最好给予对方好评，并且通过良好的服务来获取对方的好评。如果交易不满意，则给予差评，或者向网站投诉，以减少损失，并警示他人。如果对方投诉，则应尽

快处理，以免给自己的信用留下污点。

十、售后服务

完善周到的售后服务是使生意保持兴隆的重要手段，要随时与客户保持联系，做好客户服务工作，这会给你带来源源不断的生意。

1.6.3 网店经营者要保持良好的心态

如今，网络已经不再是新兴的事物。网民的数量与日俱增，电子商务正在蓬勃发展，网上开店的从业者飞速增长，竞争也显得越发激烈。虽然网上销售是一种门槛很低的创业渠道，但是它并非适合所有的人，你必须具备一定的能力，最起码要有自发学习的能力、坚忍的毅力、过人的精力和体力，还要有吃苦耐劳的精神才能胜任这个看似轻松的工作。

一、心理上的准备

首先，在心理上要做好迎接变化的准备，要明白这是属于自己的事业。从此，可能没有周末的休闲，没有节假日的放松，还要重新学习很多以前不了解的东西。

开店之初都想把网店做好，这是很正常的追求，但是期望值越高，需要付出的艰辛就会越多，别人生意兴隆，自己做不一定就能有这样好的成绩。网上开店绝对不是一般人想象得那么轻松，不可能每天睡到日上三竿，想什么时候工作就什么时候工作，想做就做，不做就休息，每天还能有可观的收入。

二、要具有平和的心态

在网上开店，不管卖家是兼职还是全职，不管店铺是大还是小，都应本着长期经营的心态，把网店当成自己的事业。做事业总是有风险的，卖家要用冷静的头脑、平和的心态去分析市场，做事要有条不紊、未雨绸缪，将风险控制在最小范围。做一个网商，要切忌畏缩不前或盲目冲动。开店之前一定要正确地认识风险，在面对风险的时候，做到有勇有谋。

三、要具有诚信的心态

在网上经营不是面对面的交易，买家是通过卖家提供的文字和图片来了解产品的，所以卖家必须对其负责，提供的文字和图片要真实，确保商品质量，做到既不夸大商品的优点也不掩饰商品的不足。有些新手卖家，为了提升自己的信用度，走向了信用炒作的歧途，这是完全错误的，只有

真诚对待，卖家才能拥有长期合作的买家，才会欣喜地看到一个个褒奖的好评。

四、要具有学习的心态

只有不断地学习，才能不断地进步。卖家可以通过在“淘宝大学”学习，或从书本上及向同行学习，及时掌握最新的知识，学习优秀网店的经验。卖家不仅仅要在开店之初学习，开店之后更要时时学习。现在的信息变化很快，只有不断地充实自己，才能取得辉煌的成功。几乎每一个刚开店的朋友都是带着满腔的热情而来，从头开始，边学习边操作，让店铺从无到有，商品从寥寥无几到琳琅满目。

第2章 为网店寻找好的货源

开店指导

进货是网上开店的重要环节，确定了经营商品范围之后，就要去寻找物美价廉的货源，这样才能为网店经营打下成功的基础。不管是通过何种渠道寻找货源，低廉的价格都是关键因素。

2.1 选择合适的商品

网上开店最好选择那些自己了解、配送方便、很有特色的产品，当然也要保证质量，因为这样才有竞争力。

2.1.1 网上零售商品的特点

在网上销售的商品大致可以分为数字化产品和非数字化产品两大类。数字化产品和非数字化产品在网上营销模式上最大的区别在于营销渠道。

数字化产品不需要传统的销售渠道，可以通过网络直接下载到用户端，几乎无渠道成本，其营销策略大同小异。

对于非数字化产品而言，由于其标准化程度和价值的不同，营销策略组合也有较大的差异，因此这里先将非数字化产品分为标准化产品和个性化产品两个子类。

标准化产品是指根据产品的型号等信息就能确定其功能、性能和质量的通用产品，如书籍、数码电子产品等。对于标准化产品，用户根据网上发布的产品信息就能做出购买决策，无需测试即可知道是否满足自己的需

求。因此，这类产品正是由于其标准化的特性，才成为网上营销首先发展的领域。

个性化产品是指对产品诸多方面，如样式、尺寸、功能、性能、质量等不同用户有不同要求的产品，如服装和食品等。这类产品对于用户而言，一般需要在购买前进行测试或与卖家进行一对一地充分沟通。

2.1.2 哪些商品适合在网上销售

在网上开店首先要解决的问题就是：哪些商品适合在网上销售？选好主营商品是网店经营好的第一关。热门商品销量大，自然竞争就激烈；冷门商品利润大，但是销量又太低；便宜商品卖得快，但是利润太少；贵重商品利润高，可是初期投入太大。

从理论上讲，网络覆盖的范围很广，任何商品都可以在网上销售。但理论归理论，对于准备经营网店的卖家来说，在商品选择上还是应该遵循以下两个原则，即结合自身优势与满足市场需求。

适宜在网上销售的商品大致有如下几类：

一、实体商品

如服装、家居用品、数码家电、化妆品、书籍音像、珠宝首饰、计算机和外围硬件等。

二、信息与媒体商品

如软件销售（计算机游戏、Java 软件、软件包）、情报销售（法律、医药查询）、信息提供（数字化新闻、电子书、电子杂志，研究报告、论文）和股市行情分析（银行、金融咨询服务）等。

数字化的商品非常适合通过互联网来进行销售，因为互联网本身就具有传输多媒体信息的能力。从目前国内外许多报纸和杂志纷纷提供网络版的趋势来看，在未来纸张价格昂贵及环保因素下，数字化信息将会成为未来出版的主流。

三、可重复购买的商品

如果重复购买率低，就意味着必须要把重心放在拓展新顾客上，这样会导致初次营销成本一直居高不下，而老顾客只能起到有限的口碑传播的作用。重复购买率高的商品可以通过很高的初次营销成本去投资新顾客，以后总能从这些顾客中收回来，同时又有老顾客一直在持续创造价值。

四、新奇类商品

在日常生活中很难买到的产品，如刚刚开发出来的新产品。

五、地域性强的商品

由于地域的原因，很多产品在其他地方很难买到，如土特产、民族工艺品等。

六、标准化商品

如书籍、音像制品、数码产品等标准化的商品，这类商品如果在价格上有优势，就比较容易成为热销品。

七、附加值较高的商品

现在商业已经很发达，一般的日用品批发、零售之间的差价已经很小，显然不适合在网上直接销售。应当尽量选择利润率比较高，能够给顾客提供较大折扣的商品。

2.1.3　网上最热卖的商品

选择合适的商品是网上开店成功的第一步，只有选择合适的商品才能有更大的发展空间，网上销售的商品每天都在扩充，绝大多数在普通商店中销售的商品，在网上也能购买到。

如表 2－1 所示为 2010 年上半年淘宝商品销售排行榜（按销售额排名）。

表 2－1　2010 年上半年淘宝商品销售排行榜

排　名	类　目
1	家居日用品
2	服饰
3	手机
4	化妆品
5	户外运动产品
6	珠宝首饰

（续）

排　名	类　目
7	书籍音像
8	笔记本电脑
9	小家电
10	相机、摄像机

一、服装

在众多网店中，赚钱最快的当属服装店。五彩缤纷的时装在给人们生活带来美和享受的同时，也给店主带来了不菲的收入。报告显示服装是网上最畅销的商品。2010年消费者通过网上总计购买了约640亿元的服装类产品，共有8 600万消费者在网上购买过服装，约占到全部网购消费者数量的三分之二。如图2－1所示的服装店铺，销售非常好。

图2－1　服装店铺

小提示

服装店铺的商品图片不仅要吸引人、清晰漂亮，还要向买家传递丰富的商品信息，如商品的大小、感觉等这些看不准、摸不着的信息。

二、手机

图 2－2　手机店铺

手机不仅是一种通讯工具，还是时尚的代表——拥有一部或几部“很炫”的手机是一件“很酷”的事。所以，网上推出的最新款式手机永远不会缺少年轻人的追捧，并由此带动了相关彩铃、配件、充值卡等商品的销售。如图 2－2 所示的手机店铺，作为 2009 年才创建的店铺，目前销售已经达到皇冠级，可以看出这类产品目前销售非常好。

小提示

网上卖手机类商品，一定要有价格优势。一般买家在网上购买此类产品时都很谨慎，在网上搜索比较以后才去购买，同样品牌的商品价格是很重要的因素。

三、化妆品

图 2－3　化妆品店铺

利润丰厚的化妆品市场无论网上或网下都蕴藏着巨大的商机，这自然吸引了大量商家进入。从 2004 年开始，化妆品网购如日中天，淘宝网在这方面起到了至关重要的作用，数千万淘宝注册用户，既是化妆品网上推销的热衷者，也是化妆品网购的消费者。以淘宝网来分析，2006 年以前，化妆品类商品在淘宝的销售还排在第 7 位，和其他商品一样，每年保持 100% 的增长，2006 年全年淘宝网上一共销售出 4 000 万件香水等化妆品。到 2007 年，化妆品在淘宝网卖出了 9 000 万件，并在此后稳居淘宝销量前五名之列，进入 2009 年，淘宝网上化妆品网店已经多达 12 万多家。据了解，网上化妆品店“80% 的利润来自于 20% 的老客户”。由于化妆品是日用品，用完了还要消费，因此，在经营时应该努力去抓住每一个买家，让买家踏踏实实地做个回头客。如图 2－3 所示为网上化妆品店铺。

四、家居日用类商品

2009 年上半年，家居日用类商品网上销售的数量和金额都是 2008 年全年的两倍以上。家居日用类商品 2009 年上半年首次登上销售排行榜第一名，和 2008 年底相比跃升了 3 个位次。业内人士称，电子商务已经开始成为主流销售方式，越来越多的人在网上购物，而且购物范围也越来越广，服务行业和家居用品成为主流。比如厨房用品、床品布艺、家具等商品的销售量增长幅度明显超过了消费电子商品和服饰类商品。如图 2－4 所示为家居日用品店铺。

图 2－4　家居日用品店铺

五、首饰

在网上开店卖饰品，由于节省了房租费、装修费，因而价格上具有很大优势，已被很多人接受。对于高价值首饰，由于有了安全的支付宝，因此安全交易也不成问题。无论是在易趣网还是在淘宝网，首饰（尤其是水晶、翡翠类首饰）一直都是卖得最好的商品之一。如图 2－5 所示为珠宝首饰店铺。

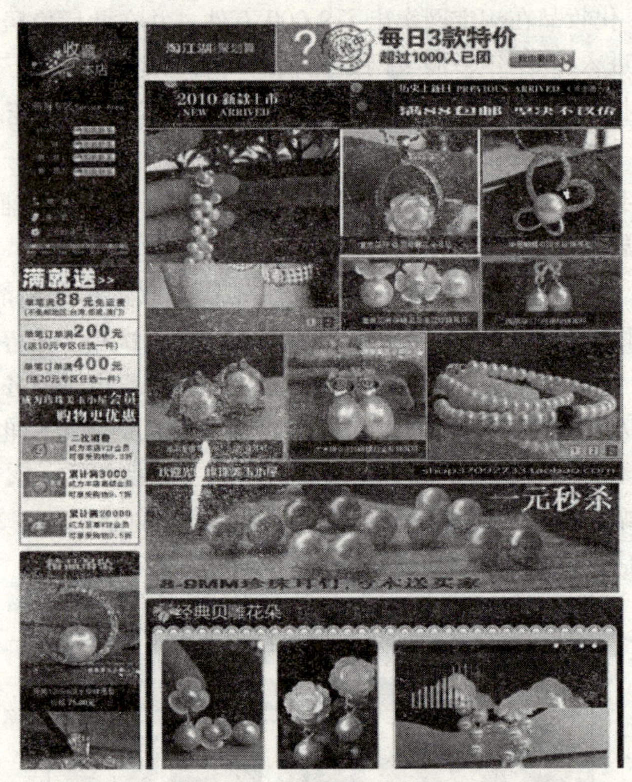

图 2－5　珠宝首饰店铺

六、数码产品

在网上购买数码相机、摄像机及相关配件的人也越来越多。在互联网时代，数码产品永远是网上销售的热门。网上售卖数码类商品，一定要有价格优势。一般买家在网上购买此类产品时都很谨慎，比较以后才去购买，同样品牌的商品价格是很重要的因素。如图 2－6 所示为数码产品店铺。

图 2－6　数码产品店铺

七、电脑

电脑，尤其是笔记本电脑的销量一直都在各 C2C 平台上排在前列，其相关配件和外设的销量也相当可观。这也许是因为上网的人都离不开电脑的原因吧。如图 2－7 所示为笔记本电脑店铺。

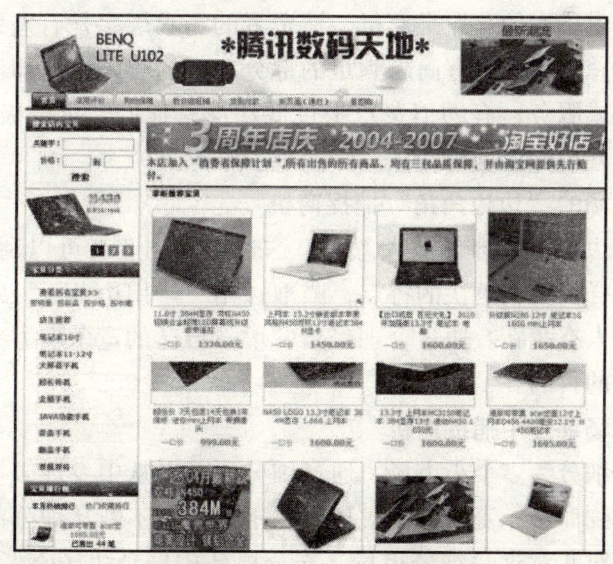

图 2－7　笔记本电脑店铺

小提示

电脑产品的进入门槛相对较高，需要具备一定的专业知识，如要清楚产品的功能特点、辨别产品的优劣，以及帮助买家排除一些小故障等。

2.2 如何捕捉商机与进货

2.2.1 怎样快速捕捉商机

如今，市场行情瞬息万变，商机稍纵即逝，作为创业者，除了要具有把握市场风云的超前慧眼与把握市场的脉搏、审时度势的能力外，还要掌握有用的方式和要领。

一、从市场供求差异中捕捉商机

在市场经济条件下，市场供求总是有一定差异的，这些差异正是潜在的商机。市场需求总量与供应总量的差额是商机，假如洗衣机的市场需求总量为100%，而市场供应量只有70%，那么就有30%的市场机会可供选择和开拓。

消费者需求层次的差异是商机。消费者的需求层次是有差别的，不同层次消费者的总需求中总有尚未满足的部分。有的收入极高却没有可供消费的高档商品或服务；有的消费水平过低却没有他们需求的极低档商品，这些都是可以开拓的市场机会。

二、从市场的“边边角角”捕捉商机

市场的边边角角很容易被人忽视，这也正是创业者可以利用的空隙。要具有灵活多样、更新更快的特点，瞄准边角、运用边角，另辟蹊径，做到人无我有、人有我新。通过合理经营，增强自己的竞争实力，最终达到占领目标市场的目的。

三、从市场细分中捕捉商机

市场可以细分为多个小市场，通过细分，可以从中发现未被满足的市场，从而捕捉到商机。麦当劳的成功就在于它能够不断从细分市场中捕捉到商机，它针对儿童这一细分市场，充分抓住中国独生子女娇贵的特点，搞起了"麦当劳儿童生日晚会"等促销活动，并取得很大成功。

四、从市场竞争对手产品的缺陷中捕捉商机

研究竞争对手，从中找出其产品的弱点及营销的薄弱环节，也是捕捉商机的有用要领之一。

五、从市场的潜在需求中捕捉商机

一般讲，市场需求具有梯度递升的特性。因此，创业者应具有超前意识，预测市场的潜在需求，捕捉发展的商机，拓宽新的市场。目前绝大多数都市居民在拥挤的工厂、商场、办公楼内工作，在这样的环境中工作和生活，能多吸几口新鲜空气已成为人们潜在的需求。一些有眼光的商人敏锐地捕捉到这一发展商机，于是把天然的新鲜空气灌到瓶里，拿到城市去发售。这种几乎无本的生意果然十分红火。后来，这种天然空气又被发展用于登山时使用，销售更是倍增。

六、从市场发展的趋势中捕捉商机

市场经济条件下，市场总是在不断发展变化。创业者要善于从市场发展变化的趋势中，捕捉发展的商机。如在我国大中城市中，人口已出现了老龄化的趋势，这意味着老年人市场将慢慢扩展，可把握这一商机，深入细分老年人市场，尽可能开发满足他们要求的各种产品。

七、从市场信息中捕捉商机

市场信息意味着商机。如果创业者具有敏锐的信息洞察力与眼光，就能捕捉到商机，抢先占领市场。

机不可失，时不再来。在充满迷雾的市场上，偶然性随时有可能出现，但不是每一个经营者都能捕捉到商机，创造奇迹的。这正如一位专家所说：一些人之所以成功，不是因为他们得到了幸运的机会，而是因为他们有一双慧眼，善于捕捉幸运。

2.2.2　批发市场进货

批发市场产品多样、地域分布广泛，能够小额批发，更加适合以零售为主的小店。批发市场的商品价格一般比较便宜，因而成为经营者选择最多的货源地。从批发市场进货一般有以下特点：

- 进货时间、数量自由度很大。
- 品种繁多、数量充足，便于卖家挑选。

• 价格低，有利于薄利多销。

一般批发商不会轻易地将最实在的价格告诉初次接触的客人，而是根据经验和标准去衡量，然后才酌情开价。这无疑给毫无经验的新卖家增加了一些难度，下面介绍在批发市场进货时的技巧：

1. 进批发市场，先不要急着问价买东西，应先把整个批发市场纵观浏览一遍，把各类款式、风格的商品分类，做到批发时心中有数。

2. 如果进货不多，可以手上拿 1 ~ 2 个批发市场最常见的黑色大塑料袋。

3. 钱货要当面清点，避免遭受损失。这里所说的清点有两层含义，一是当面清点好钱款，二是当面清点好货品。钱款好说，只要注意别收到假币、别多收你的就行了，而货品则要不怕麻烦，尽可能细致检查，在人头攒动的批发市场，特别是紧俏新品被人疯抢时，少发一件货、发错颜色、尺码、款型的事经常发生。对于数量大的批发货品，虽然厂家承诺有问题可以调换，但很多拿货的人不会有耐心去一件件细致检查，而这里的检查也是针对小卖家而言，数量不多又没时间经常去的，完全可以做到当面检查、当面调换，把瑕疵和损失概率减到最低。

4. 因为批发市场主要针对的是批发客户，第一次进货一般量都不大，所以砍价要量力而为，不要太狠，否则店家一般都不会太愿意跟这样的买家合作。还有，货比三家并不是以买到低价货为目的，更重要的是要发掘优质供应商，这是以后合作中关键的一环。

5. 买好的货物，千万要不离左右。批发市场环境复杂，人潮涌动，什么人都有，隐藏着很多你根本无从察觉的陷阱。在批发市场，有些人专偷拿别人货品，然后低价转卖。如果你进店挑选时间较长（有的店人多小推车进不去）而疏于看管，出来时就有找不到自己货物的危险。所以，始终要记着货物不离左右，随时注意周围情况。

6. 不要失去主张完全被批发商意见所左右。有的新手去拿货因为一点也不了解和熟悉市场行情，所以看到别人拿什么就拿什么，批发商说什么好就按批发商的意见赶快掏钱，这样完全没有自我主张的进货态度往往造成货品混乱、不易搭配，更无从谈起个人风格，所以去之前一定要分析好经营定位。

7. 第一次进货，不要太多，容易压货。初次进货时，新手往往有些茫

然，不知道拿多少拿些什么合适，觉得这也行那也行；有的人一旦开拿又往往止不住，等拿完货回家再看时，就发现对货品不甚满意。

8. 对中意的店铺，要留下联络方式。每个店铺都有不同的风格，所以淘货也会受到这样的主观影响。每次去批发市场专挑对口味的看和选择，遇到比较满意的就留下名片，作为今后长期合作考虑的对象。留下名片是因为批发市场太大，下次你不一定就能找到；还因为有了名片就可叫得出店家名字、知道电话，要什么可随时联系比较方便；店主如果平时要货不多，又不想跑时，就可和批发商联系，亲自去拿或对方寄来都很方便，所以这个细节也应留意。

2.2.3　厂家直接拿货

一件商品从生产厂家到消费者手中，要经过许多环节，其基本流程是：原料供应商→生产厂家→全国批发商→地方批发商→终端批发商→零售商→消费者。

如果是进口商品，还要经过进口商、批发商、零售商等环节，涉及运输、报关、商检、银行和财务结算。经过如此多环节、多层次的流通组织和多次重复运输过程，自然就会产生额外的附加费用。这些费用都被分摊到每一件商品上，所以，对于一件出厂价格为 30 元的商品，消费者往往需要花 300 元才能买得到。

如果可以直接从厂家进货，且有稳定的进货量，无疑可以拿到理想的价格。而且正规的厂家货源充足，信誉度高，如果长期合作的话，一般都能争取产品调换和退货还款。但是，一般能从厂家拿到的货源商品并不多，因为多数厂家不屑与小规模的卖家打交道，但有些网下不算热销的商品是可以从源头进货的。一般来说，厂家要求的起批量非常大。以外贸服装为例，厂家要求的批发量至少要上百件或上千件，达不到要求是很难争取到合作的。

2.2.4　关注外贸尾单货

外贸尾单货就是正式外贸订单的多余货品。外商在国内工厂下订单时，一般工厂会按 5% ~ 10% 的比例多生产一些，这样做是为了万一在实际生产过程中有次品，就可以拿多生产的数量来替补，这些多出来的货品

就是我们常说的外贸尾单货了。这些外贸尾单货价格十分低廉，通常为市场价格的两三折，品质做工绝对保证，这是一个不错的进货渠道。

外贸尾单货的优点就是性价比高，通常我们所卖的几十块钱的产品出口都是几十美金或是更高的价格。但有个缺点也是优点的地方，就是颜色和尺码有的不成比例，不能像内销厂家的货品那样齐码齐色。所以一般价格都比商场或其他地方便宜，而且不会造成雷同。由于外商检验非常严格，所以外贸尾货的质量是非常不错的。

2.2.5 拿到国外打折商品

货源的寻找不仅局限于国内，还可以利用网络的无国界来销售国外品牌。国外的一线品牌在换季或节日前夕，价格会非常便宜，可直接和国外的厂家联系。如果卖家在国外有亲戚朋友，可请他们帮忙，拿到诱人的折扣价在网上销售。即使售价是传统商场的3～7折，也还有10%的利润，多的甚至达到60%的利润！目前，这种销售方式正被一些留学生所青睐。

2.2.6 积压库存商品

随着社会经济和物质生产高速发展，新技术、新产品层出不穷，更新速度加快，库存商品及闲置物资越来越多，而地区间、国际间的经济发展不平衡为库存积压商品的销售提供了广阔的市场，“旧货”、“库存货”市场得以迅速发展。当前传统意义的“旧货”概念正在被打破，很多崭新的商品在市场的更新换代中积压下来，但仍具有完善的使用价值。“旧货”成为多品种、多层次、数量巨大的各类库存商品及闲置物资的代名词，其交易额已占到各旧货市场交易额的60%以上。

有些品牌商品的库存积压很多，一些商家干脆把库存全部卖给专职网络销售卖家。不少品牌虽然在某一地域属于积压品，但网络覆盖面广的特性，完全可使其在其他地域成为畅销品。如果能经常淘到积压的品牌服饰、鞋等货物，拿到网上来销售，一定能获得丰厚的利润。这是因为品牌积压库存有其自身优势。

- 质量好，竞争力强。
- 需求量大，市场前景看好。
- 利用网络的地域性差异提高价格。

2.2.7　与实体店家合作

网店的开办者一般都没有自己的实体店，这样很难与大的地区代理商打交道。但可以与实体店合作，利用他们的现有资源，从他们那里拿到比较实惠的价格。

比如，网上一些化妆品卖家与高档化妆品专柜的主管熟悉之后，可以在新品上市前抢先拿到低至 7 折的商品，然后在网上按专柜 9 折的价格卖出。因化妆品售价较高，利润也相应比较丰厚。

与实体店家合作主要有以下几方面的好处：

- 质量好，档次高。
- 具有很强的竞争性。
- 利润高。
- 有利于利用网上无地域的差异提高价格。
- 不会积压货物，可以随时换货。

可以在经常性的打折时段定期去打折商场或跟厂家进行联系，建立一种长期的合作关系，为店铺的经营寻找到一个稳定的货源地。

2.2.8　寻找换季、节后、拆迁与转让的清仓商品

在很多情况下，商家会因换季等原因进行清仓处理，因为他们已经收回成本或是赚够了，剩下的能卖多少就卖多少，根本无关紧要。这时候，对网店的店主来说是个良好的商机，但在进货时也要小心，像以下几类产品最好不要大量进货。

一、日用品

日用品随处可见，在超市也很容易买到。若在网上购买加上邮寄费用后和在超市购买的成本差不多，买家肯定是不愿意在网上买的，他们更愿意在超市购买，因为觉得那样更有质量保障。此外，网上经营日用品的店随处可见，而且销量都不是很大。所以遇到这类产品换季、节后、拆迁与转让清仓时，最好少进或不进，以免难以销出去。

二、高科技产品

高科技产品，如电脑手机等，这类产品更新换代快，价格变化也快，所以还是小心为好。有人经不住店家的蛊惑，一下子进了几十部手机，以

为能大赚一笔，结果赔得一塌糊涂。因为游说他进货的卖家是知道这种产品不久会降价的信息后才处理的，贪小便宜的店主接了个“烫手山芋”，毫无疑问，烫到的终究是自己。所以在购进这类产品时一定要非常谨慎，免得一不小心就被套进去了。

三、有效期限短的商品

这类产品期限短，若进多了还没有卖完就过期了，肯定是不适合多进的。而有效期长的商品，像服装、装饰品等可以考虑别人处理时多进一些。

2.2.9 二手闲置商品与跳蚤市场

虽然二手物品具有不太合时宜、无法保证品质、利润低、不可退换等缺点，但同时也具有许多适合在网上销售的优点。

- 二手闲置商品不用担心压货。
- 有利于改掉浪费的习惯。
- 物尽所用，为他人行方便。
- 货源广，成本低。

闲置物品不会一直增加，卖掉一件就少一件。那么，卖光这些闲置二手货后怎样保持现有的经营特色继续经营下去呢？其实有一个地方能收集到更多便宜的二手货，那就是跳蚤市场。

“跳蚤市场”是欧美国家对旧货地摊市场的别称，它由一个个地摊摊位组成，市场规模大小不等，所售商品多是旧货，如多余的物品及未曾用过但已过时的衣物等。小到衣服上的小件饰物，大到完整的旧汽车、录像机、电视机、洗衣机，一应俱全，应有尽有，价格低廉，仅为新货价格的10%～30%。

2.2.10 民族特色产品

民族工艺品价值很高，其民族特色足以使它在琳琅满目的商品中鹤立鸡群。网络店主之所以愿意让这类产品来充实自己的店铺，不仅因为它们稀有、能吸引人的眼球，而且还拥有其他产品无法取代的特点。

- 具有很强的个性。
- 具有丰富的文化底蕴。
- 富含淳朴的民间气息。

● 具有独特的特点。

● 富有民族特色和地域特色。

2.2.11　在 B2B 电子商务网站批发进货

阿里巴巴、生意宝等作为网络贸易批发的平台，充分显示了其优越性，为很多小地方的卖家提供了很大的选择空间。它们不仅查找信息方便，也专门为小卖家提供相应的服务，并且起批量很小。

一、电子商务网站批发优势

网上批发是近几年开始兴起的新事物，发展还不成熟，但网络进货相比传统渠道进货的优势已经很明显。

（1）成本优势。可以省去来回批发市场的时间成本、交通成本、住宿费、物流费等。

（2）选购的紧迫性减少。亲自去批发市场选购由于时间所限，不可能长时间慢慢挑选，有些商品也许并未相中但迫于进货压力不得不赶快选购，网上进货则可以慢慢挑选。

（3）批发数量限制小的优势。一般的网上批发基本上都是 10 件起批，有的甚至是一件起批，这样在一定程度上增加了选择余地。

（4）其他优势。网络进货还能减少库存压力，具有批发价格透明、款式更新等优点。

二、网络批发注意事项

网络进货不比批发市场进货，因为网络毕竟存在着一定的虚拟性，所以选择商家一定要谨慎小心，要选择比较可靠的商家进行交易。在网络上批发进货时要注意如下事项：

（1）判断网站是否属于注册公司。如果连公司都没有注册，这种网站上的商品质量很难得到保障。

（2）商品更新速度是否快速。商品更新速度影响到网络销售的业绩，同时也影响到实体店铺的营销业绩。如果一个网站上的商品更新速度比较快，说明他们的产品在市场上的受欢迎程度还是不错的。

（3）观察网站的营业资格。一般的骗子网站都没有营业执照，因此要求他们出示营业执照等证明。需要注意的是，比较高明的骗子网站也会用图片处理软件伪造一份营业执照。在观察营业执照时需要仔细辨认，查看

是否有涂改痕迹，而正规的注册公司网站都会主动出示其营业执照。

（4）是否是真人实物拍摄。目前网络上有很多服装都是一些时尚杂志上的款式图仿单，导致出现了很多问题，如实物与相片不符合、实物质量太差等，造成很多不必要的损失，而真人实物拍摄强调衣服的质感、真实性及品质，是网络销售的绝佳选择。

（5）要看网站的发货速度。有些网站的发货速度非常慢，可能下了订单之后两三天甚至五六天才发货，严重影响了顾客对卖家的信任，造成了客户资源的流失。所以在选择批发网站时，一定要看网站对发货速度的承诺。发货以后还要看网站是否支持退换货，有些网站以次充好或者在产品发生质量问题时以各种理由搪塞并拒绝退换货，这一点也需要加以注意。

（6）观察网站制作是否精致。很多骗子网站制作得非常粗糙，甚至只是几个很简单的页面，网站的图标也不精细，让人看上去非常不舒服；而正规注册公司的网站都会非常在意网站的形象，同时对网站的技术要求也会比较高，网站的图片、形象等都规范、清晰，视觉效果非常好。

（7）了解网站的合作状况。在决定要代理商家的产品之前，一定要多了解他们的网站，注意观察他们是否有与其他网站进行合作、推广等活动。骗子网站不可能和其他网站进行合作，而正规的公司网站都会主动寻求合作。

（8）网站是否支持上门看货。如果不能支持上门看货，那就要先考虑一下这个商家是不是骗子公司了。当然有些公司由于代理数量比较多，可能会对上门看货提出一定的要求，如有的公司会要求必须一次性批发50件并预交定金之后才支持上门看货。这样做一是为了最大限度地优化客服工作程序；二是最大限度地保证对每一位经销商的正常服务，这样的要求也是可以理解的。所以在是否支持上门看货这一点上，还需要大家更加仔细地辨别、分析，不能一概而论。

第3章　迈出淘宝开店第一步

开店指导

本章主要介绍如何注册与登录淘宝网。使读者了解与掌握阿里旺旺和淘宝助理的使用方法，同时还讲解了如何使用和管理支付宝账户，如何开通网银以及给支付宝充值。通过本章的学习，读者可以对使用淘宝和支付宝的基本功能有一个初步的认识，为深入学习淘宝网买卖交易经验打下基础。

3.1　注册为淘宝网会员

想体验淘宝网专业服务，享受淘宝网免费交易乐趣，拥有自己的个性店铺，在超人气的社区尽情交流网络交易经验，首先需要注册成为淘宝网会员。

3.1.1　申请邮箱

邮箱是网络交易中的重要信息工具，建议用户注册雅虎无限量邮箱，这样可以和淘宝账号互通服务，体验交易来信的一站式服务。申请雅虎邮箱具体操作步骤如下：

(1) 启动IE浏览器，在地址栏中输入 http：//cn. yahoo. com，打开中国雅虎首页，如图3－1所示。

图 3－1　中国雅虎首页

（2）单击“免费注册”超链接，进入到如图 3－2 所示的页面。

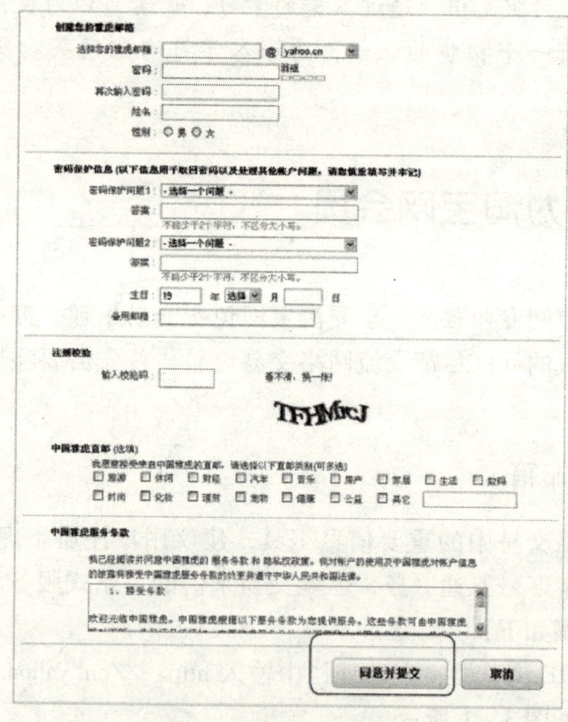

图 3－2　注册雅虎邮箱

（3）填写完注册信息后单击“同意并提交”按钮，即可注册成功，如图3－3所示。

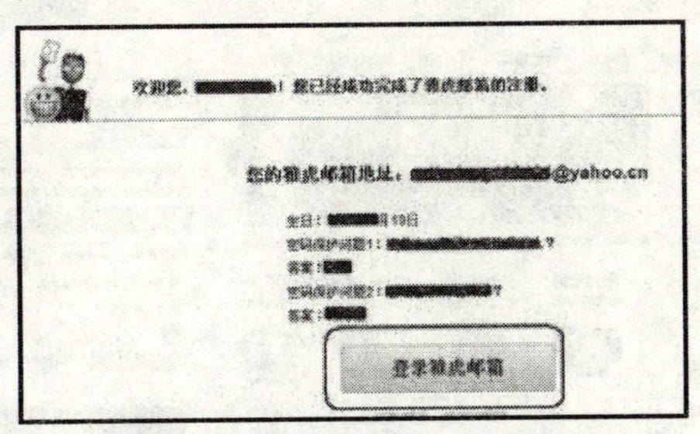

图3－3 雅虎邮箱注册成功

（4）单击“登录雅虎邮箱”按钮，进入到雅虎邮箱界面，单击左侧的“收件箱”超链接，进入到收件箱，如图3－4所示。

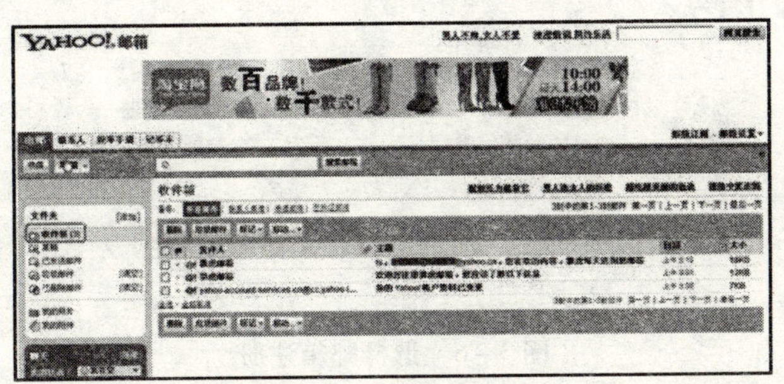

图3－4 雅虎收件箱

3.1.2 注册淘宝网会员

注册邮箱后，用户就可以注册成为淘宝网会员了。使用邮箱注册淘宝网会员的具体操作步骤如下：

（1）启动浏览器，在地址栏中输入 http：//www.taobao.com/，打开淘宝网首页，单击“免费注册”按钮，如图3－5所示。

（2）选择邮箱注册，单击“点击进入”按钮，如图3－6所示。

（3）填写需要注册的淘宝网会员名，设置并确认登录密码，输入并确认注册的电子邮箱地址，选中“用该邮箱创建支付宝账户”复选框，单击“同意以下协议，提交注册”按钮，如图3－7所示。

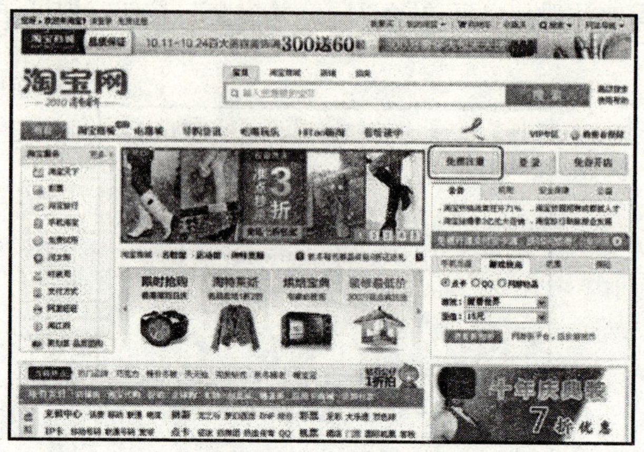

图 3－5　淘宝网首页

图 3－6　选择邮箱注册

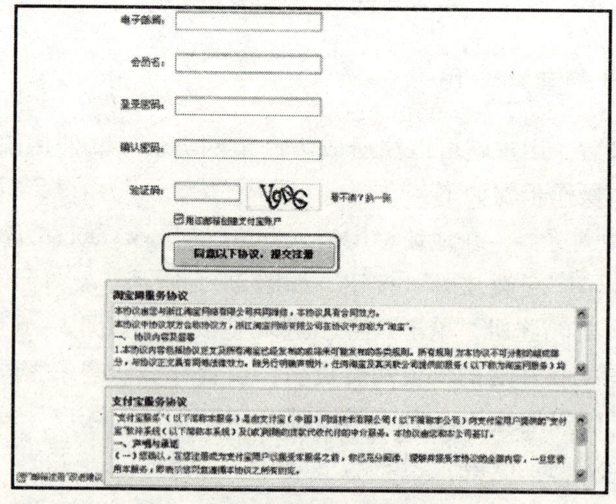

图 3－7　填写注册淘宝网会员信息

（4）单击“登录邮箱”按钮，登录邮箱，如图 3－8 所示。

（5）输入雅虎邮箱登录密码，单击“确定”按钮，如图 3－9 所示。

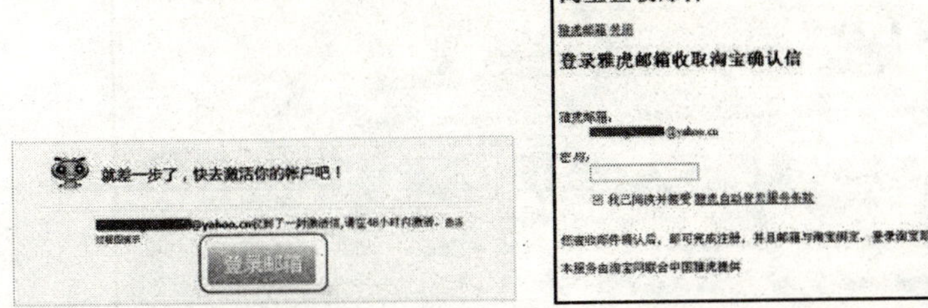

图 3－8　登录邮箱　　　　图 3－9　登录雅虎邮箱

（6）单击“收件箱”超链接，然后单击“新用户确认通知信”，如图 3－10 所示。

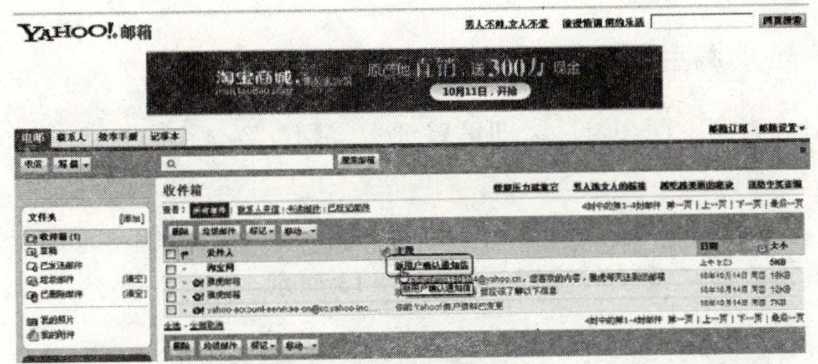

图 3－10　雅虎邮箱

（7）打开确认邮件，单击“完成注册”按钮，如图 3－11 所示。

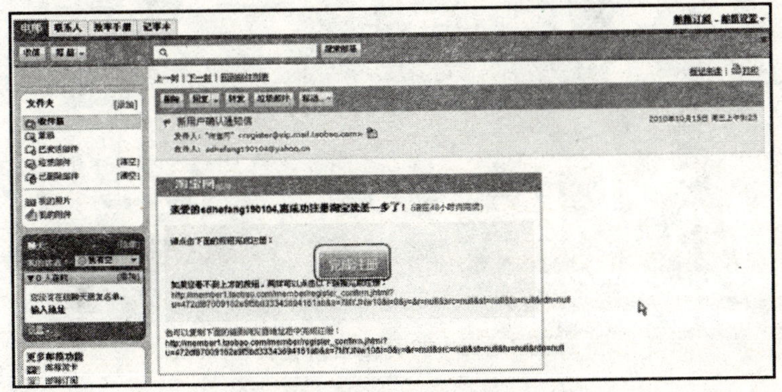

图 3－11　确认邮件

（8）成功完成淘宝网会员注册，如图 3－12 所示。

图 3－12　成功完成淘宝网会员注册

3.1.3　登录淘宝网

注册成为淘宝网会员后，即可登录淘宝网，登录淘宝网的具体操作步骤如下：

（1）启动浏览器，在地址栏中输入 http：//www.taobao.com/，打开淘宝网首页，单击“登录”按钮，如图 3－13 所示。

图 3－13　打开淘宝网首页

(2) 选择“安全登录控件”复选框，输入用户名和密码，单击“登录”按钮，如图 3－14 所示。

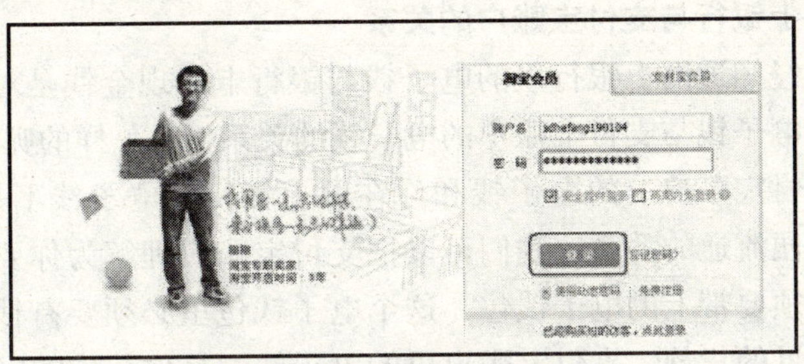

图 3－14　登录淘宝网

小提示

登录淘宝网有标准登录模式和安全登录模式，建议用户使用安全登录模式，安全登录模式下对关键数据进行 SSL 加密，这样更能够保障淘宝网会员名的安全，有效防止木马或病毒获取用户密码。

3.2　开通网上银行

网上银行是支持在网络上进行交易的虚拟银行，使用网上银行可以方便地实现支付宝充值、商品付款、转账等功能。

3.2.1　银行卡、网上银行和支付宝账户之间的关系

一、网上银行与银行卡在实际操作中的特点

- 银行卡存取款时，只需要一个简单的银行卡密码，网上银行则需要更复杂的登录密码，并且还需要 U 盾或电子银行口令卡等支付工具。

- 银行卡存钱和取钱都需要到银行存、取款机前，亲手输入银行卡密码完成。网上银行存钱和取钱则只需在任何一台联网的计算机前，用鼠标和键盘操作即可完成。

- 银行卡存的是现金、取的也是现金。网上银行存的是现金数字，取的也是现金数字。但这个数字一定是要在银行卡中有对应现金。

从网上银行和银行卡的操作特点中，可以清楚地看出网上银行的电子钱，就等于银行卡中的实际现金，网上银行的账户就等于银行卡的账户。

二、网上银行与支付宝账户的关系

我们已经知道网上银行里的电子钱与银行卡的现金钱是对应的，那么网上银行的电子钱与支付宝账户的电子钱的关系又是怎样的呢?

你在支付宝账户上的电子钱和你在网上银行的电子钱不是对应关系，而是可以方便流通的关系。我们可以把支付宝账户理解为你要去淘宝网买东西时，必须要带上的电子钱包。这个电子钱包里必须要有钱，足够支付你拍下的宝贝的货款。支付宝账户里的电子钱，是你从你的网上银行里存进去的，这一过程我们叫做充值。支付宝账户里的电子钱，也可以方便地回到网上银行，这一过程叫做提现。

三、支付宝的作用

有些电子商务交易平台，只需你开通网上银行，就可以直接用网上银行的电子钱进行网上购物了。但在淘宝交易平台，为了保证买家的实际利益，则要求交易双方都要成为支付宝会员，资金流通的不是网上银行的电子钱，而是支付宝账户里的电子钱。多了支付宝账户这个资金中转站，购物程序会相对麻烦一些，但为了解除网上交易中人们常有的后顾之忧，这点麻烦就不算什么了。

3.2.2 办理网上银行

我们在了解了网上银行之后，就要考虑如何开通网上银行了。下面就以在工商银行网站开通网上银行业务为例，讲述如何开通网上银行。

(1) 登录工商银行网站 http://www.icbc.com.cn/，单击“个人网上银行登录”下面的“注册”按钮，如图3-15所示。

(2) 进入“网上自助注册须知”页面，单击“注册个人网上银行”按钮，如图3-16所示。

(3) 进入阅读《注册协议》，单击“接受此协议”按钮，如图3-17所示。

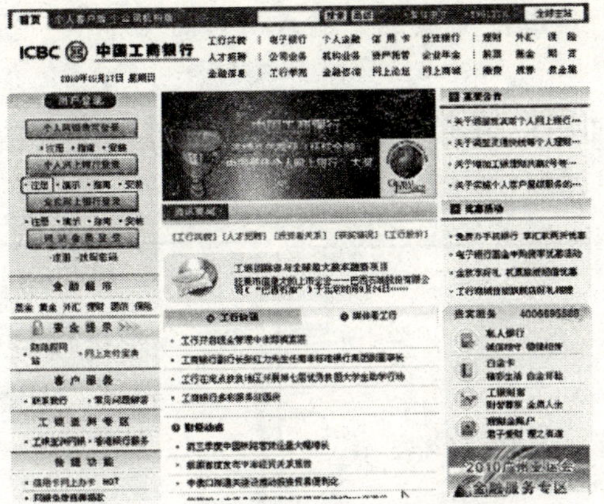

图 3－15　登录工商银行网站

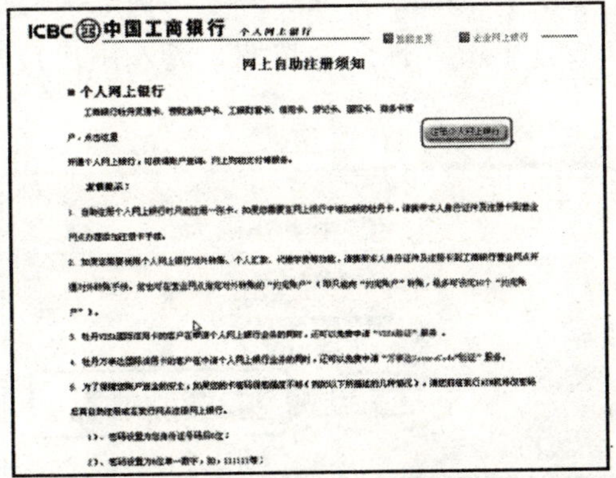

图 3－16　单击“注册个人网上银行”按钮

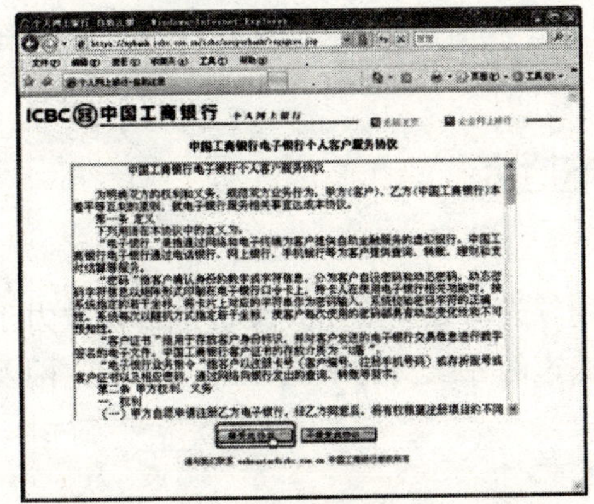

图 3－17　单击“接受此协议”按钮

（4）进入用户自助注册页面，输入卡号后，单击“提交”按钮，如图3-18所示。

（5）进入详细用户填写页面，认真如实填写个人信息，设置网银密码，输入验证码，如图3-19所示。

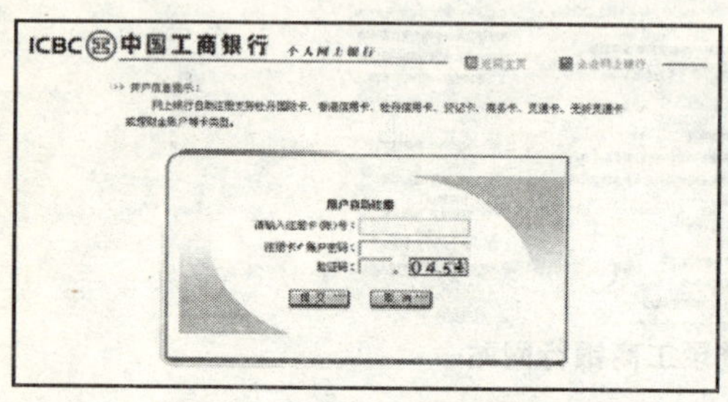

图3-18 用户自助注册

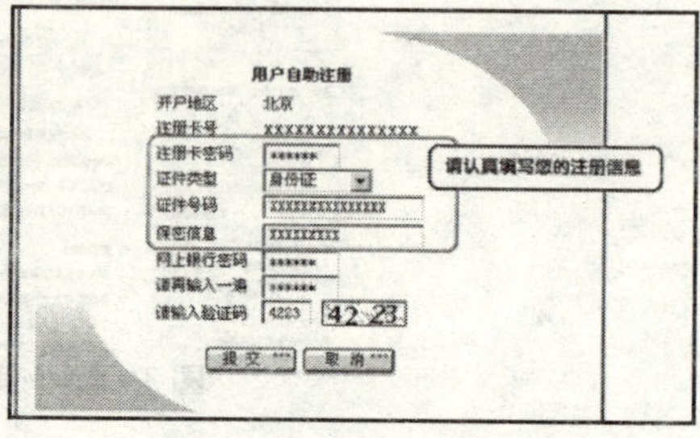

图3-19 填写用户信息

（6）确认无误后，单击“提交”按钮，进入用户自助注册确认页面，如图3-20所示。

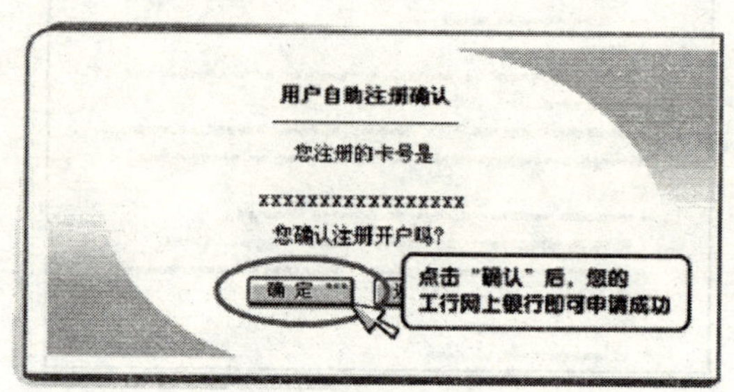

图3-20 确认提交

（7）单击“确定”注册成功，网上银行业务即可开通。

3.3 申请支付宝

支付宝作为国内领先的独立第三方支付平台，致力于为中国电子商务提供简单、安全、快速的在线支付解决方案，是淘宝网及其他在线交易的重要媒介。

3.3.1 了解支付宝

支付宝就像商店里的管理员，在淘宝网上的所有商务活动都需要通过它来进行协调和管理，所以在成功注册淘宝网会员后就可以注册支付宝会员了。

支付宝是淘宝网用来支付现金的平台，买家看中商品以后，把钱打到这里，然后淘宝网通知卖家发货，买家收到货后通知淘宝网，淘宝网再把钱转给卖家。用支付宝进行交易，用户就可以放心地在网络上进行商务活动。支付宝庞大的用户群吸引了越来越多的互联网商家主动选择集成支付宝产品和服务，目前除淘宝网外，使用支付宝交易服务的商家已经超过几十万家，涵盖了虚拟游戏、数码通讯、商业服务、机票等行业。这些商家在享受支付宝服务的同时，更是拥有了一个极具潜力的消费市场。

支付宝在电子支付领域的稳健的作风、先进的技术、敏锐的市场预见能力及极大的社会责任感赢得银行等合作伙伴的认同。目前国内工商银行、农业银行、建设银行、招商银行、上海浦发银行等各大商业银行以及中国邮政、VISA国际组织等各大机构均和支付宝建立了深入的战略合作。它不断根据客户需求推出创新产品，成为金融机构在电子支付领域最为信任的合作伙伴。

3.3.2 激活支付宝账户

注册为淘宝网会员时，用户可以选择自动创建支付宝账号。淘宝网将为用户自动创建一个以注册邮箱为账户名的支付宝账号。激活支付宝账户具体操作步骤如下：

（1）登录淘宝网以后，单击“我的淘宝”超链接，如图3－21所示。

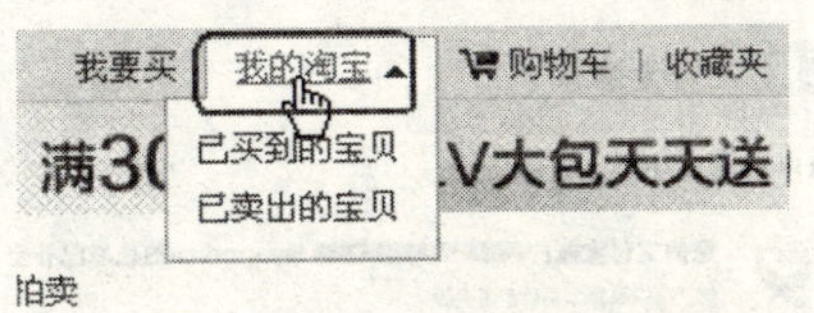

图3－21 单击“我的淘宝”超链接

（2）进入“我的淘宝”页面，在页面中单击“卖宝贝请先实名认

证！”超链接，如图 3－22 所示。

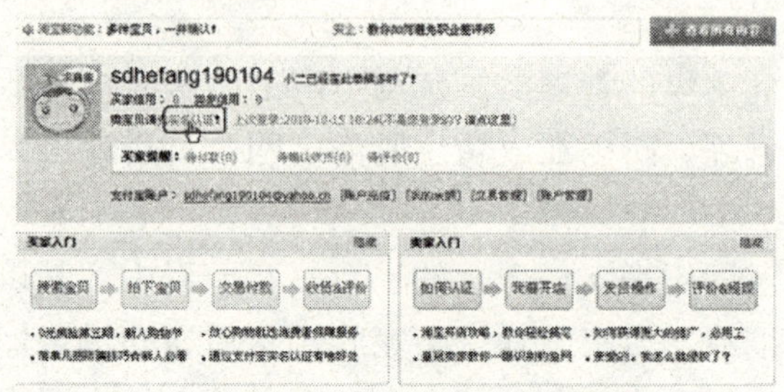

图 3－22　“我的淘宝”页面

（3）进入“支付宝补全账户信息”页面，如图 3－23 所示。

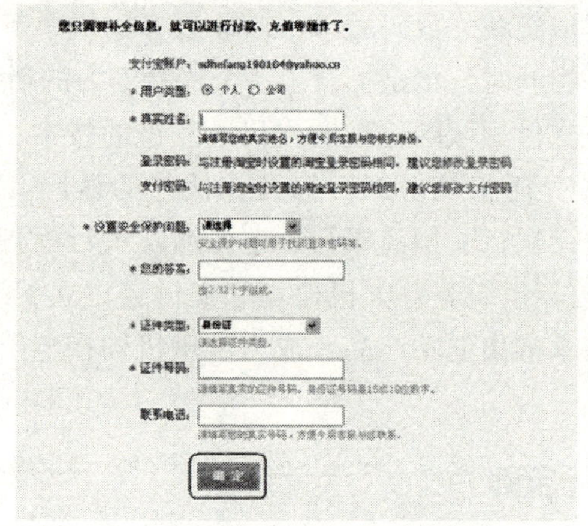

图 3－23　“支付宝补全账户信息”页面

（4）以上信息填写完毕后，单击“保存并立即启用支付宝账户”按钮，完成注册。支付宝账户名是注册淘宝会员时所用的邮箱名，如图 3－24所示。

图 3－24　“补全账户信息成功”页面

小提示

网上银行及支付宝是很多网上交易者关心的重点防护对象，因为一旦被入侵，损失将是巨大的。网上银行最安全的办法是申请客户证书USBkey，这是银行提供的收费服务之一，有时也会免费提供，好处是使用硬件的形式来检测是否是本人使用，比起数字证书及其他方法来，要更安全些。

另外一个重要的技巧是：将账户与手机捆绑在一起。支付宝及很多银行都提供这样的服务，只要账户有任何重要的操作就会短信通知你，一旦发生异动也可以及时知晓并联系支付宝或银行及时冻结并处理账户。

3.3.3　申请实名认证

注册并激活支付宝以后，要想正常使用支付宝，还需要申请支付宝实名认证。通过支付宝认证后，相当于拥有了一张互联网身份证，可以在淘宝网等众多电子商务网站开店、出售商品。让我们来看看新的支付宝认证系统的优势。

- 支付宝认证为第三方认证，而不是交易网站本身认证，因而更加可靠和客观。
- 由众多知名银行共同参与，更具权威性。
- 除身份信息核实外，增加了银行账户信息核实，极大地提高了其真实性。
- 认证流程简单并容易操作，认证信息及时反馈，用户实时掌握认证进程。

下面将介绍申请支付宝实名认证的方法，具体操作步骤如下：

（1）登录淘宝网以后，单击“我的淘宝”超链接，进入到“我的淘宝”页面，单击“卖宝贝请先实名认证!”超链接，如图3－25所示。

（2）进入到“支付宝个人实名认证”页面，单击“申请支付宝个人实名认证”按钮，如图3－26所示。

（3）进入到支付宝实名认证页面，单击“立即申请”按钮，如图3－27所示。

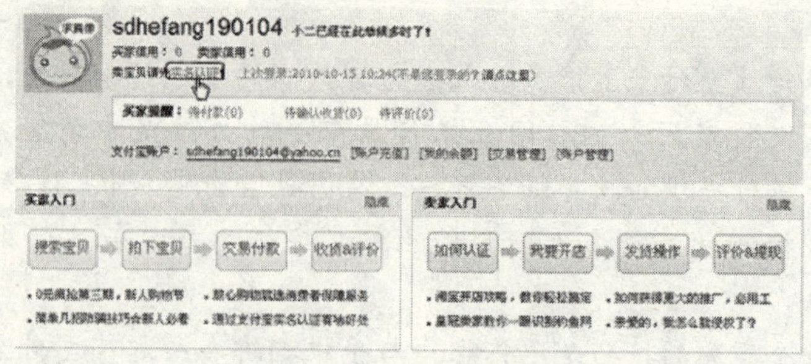

图 3－25　我的淘宝

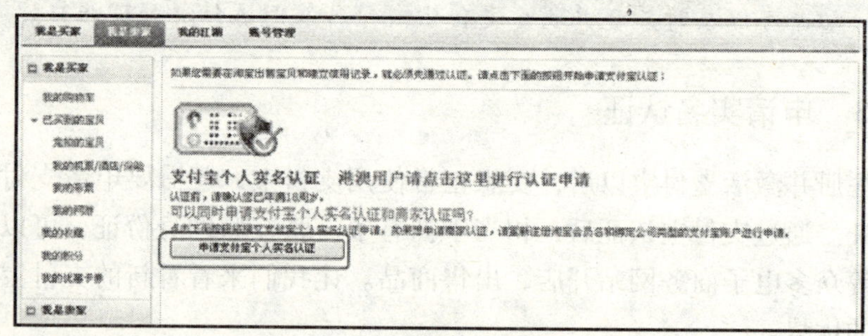

图 3－26　支付宝个人实名认证

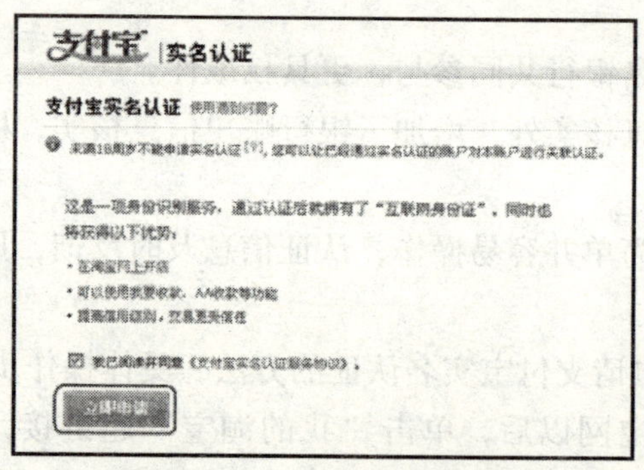

图 3－27　支付宝实名认证

（4）进入到“选择认证方式”页面，选择相应的开通方式，在这里选择“方式二，通过确认银行汇款金额来进行认证”单选按钮，单击“立即申请”按钮，如图 3－28 所示。

（5）填写个人信息，单击“下一步”按钮，填写银行卡信息，如图 3－29所示。

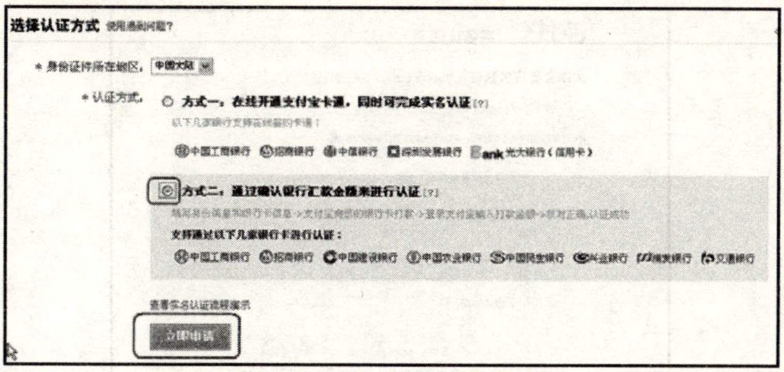

图3－28 选择认证方式

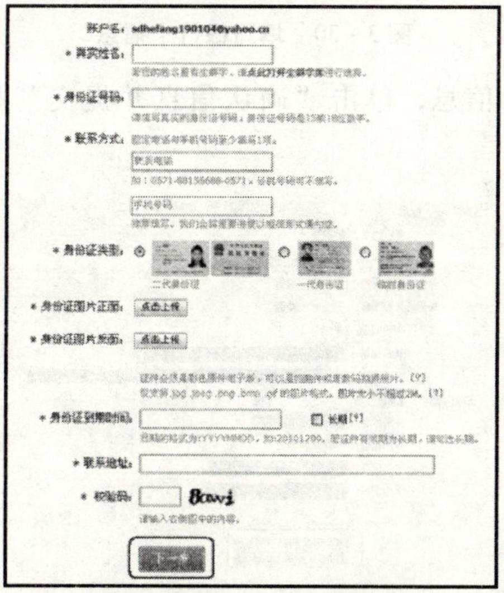

图3－29 填写个人信息

小提示

认证时提示证件号码已被另一个账户用于认证是什么意思？

这是因为你的身份证信息已经被其他支付宝账户用于认证，若你想在淘宝上开店，请确认之前用这个身份证申请认证的账户是否已开过店，若已开过，则关联认证后也无法再开店，因为一个身份信息只能开一个店。

（6）填写银行卡信息，单击“下一步”按钮，如图3－30所示。

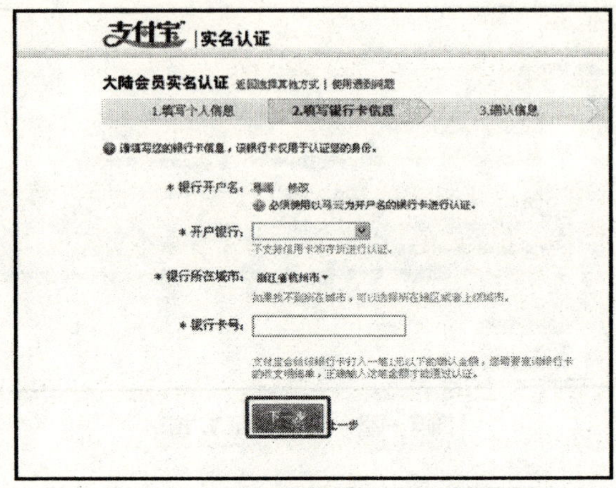

图 3-30 填写银行卡信息

(7) 确认个人信息，单击“确认信息并提交”按钮，如图 3-31 所示。

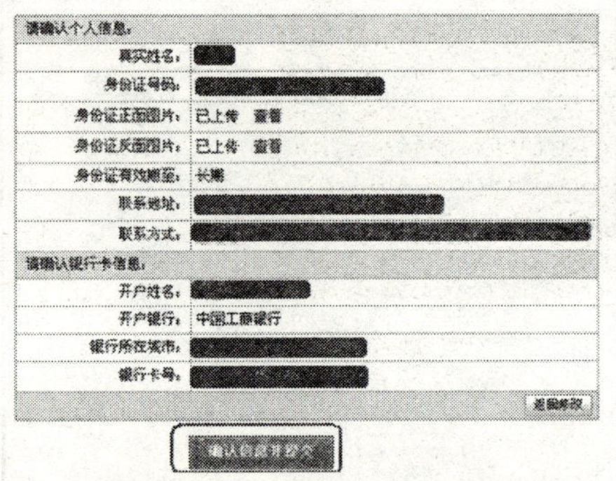

图 3-31 确认个人信息

(8) 提示认证提交成功，支付宝会在 1 ~ 2 个工作日给所绑定的银行卡打入一笔一元以下的确认金额，即可认证成功，如图 3-32 所示。

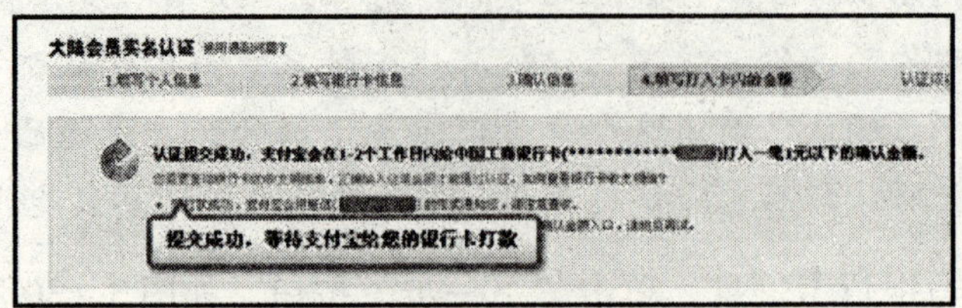

图 3-32 提示认证提交成功

3.4　支付宝充值与余额查询

随着交易的增多，卖家要对自己的支付宝账户进行账目管理，如支付宝充值、从支付宝中提取现金、进行账户明细的查询等。

3.4.1　支付宝充值

充值就是把银行卡上的钱或现金转到支付宝账户上的过程，成功后可以进行付款。给支付宝账户充值具体操作步骤如下：

（1）打开浏览器，在地址栏中输入 http：//www. alipay. com/，登录支付宝首页，在“账户名”后面输入账户名，在“登录密码”后面输入登录密码，单击“登录”按钮，如图 3－33 所示。

图 3－33　支付宝首页

（2）进入到“我的支付宝”页面，单击“立即充值”按钮，如图 3－34所示。

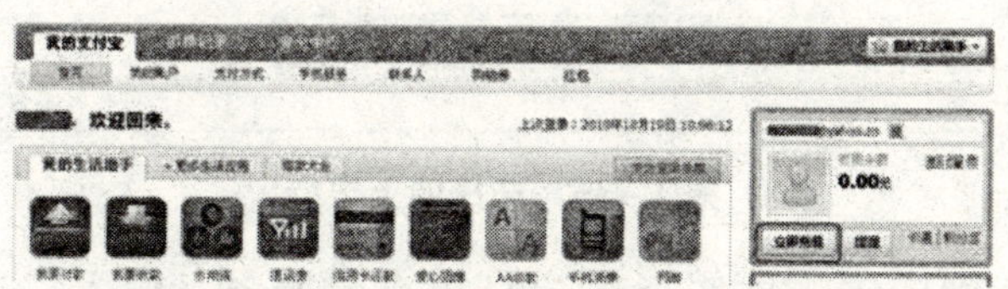

图 3－34　“我的支付宝”页面

（3）进入到“充值向导”界面，在“请选择充值方式”下拉列表中选择“网上银行充值”，单击“下一步”按钮，如图 3－35 所示。

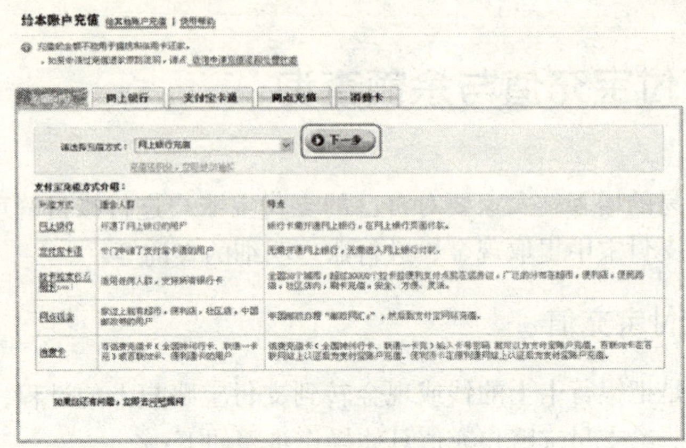

图 3－35　充值向导

（4）选择网上银行，这里以中国工商银行为例，选择网上银行“个人版”单选按钮，选择“中国工商银行”单选按钮，输入“充值金额”，单击“下一步”按钮，如图 3－36 所示。

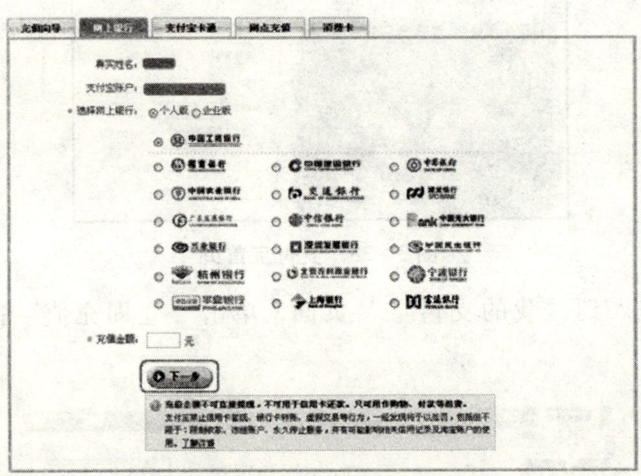

图 3－36　选择网上银行

（5）进入到中国工商银行客户订单支付服务，输入“支付卡（账）号”，输入“验证码”，单击“提交”按钮，如图 3－37 所示。

（6）在银行预留信息，单击“全额付款”按钮，如图 3－38 所示。

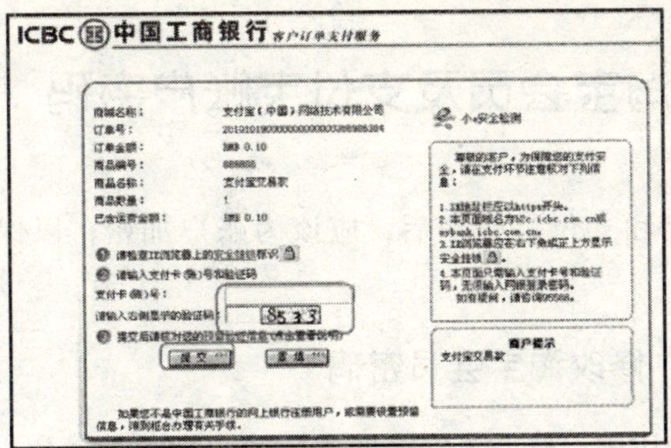

图3－37　中国工商银行客户订单支付服务

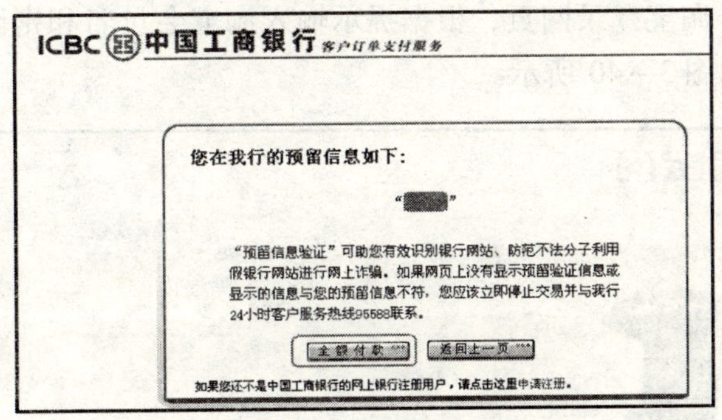

图3－38　全额付款

3.4.2　查询支付宝账户余额

登录我的支付宝，在页面的右上角可以看到支付宝上的余额，如图3－39所示。

图3－39　查询支付宝账户余额

3.5 设置淘宝会员及支付宝账户密码

拥有了淘宝和支付宝账户后，应该为账户加密，以保护自己的经济利益。

3.5.1 设置并修改淘宝会员密码

在淘宝的使用中，修改不安全的密码或定期更改密码，都可以减小密码被盗的可能性。修改淘宝会员密码具体操作步骤如下：

（1）打开淘宝登录网页，根据提示输入淘宝会员名和密码，单击“登录”按钮，如图 3－40 所示。

图 3－40 淘宝登录网页

（2）在打开的页面中单击“我的淘宝”，进入到“我的淘宝”页面，单击“账号管理”按钮，进入到“账号管理”页面，如图 3－41 所示。

（3）单击左上角的“密码管理”超链接，或者单击下方的“登录密码”后方的“修改”超链接，进入到“密码管理”页面，输入“当前密码”、“新密码”和“确认新密码”后，单击“确定”按钮，即可修改成功，如图 3－42 所示。

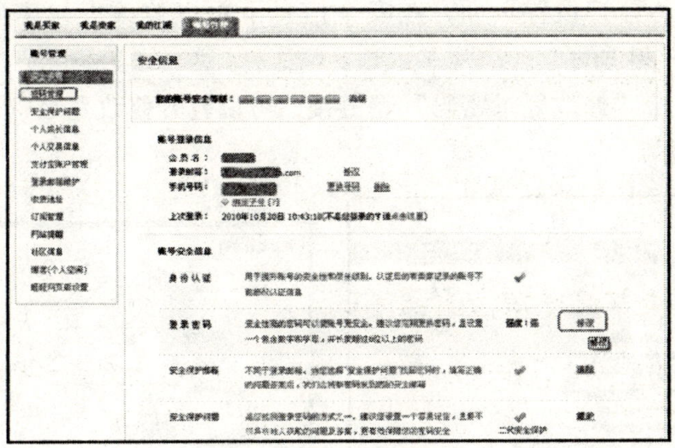

图 3－41　账号管理

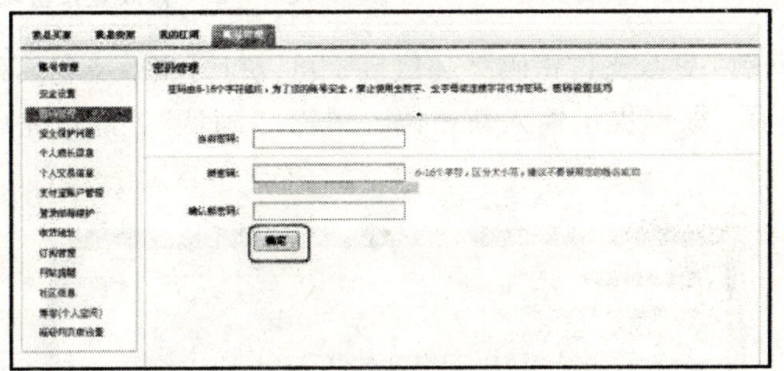

图 3－42　修改淘宝密码

3.5.2　修改支付宝账户密码

修改支付宝账户密码的具体操作步骤如下：

（1）登录支付宝账户，单击“我的账户”超链接，如图 3－43 所示。

图 3－43　单击“我的账户”超链接

（2）进入账户设置页面，在安全信息下可以修改登录密码和支付密码，如图3－44所示。

（3）单击“修改登录密码”超链接，可以打开修改登录密码页面，如图3－45所示。

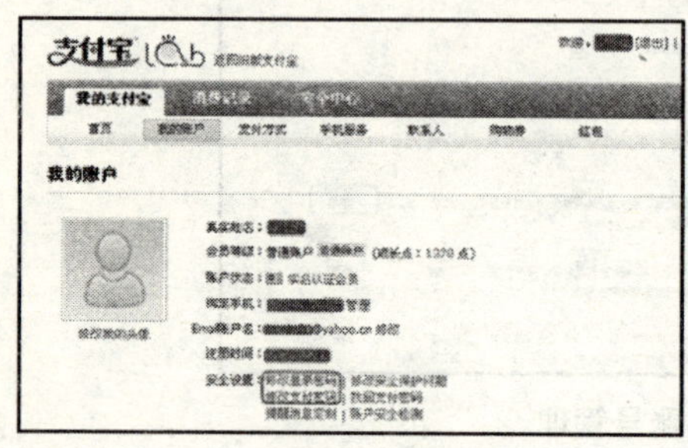

图3－44　账户设置页面

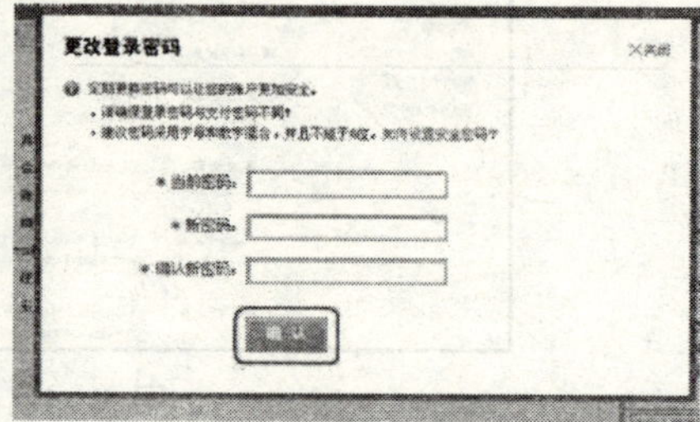

图3－45　修改登录密码页面

（4）单击“更改支付密码”超链接，可以打开更改支付密码页面，如图3－46所示。根据提示输入新密码，单击“确认”，即可完成支付密码的修改。

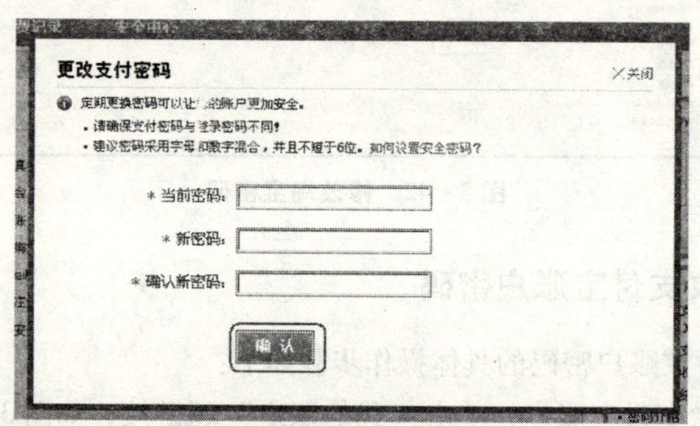

图3－46　更改支付密码页面

3.6　安装淘宝网工具

淘宝网为会员提供了促进交流、增加销售的特色工具，主要包括阿里旺旺、淘宝助理和淘宝工具条等。使用阿里旺旺可以进行实时交流，轻松

管理交易；使用淘宝助理可以轻松实现宝贝的批量上传。

3.6.1　下载并安装阿里旺旺

阿里旺旺是一款即时通信软件，集合了即时文字、语音视频、交易信息、最新商讯、群等功能，阿里旺旺的下载和安装的具体操作步骤如下：

（1）启动浏览器，在地址栏中输入 http：//www.taobao.com/wangwang/，在这里以卖家专用版为例讲述下载与安装阿里旺旺，单击“卖家专用版”按钮，如图3－47所示。

图3－47　单击“卖家专用版”按钮

（2）单击“下载阿里旺旺卖家版”按钮，如图3－48所示。

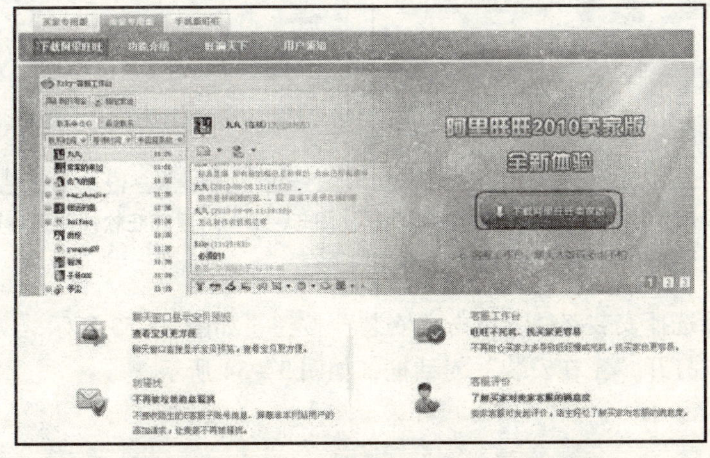

图3－48　单击“下载阿里旺旺卖家版”按钮

（3）弹出“另存为”对话框，在对话框中选择所下载的目标路径，单击“保存”按钮，即可下载，如图 3－49 所示。

（4）在本地计算机上打开阿里旺旺所在的路径，双击图标，如图 3－50 所示。

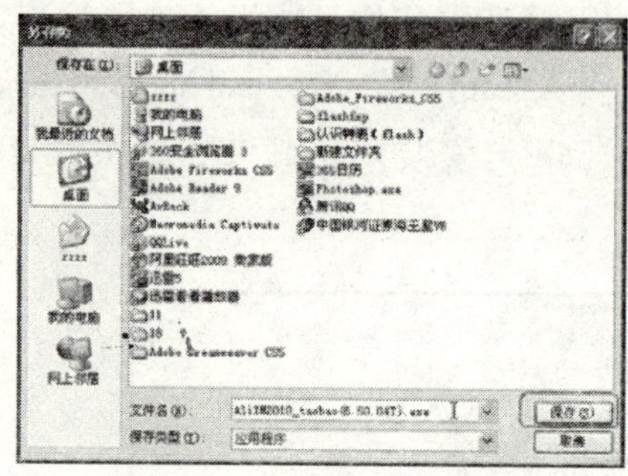

图 3－49　“另存为”对话框

图 3－50　安装阿里旺旺

（5）打开“阿里旺旺 2010 卖家版 Beta3 安装”对话框，单击“下一步”按钮，如图 3－51 所示。

（6）阅读“阿里旺旺软件使用许可协议”，单击“我接受”按钮，如图 3－52 所示。

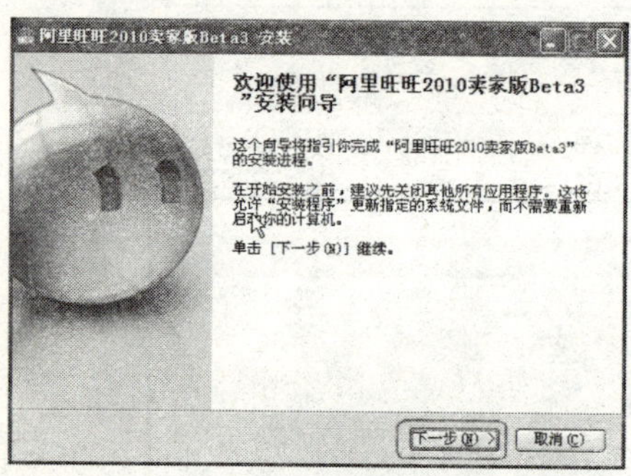

图 3－51　“阿里旺旺 2010 卖家版 Beta3 安装”对话框

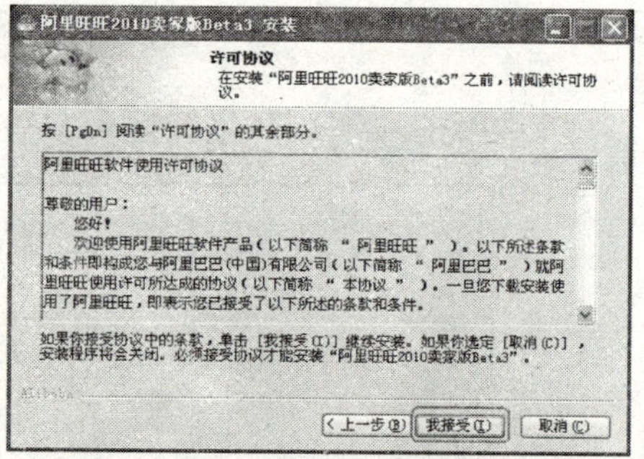

图 3－52　阿里旺旺软件使用许可协议

（7）选择安装路径，单击“安装”按钮，如图 3－53 所示。

（8）打开“正在安装”对话框，如图 3－54 所示。

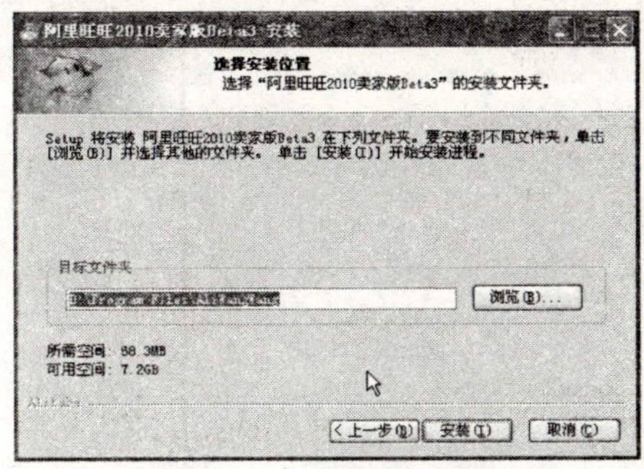

图3－53　选择安装路径

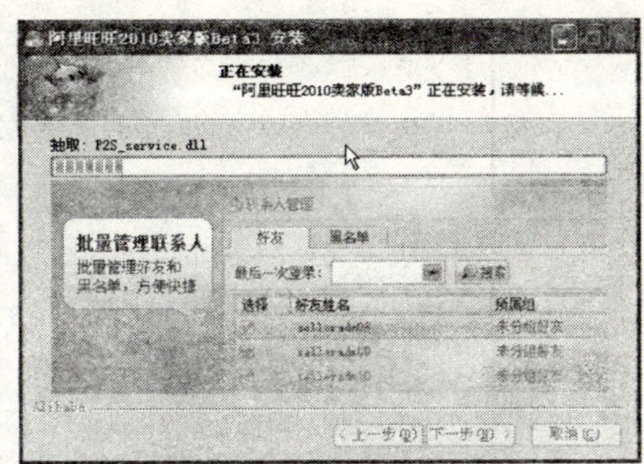

图3－54　正在安装

（9）单击“完成”按钮，即可安装成功，如图3－55所示。

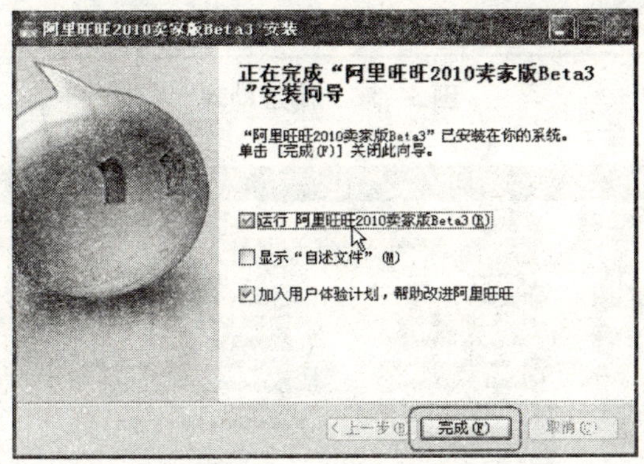

图3－55　安装成功

3.6.2　下载并安装淘宝助理

淘宝助理是一款免费的、功能强大的客户端工具软件。它可以使用户不登录淘宝网就可以编辑宝贝信息，快捷批量上传宝贝。下载安装淘宝助理的具体操作步骤如下：

（1）启动浏览器，在地址栏中输入 http：//www.taobao.com/tbassistant/，打开淘宝助理下载页面，单击“下载”超链接，如图3－56所示。

（2）弹出“另存为”对话框，选择目标路径，单击“保存”按钮，即可下载成功，如图3－57所示。

（3）单击图标，如图3－58所示。

（4）打开“淘宝助理安装”对话框，单击“下一步”按钮，如图

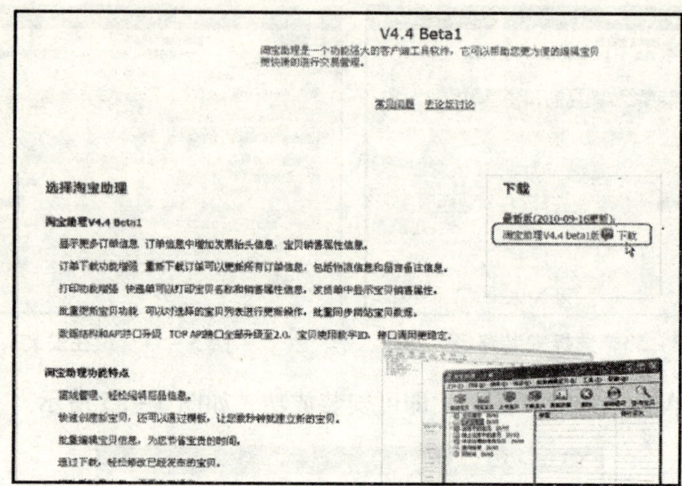

图 3－56 淘宝助理

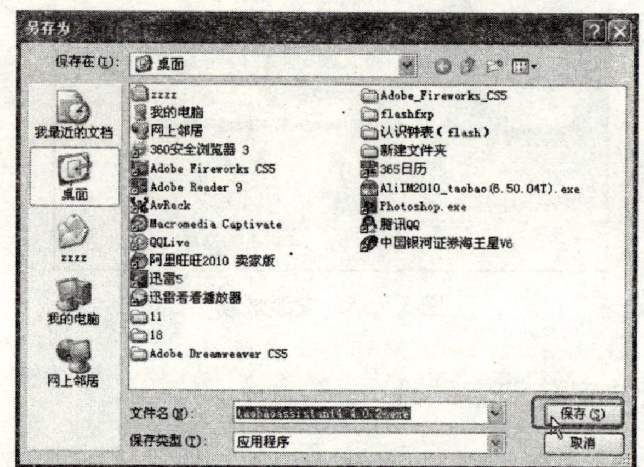

图 3－57 下载淘宝助理

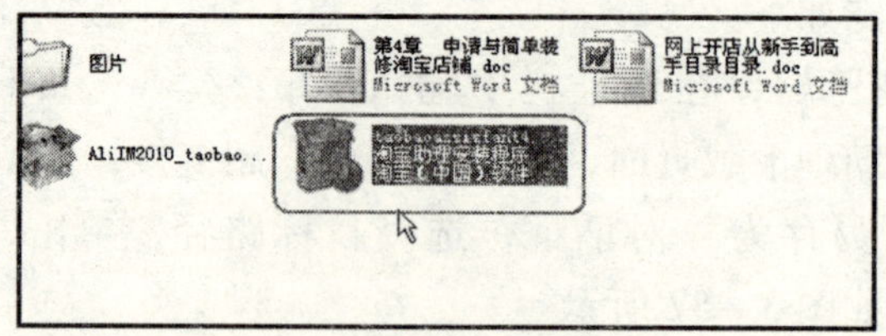

图 3－58 安装淘宝助理

3 -59所示。

（5）查看许可证协议，单击“我接受”按钮，如图 3 -60 所示。

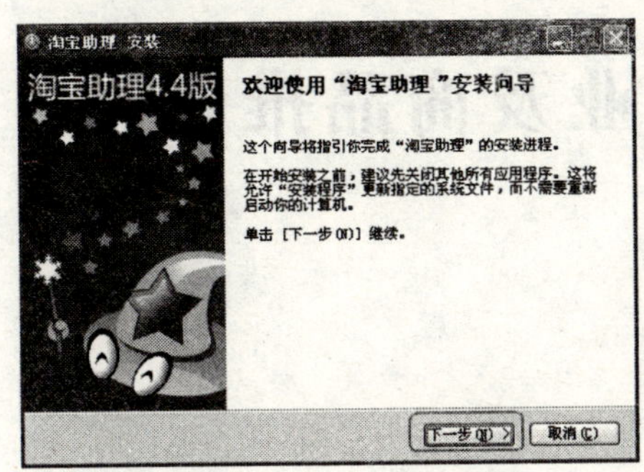

图 3 -59　淘宝助理安装

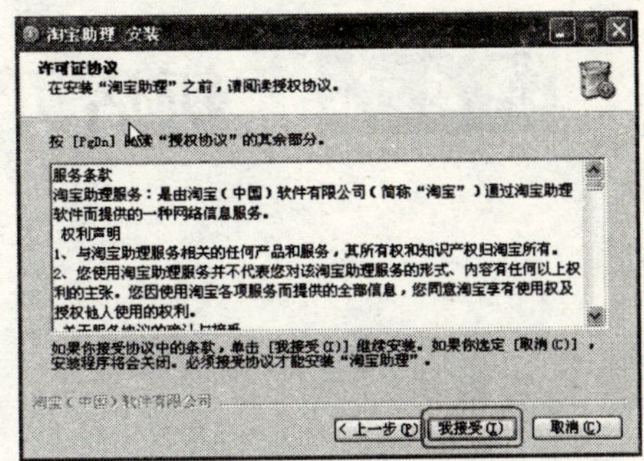

图 3 -60　许可证协议

（6）选择安装位置，单击“安装”按钮，如图 3 -61 所示。

（7）单击“完成”按钮，即可安装成功，如图 3 -62 所示。

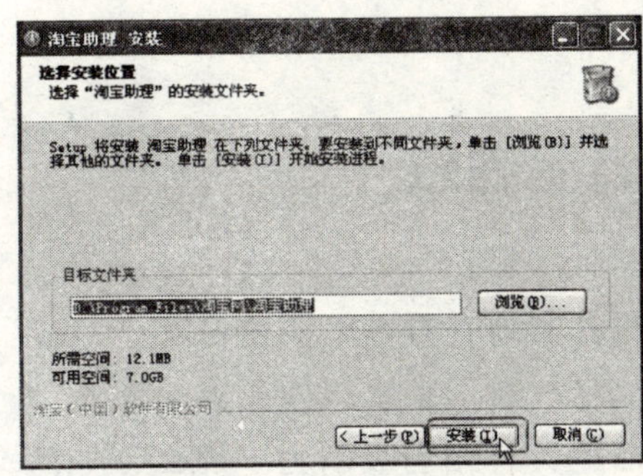

图 3 -61　选择安装位置

图 3 -62　安装成功

第4章 新店开业及商品推荐

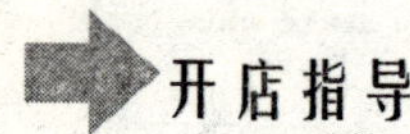

开店指导

在建立好店铺以后，为了吸引更多的买家前来浏览店铺的宝贝信息，装修店铺就显得特别重要。店铺装修是艺术和技术的完美结合，一个好的网上店铺本身就是一件优秀的作品，会给买家带来赏心悦目的感受。本章将介绍淘宝店铺装修的基本知识。

4.1 发布更具有吸引力的商品信息

买家在网络上购买商品的缺憾是无法真实地查看欲购买的商品，只能通过卖家的商品描述来了解商品相应的信息。而卖家要想使买家一眼看中自己的商品，就往往需要使自己的商品描述具有相当吸引力。那么，如何使自己的商品更具吸引力呢?

4.1.1 一定要配有清晰的图片

好的商品图片在网络营销中起着至关重要的作用，不但可以增加在商品搜索列表被发现的概率，而且直接影响买家的购买决策。那什么是好的商品图片呢?好的图片起码应该能反映出商品的类别、款式、颜色、材质等基本信息。在这个基础上，要求图片要拍得清晰、主题突出以及颜色还原准确。

要把一件商品完整地呈现在买家面前，让买家对商品在宏观上、细节上有一个深层次地了解，刺激买家的购买欲望，一件商品的图片至少要有整体图和细节图。

一、整体图

通过整体图片买家可以对商品有一个大致的了解。特别是卖服装的，可以先用 1 ~2 张整体效果图去告诉买家，穿上这件衣服的整体感觉，包括正面、侧面、背面整体效果。只有整体上吸引了买家，才会产生下一步的行动。如图 4 –1 所示是商品的整体效果图。在拍摄整体图时，要注意以下几点：

1. 注意背景问题，在拍摄照片时，适当加个背景可以更好地展示商品。但图片的背景要尽可能的简单，能够让买家一眼就看出你卖的是什么。如图 4 –2 所示添加了适当背景的图片。

图 4 –1　整体效果图片

图 4 –2　添加了适当背景的图片

2. 商品照片的配件，顾名思义就是配合点缀衬托商品的小东西，所占的图片不能太大，不然就可能喧宾夺主。

3. 有条件的卖家推荐用真人模特，因为以上两点只是给买家一个纯物件的概念，真的佩带穿着起来是什么概念，买家心理没底，不知合适不合适，如果有真人示范的话，其实就是给买家最好的定心丸。

小提示

卖家往往用模特图去渲染效果，这当然没错，但需要注意的是：

第一，明确注明尺寸与模特的“参数”，包括体重、身高、胖瘦、三围等。因为某件商品在模特身上是很漂亮，如果买家跟模特差别较大的话，那买家自然就有很大的心理落差了。

第二，在模特图旁边，务必要注明：以上是模特效果图，仅供参考！买家看到模特穿着的效果往往就会开始幻想自己穿着也是这么漂亮、高雅、优美和“无敌”。可当穿在身上后，怎么也穿不出那种感觉，就会觉得这也不好那也不好。

第三，提倡所有图片都实物拍摄，否则会容易造成“实物”和“图片”落差太大。有的卖家是直接从厂家拿的模特图，或者扫描上去或者直接从网上下载的，图片当然很漂亮，但漂亮的图片和商品实际出入较大时，买家就会产生失望。

4. 可以把其他买家对该商品的评价截图后直接放到商品详情中，这样更直观，对于那些新手买家可能更有冲击力。如图 4－3 所示。

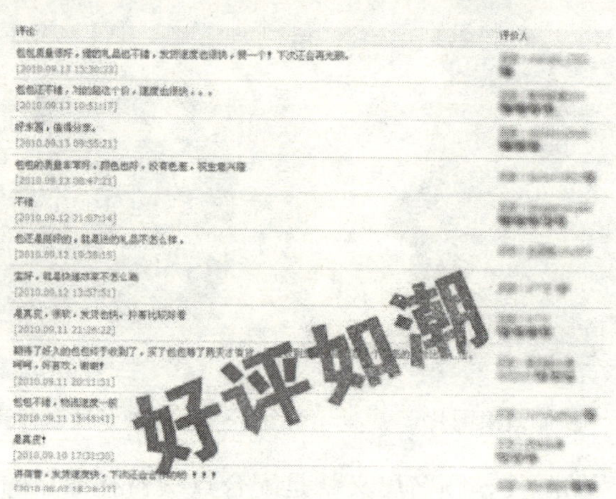

图 4－3　好评图片

5. 如果店铺很有规模，或者有自己的工厂或仓库，或者有漂亮的办公环境，则可以用 1～2 张图片去介绍。当买家看到后，一定会增加对店铺的信任感。

二、细节图

因为上面几点说到的图片只是总体上的印象，买家可能有购买意向，但缺乏对细节上的了解，也有可能放弃，所以适当加入一两张商品的细节图，有助于买家对商品的细部认知。如图 4－4 所示商品细节图。

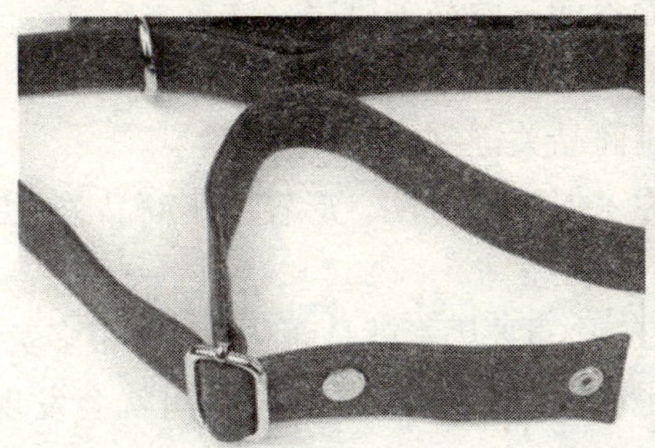

图 4－4　商品细节图

小提示

●图片本身要清晰，包括画面清晰、主次分明。有的图片很模糊，看不清楚，买家当然没有购买欲望，同时，图片不要喧宾夺主。

●图片的清晰度跟图片大小也有关系。在保证一定质量的情况下，图片不要太大，否则会影响买家浏览时的下载速度。

●图片不要过于处理和修饰，要保证真实诚信，否则买家收到后的心理落差一定很大，自然也就不满意了。

4.1.2　简洁、客观的文字描述

在网上做生意，最重要的是如何把商品信息准确地传递给买家。图片传递给买家的只是商品的形状和颜色的信息，对于性能、材料、产地、售后服务等，必须通过文字方面的描述来说明。文字描述中主要包括商品名称和商品详细描述。

一、吸引人的商品名称

淘宝将商品名称的字数规定在 30 个汉字（60 个字符）以内，关键字越多被搜索到的可能性越大。一般商品名称使用关键字主要有下面几种组合方式：

- 品牌、型号＋商品关键字
- 促销、特性、形容词＋商品关键字
- 地域特点＋品牌＋商品关键字
- 店铺名称＋品牌、型号＋商品关键字

- 品牌、型号 + 促销、特性、形容词 + 商品关键字
- 店铺名称 + 地域特点 + 商品关键字
- 品牌 + 促销、特性、形容词 + 商品关键字
- 信用级别、好评率 + 店铺名称 + 促销、特性、形容词 + 商品关键字

二、详细的商品描述

在网上购物，影响买家是否购买的一个重要因素就是商品描述，很多卖家会花费大量的心思在商品描述上，但也有一些卖家经过一段时间就会发现，虽然花费大量的时间在上面，但是效果并不好，用户的转化率还是不高，原因在什么地方呢？这就要求在填写商品描述信息时注意以下几个方面：

1. 首先要向供货商索要详细的商品信息。商品图片不能反映的信息包括材料、产地、售后服务、生产厂家、商品的性能等。对于那些相对于同类产品有优势和特色的信息一定要详细地描述出来，这本身也是产品的卖点。

2. 商品描述一定要精美，能够全面概括商品的内容、相关属性，最好能够介绍一些使用方法和注意事项，更加贴心地为买家考虑。

3. 为了直观性，商品描述应该使用文字 + 图像 + 表格三种形式结合来描述，这样买家看起来会更加直观，增加购买的可能性。

4. 参考同行网店。可以去皇冠店转转，看看他们的商品描述是怎么写的。特别要重视同行中做得好的网店。

5. 在商品描述中也可以添加相关推荐商品，如本店热销商品、特价商品等，让买家更多地接触店铺的商品，增加商品的宣传力度。

6. 在商品描述中注意服务意识和规避纠纷，一些平时买家都很关心的问题、有关商品问题的介绍和解释等都要有。

4.1.3 确定更具竞争力的商品定价

商品定价大有学问，如果定价太低，容易让人对商品质量产生怀疑。因为买家看不到实物，价格定得过低，买家就会担心便宜没好货，怕上当受骗，而且定价低利润也低，卖出去了也无利可图，表面看好像生意兴隆，其实内部亏损严重。如果定价太高，买家就会被吓跑，利润也很难得到保证，卖家不仅难以获得期望的利润，而且还不利于打开市场。

不少网友在开始网店经营时，对自己的商品如何定价有些茫然。其实，商品的定价是有技巧的，可以运用某种或某几种方法，来给商品定价，促进商品的销售。

首先，在给商品定价前，要清楚这件商品提供给买家最基本的作用和利益是什么，能够用来做什么，又是哪些人使用、怎么用，它比同类卖家的商品好在哪里等。只有在了解到销售商品的内涵与外延后，才能进一步确定相适宜的定价方法与策略。

最常见的定价方法一般有 3 种：

1. 成本导向定价法

即以进货成本为依据，加上你期望得到的利润来确定商品的价格。如进货成本是 40 元，想赚 20 元，那就定价 60 元。当然，如果网站平台有一些收费项目，那么在计算成本时应把登录费、成交费等也要考虑进去，除非这些费用相对于你的利润非常小。

2. 需求导向定价法

即按照买家的承受能力来确定价格。这当然是卖家最希望采用的定价方法了，前提是商品比较独特，或同质性不强等。

3. 竞争导向定价法

即参考和你卖同类东西的卖家定价来确定商品的价格。如你卖某个品牌的香水，通过搜索发现相同型号的商品别人卖 100 ~ 120 元，那你卖 95 元就相对具有竞争力。当然，这里还要考虑到信用度、好评率也就是个人品牌以及售后服务、运费等因素的影响。

4.2　申请店铺

卖家准备好库存商品及编辑好商品图片、相关文字说明后，即可申请开店。这节将介绍申请开店的具体方法。

4.2.1　发布事先准备的 10 件商品

发布商品时，可以直接在淘宝网上发布，也可以使用“淘宝助理”发布。本例将讲述如何在淘宝网上直接发布，具体操作步骤如下：

（1）登录淘宝网，单击“我要卖”超链接，如图 4 – 5 所示。

图 4－5 单击“我要卖”超链接

小提示

如果没有通过个人实名认证和支付宝认证，虽然可以发布宝贝，但是宝贝只能发布到“仓库里的宝贝”中，买家是看不到的。只有通过认证，才可以上架。

（2）进入发布商品页面，在“请选择宝贝发布方式”页面中单击按钮，以一口价的方式发布，如图 4－6 所示。

图 4－6 选择宝贝发布方式

（3）在打开的网页中，选择要发布宝贝的类目，然后单击按钮，如图 4－7 所示。

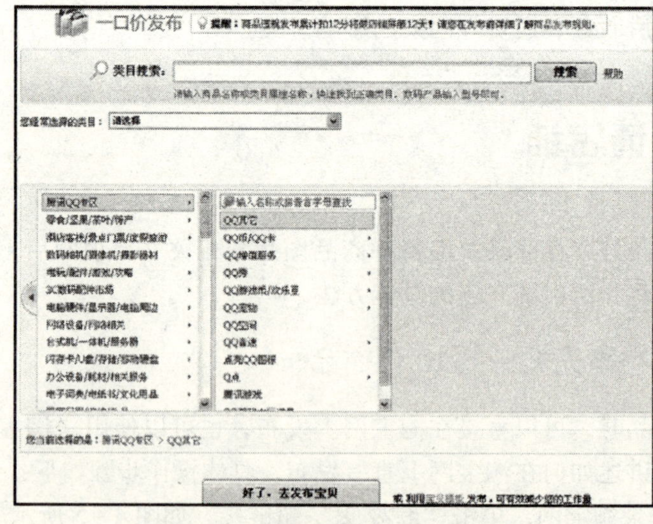

图 4－7 选择要发布宝贝的类目

（4）在打开的网页中，根据提示输入发布宝贝的交易类型、宝贝类目、宝贝类型、宝贝标题等信息，如图 4 - 8 所示。

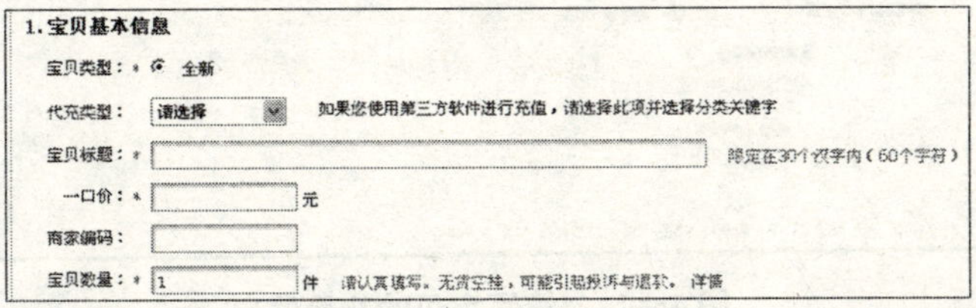

1. 宝贝基本信息
宝贝类型：* 全新
代充类型：请选择　如果您使用第三方软件进行充值，请选择此项并选择分类关键字
宝贝标题：*　限定在30个汉字内（60个字符）
一口价：*　元
商家编码：
宝贝数量：* 1　件　请认真填写。无货空挂，可能引起投诉与退款。详情

图 4 - 8　宝贝基本信息

小提示

淘宝网规定商品图片必须是 GIF 或者 JPG 格式的，不能超过 500 × 500 像素，大小不能超过 120KB。如果图片不符合以上要求，可用图像处理软件进行处理。

（5）单击“宝贝图片”文本框后面的“浏览”按钮，上传宝贝图片，如图 4 - 9 所示。

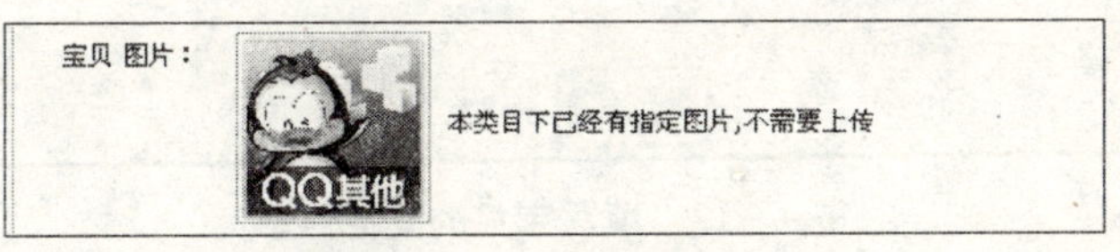

图 4 - 9　上传宝贝图片

（6）填写宝贝详细描述信息，如图 4 - 10 所示，这里的操作与在 Word 文档中的操作相同，可以设置文本的格式。

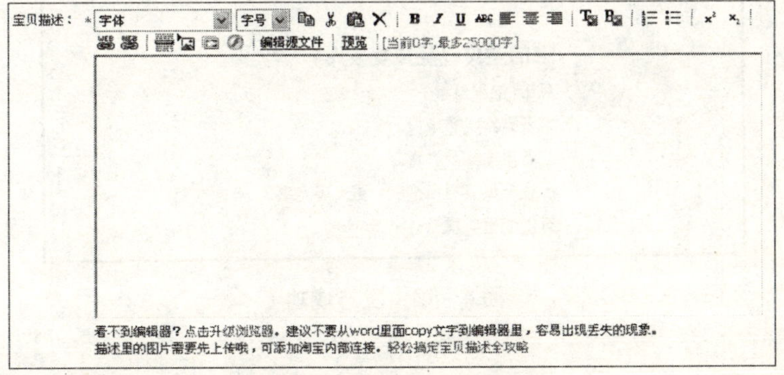

图 4 - 10　填写宝贝描述

（7）填写宝贝的物流信息，如图 4－11 所示。

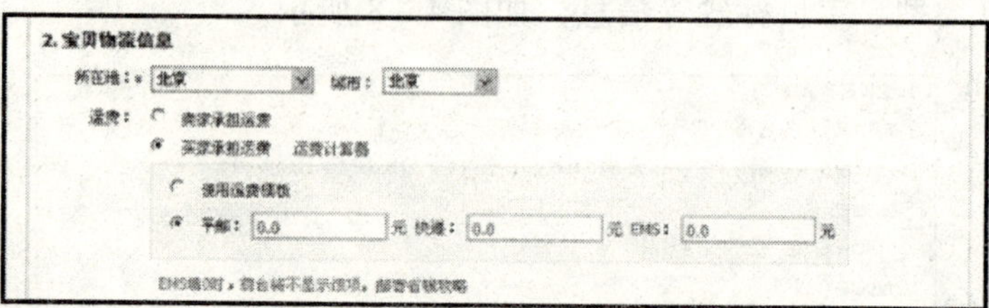

图 4－11　填写宝贝的物流信息

（8）接下来填写宝贝的其他信息，如图 4－12 所示。

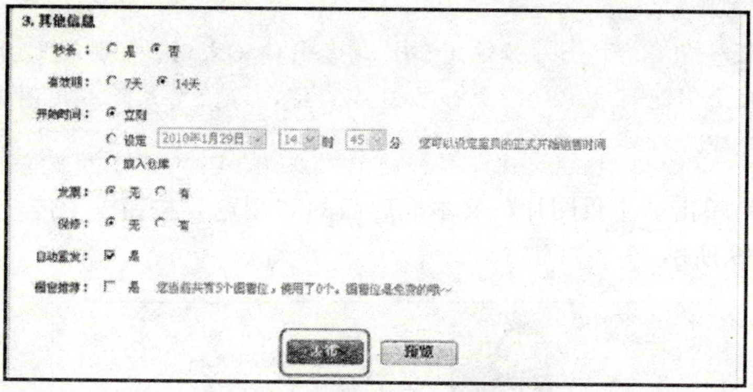

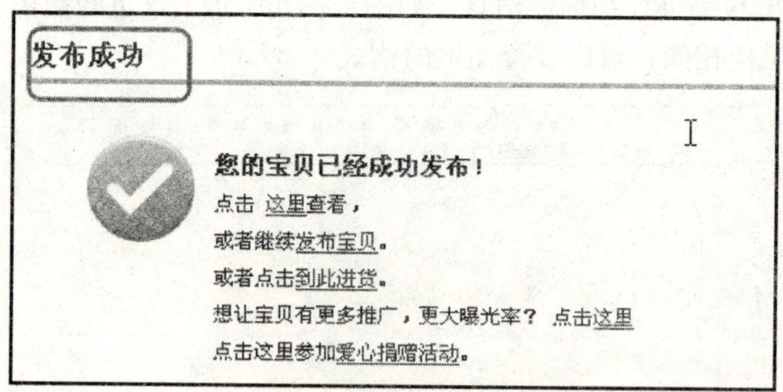

图 4－12　填写宝贝的其他信息

（9）最后单击“发布”按钮，宝贝发布成功，如图 4－13 所示。

发布成功

您的宝贝已经成功发布！
点击 这里查看，
或者继续发布宝贝。
或者点击到此进货。
想让宝贝有更多推广，更大曝光率？ 点击这里
点击这里参加爱心捐赠活动。

图 4－13　发布成功

4.2.2　成功申请店铺

发布 10 件宝贝以后，在“我的淘宝”中，会出现“免费开店”的字样，单击“免费开店”，就可以建立一个网上店铺。

（1）在“我的淘宝”页面中，单击“我是卖家”下面的“免费开店”超链接，如图 4－14 所示。

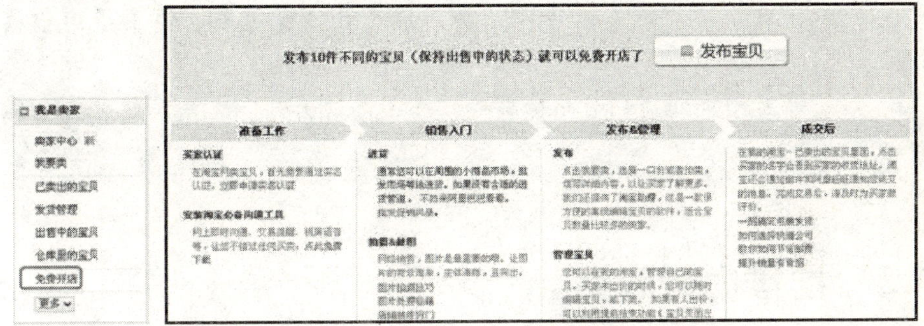

图 4－14　单击“免费开店”超链接

图 4－15　免费开店

（2）进入如图 4－15 所示的页面。

（3）单击“发布宝贝”立即去发布宝贝，发布 10 件商品以后，店铺即可开张，如图 4－16 所示。

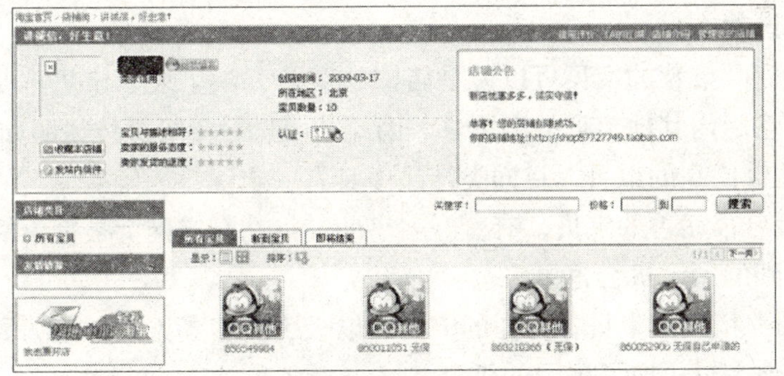

图 4－16　店铺首页

小提示

为什么搜索不到自己的店铺?

- 首先需要有自己的店铺，只有满10件宝贝并启用店铺后才能拥有店铺，刚刚新开的店铺需要等待24小时才能搜索到。
- 输入自己店铺的名称，或者是关键字，可以搜索到自己的店铺；或者输入自己的会员名也可以搜索到自己的店铺。
- 确认自己搜索的关键字是正确的，而且不能过长，要善于用空格搜索。
- 店铺因相应处罚扣分而被屏蔽，如无法搜索到，要及时联系淘宝客服核实处理。

4.3 推荐优势商品

开网店和开实体店一样需要宣传推广，网店的宣传推广与实体店的广告有很大不同。在淘宝网上宣传，不仅需要技巧，而且还需要卖家全面深入地了解淘宝这个平台，利用淘宝网提供的宣传工具，让自己的网店脱颖而出。

在推荐商品时，需要正确选择进行推荐的宝贝以及进行推荐的时间，充分合理地安排推荐位置。商品推荐的原则有以下几种：

一、选对宝贝

进行商品推荐的宝贝可以说是店铺的橱窗，除了展示宝贝本身外，也有助于带动店内其他宝贝的浏览量。因此，要选对宝贝具体说明如下：

- 性价比高的宝贝，在同类产品中具有一定优势。
- 命名很完善的宝贝，有着好名字的宝贝在淘宝网上被搜索到的概率更高，得到的展示机会也更多。
- 图片精美的宝贝，漂亮的宝贝可以吸引更多买家的注意，同时也给店铺的其他宝贝争取了展示的机会。
- 低价的宝贝，根据买家喜欢按照价格搜索宝贝的习惯，低价位宝贝将得到优先展示的机会。

二、选对时间

在选对宝贝的同时还要选对时间，具体如下：

- 将快要下架的宝贝设置为橱窗推荐，因为淘宝是按照剩余时间由少到多显示宝贝的，剩余时间越少的宝贝排得越靠前；
- 建议将商品的上架时间设置为7天一个周期，比14天一个周期多了一次最少剩余时间，可以拥有多一次排在靠前的机会。

4.3.1 使用橱窗推荐位

橱窗推荐位是淘宝网为卖家设计的特色功能，是淘宝提供给卖家展示和推荐宝贝的功能之一。买家在根据输入关键字或者按照类目搜索时，在所有宝贝里符合条件且有设置橱窗推荐的宝贝会优先排在前面，如果都设置了橱窗推荐，发布剩余时间最短的会优先排在前面。

橱窗推荐宝贝会集中在宝贝列表页面的橱窗推荐中显示，每个卖家可以根据信用级别与销售情况获得不同数量的橱窗推荐位。合理利用这些橱窗推荐位，将大大提高卖家宝贝的单击率。

设置橱窗推荐的具体操作步骤如下：

(1) 单击“我是卖家”页面中的“宝贝管理”下面的“出售中的宝贝”超链接，如图4-17所示。

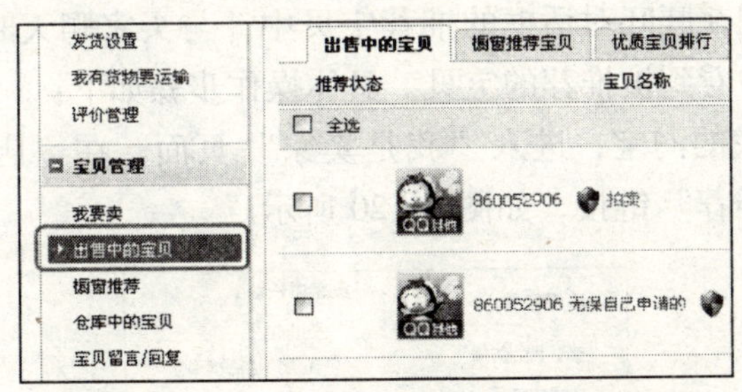

图4-17 单击“出售中的宝贝”超链接

(2) 进入出售中的宝贝页面，会看到所有出售中的宝贝，在宝贝前面勾选复选框，然后单击下面的“橱窗推荐”按钮，如图4-18所示。

(3) 进入橱窗推荐页面，列出的是所有推荐的宝贝，如图4-19所示。

图 4-18 推荐宝贝

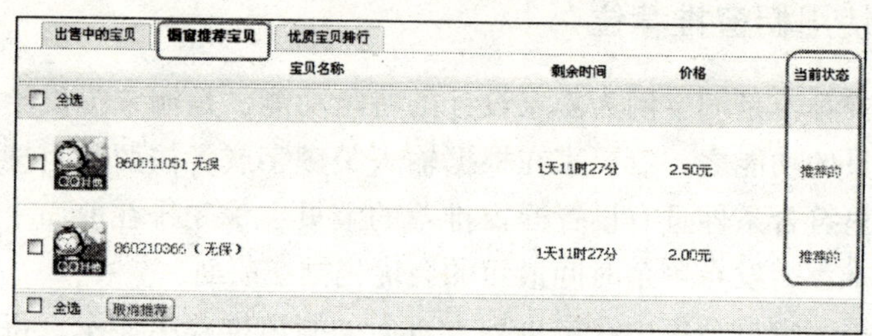

图 4-19 橱窗推荐的宝贝

4.3.2 使用掌柜推荐

掌柜推荐宝贝出现在每个宝贝介绍页面的底部或者在店铺最中间的推荐位上，买家浏览宝贝及店铺时第一眼就能看到这些被推荐的宝贝。该推荐同时也会出现在旺旺对话框的推荐宝贝中，与买家聊天时，对方可直接在旺旺对话框中看到被推荐的宝贝。具体操作步骤如下：

（1）登录我的淘宝，进入“我是卖家”页面，在“店铺管理”列表中单击“掌柜推荐”链接，如图 4-20 所示。

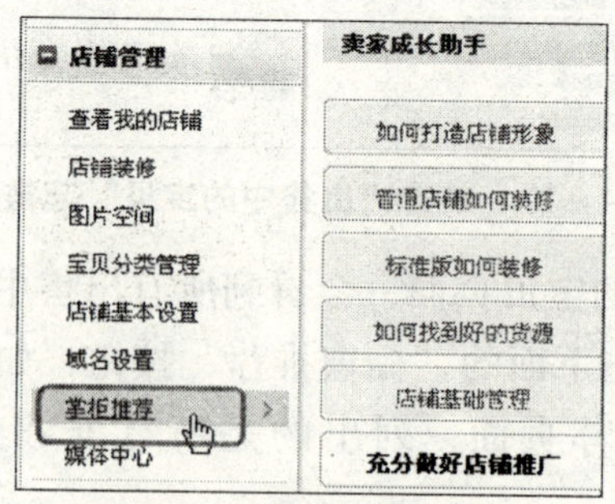

图 4-20 掌柜推荐链接

（2）单击链接，进入“掌柜推荐”页面，在页面中可以看到出售的宝贝和已推荐的宝贝，如图 4－21 所示。

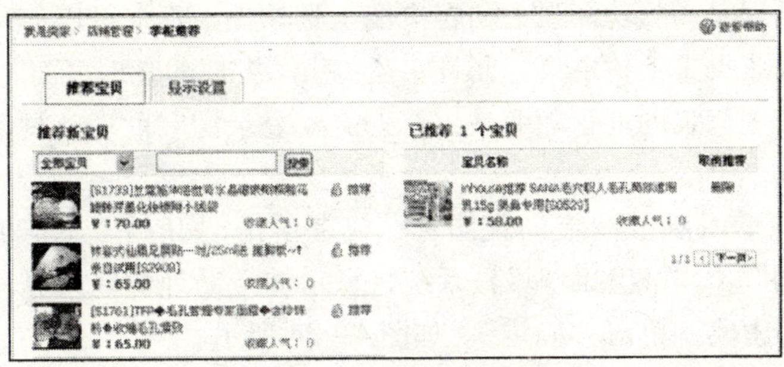

图 4－21　掌柜推荐页面

（3）在“掌柜推荐”页面，单击“推荐”即可看到宝贝在已推荐宝贝列表里，如图 4－22 所示。

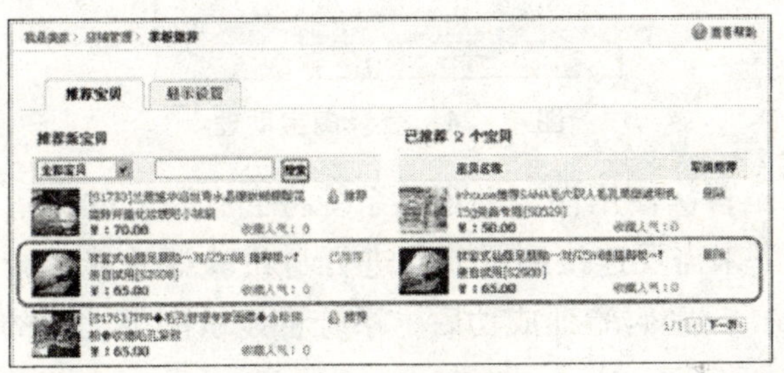

图 4－22　推荐宝贝

（4）把所需的宝贝推荐完成后，买家在浏览店铺的首页时就能看到掌柜推荐的宝贝，如图 4－23 所示。

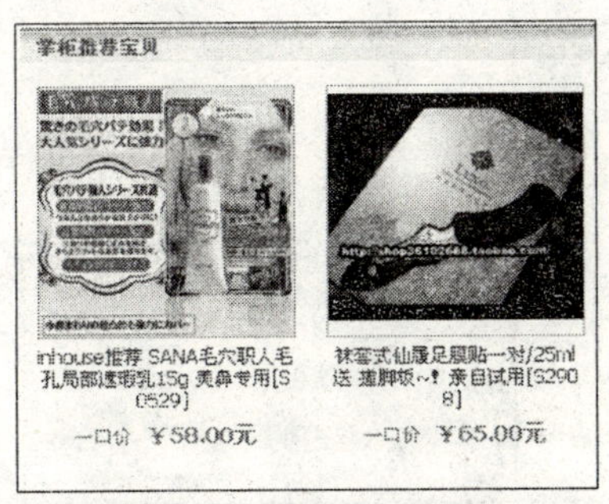

图 4－23　掌柜推荐的宝贝

4.3.3 使用淘宝助理批量发布商品

淘宝助理是一款功能强大的客户端工具软件，不仅可以使用它编辑宝贝信息，快速批量上传宝贝，而且它还提供了方便的管理页面。

要想使用淘宝助理管理商品，首先需要登录淘宝助理，具体操作步骤如下：

（1）在桌面双击淘宝助理图标，或者单击“开始”|“所有程序”|“淘宝网”|“淘宝助理”，系统将显示淘宝助理的登录界面，输入淘宝会员名和密码，单击“确定”。如图4－24所示。

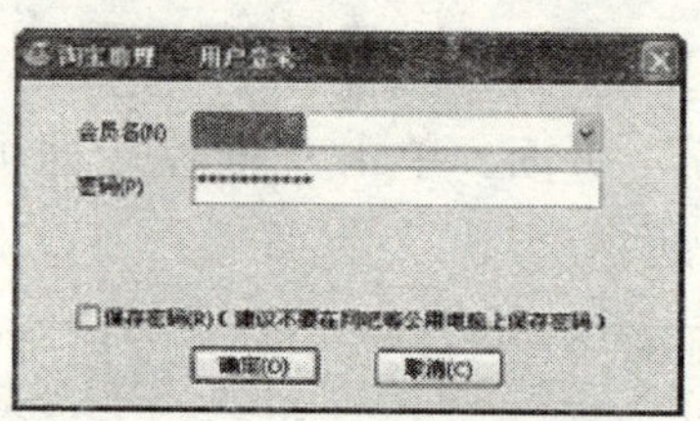

图4－24 登录淘宝助理

（2）如果是首次使用淘宝助理，系统将会有以下的提示“您没有在本地登录过，接下来需要连接到服务器进行身份验证才能登录，您希望继续吗”，选择“是”，密码验证成功后，系统将显示淘宝助理的主界面，如图4－25所示。

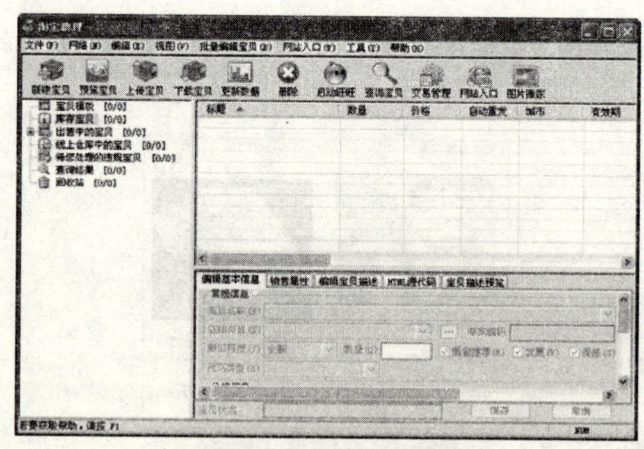

图4－25 淘宝助理主界面

（3）单击“新建宝贝”｜“空白模板”，如图4－26所示。

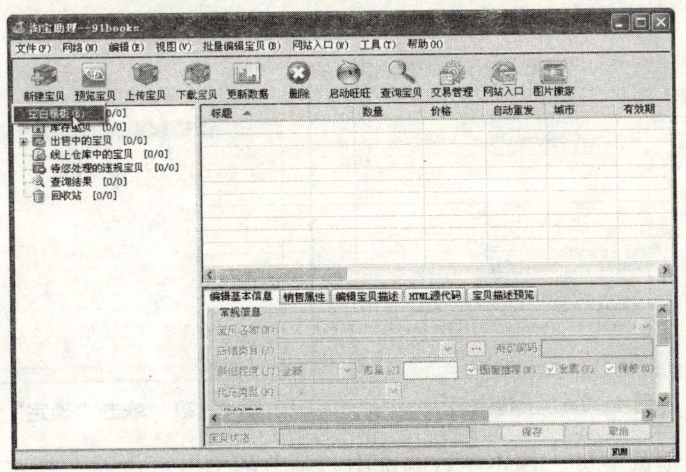

图4－26　新建宝贝

（4）弹出“编辑单个宝贝”对话框，填写宝贝的基本信息及宝贝描述，如图4－27所示。

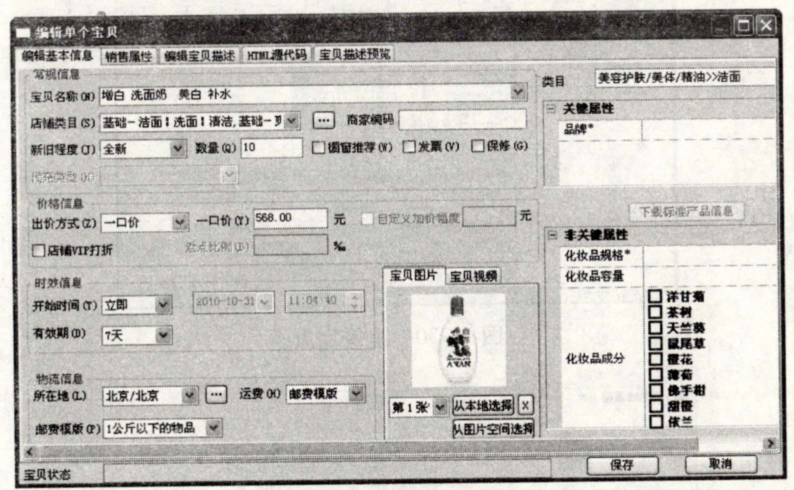

图4－27　填写宝贝信息

（5）单击保存，新建成功的宝贝将会放在“库存宝贝”目录中。如果想发布这件宝贝，在“库存宝贝”目录中选中宝贝，单击“上传宝贝”，如图4－28所示。

（6）确认要上传的宝贝，单击“确定”按钮，如图 4－29 所示，宝贝就会发布到淘宝网。

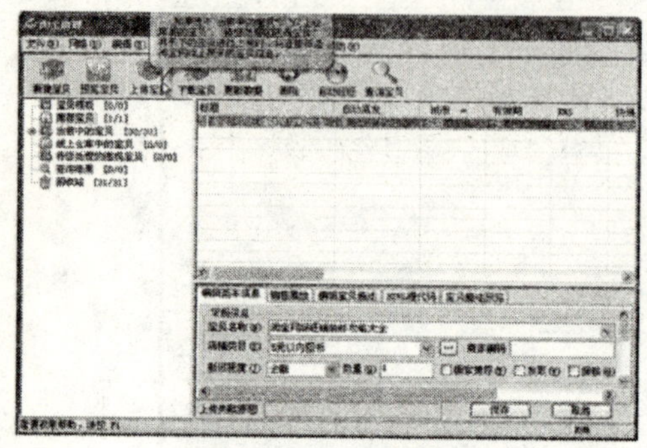

图 4－28　上传宝贝

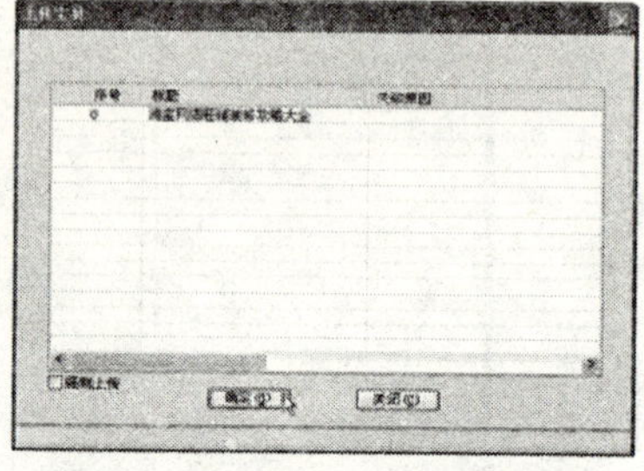

图 4－29　单击“确定”按钮

（7）预览宝贝，首先在右侧选中要预览的宝贝，单击“预览宝贝”按钮，如图 4－30 所示。就可以在淘宝网预览，如图 4－31 所示。

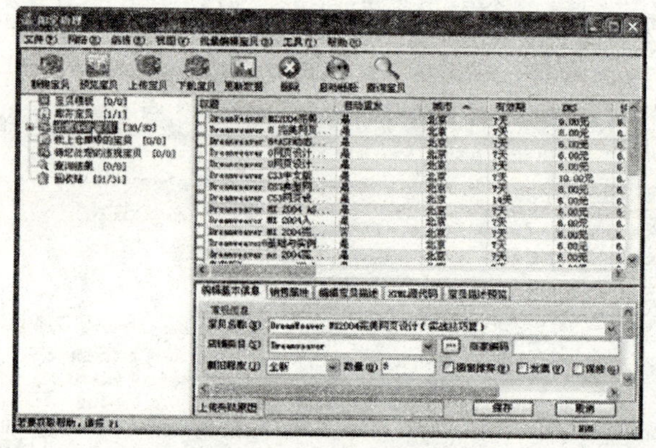

图 4－30　上传宝贝

图 4－31　预览宝贝

第5章　积极并及时沟通买家

开店指导

在现实生活中的实体店，买卖双方通常都是面对面地进行沟通，那么网上交易是如何沟通的呢？网上购物的买家在选中某件商品准备付款前，都会向卖家咨询一些有关这件商品的信息，如商品的质量、重量和价格等，并进行讨价还价。与买家沟通需要使用一些软件，如阿里旺旺、站内信、店铺留言等。

5.1　使用阿里旺旺与买家进行交流

阿里旺旺是淘宝和阿里巴巴为用户量身定做的免费网上商务交流沟通软件。它类似腾讯QQ、MSN等聊天工具，它能帮你轻松找客户，发布、管理商业信息，及时把握商机，随时洽谈生意。

5.1.1　查找并添加联系人

在淘宝开店的卖家，首先要做的事情就是登录阿里旺旺，与买家交流，进行交易管理。登录旺旺后，在与淘友聊天前，应先将淘友添加为自己的联系人，查找并添加联系人具体操作步骤如下：

(1) 登录阿里旺旺，在阿里旺旺操作界面中单击“添加好友”超链接，如图5-1所示。

(2) 弹出“查找/添加”对话框，如果不知道好友的旺旺号，可以单击“旺友速配”单选按钮，旺旺根据信息和地域帮你寻找好友；如果知道

好友的旺旺号，在“会员名”文本框中输入相应的旺旺号，如图 5-2 所示。

图 5-1 单击“添加好友”超链接

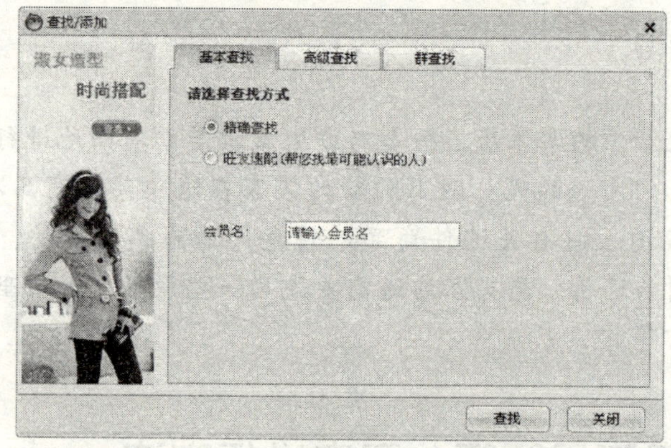

图 5-2 “查找/添加”对话框

（3）单击“查找”按钮，弹出如图 5-3 所示的对话框。

（4）单击“添加为好友”按钮，弹出“添加好友成功！”对话框，如图 5-4 所示。

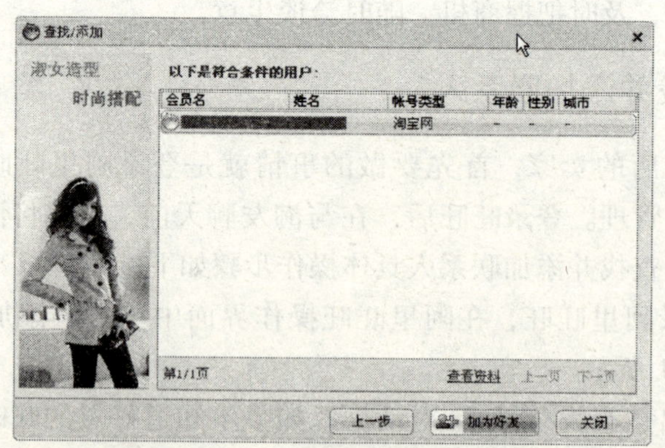

图 5-3 “查找/添加”对话框

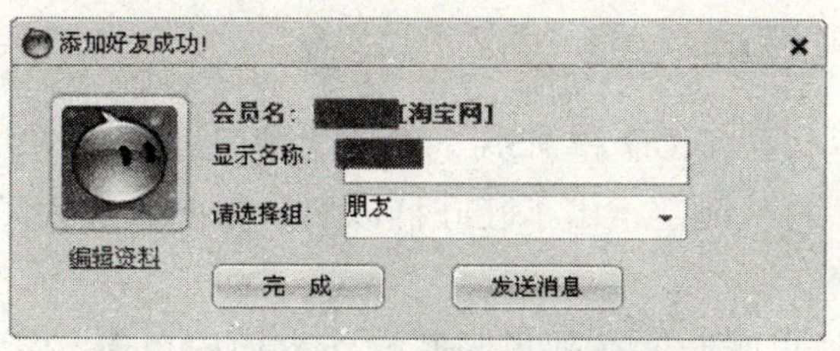

图 5－4　“添加好友成功!”对话框

（5）单击“请选择组”文本框右边的下拉按钮，在弹出的列表中可以选择相应的组，如图 5－5 所示。

（6）单击“确定”按钮，即可添加好友成功，如图 5－6 所示。

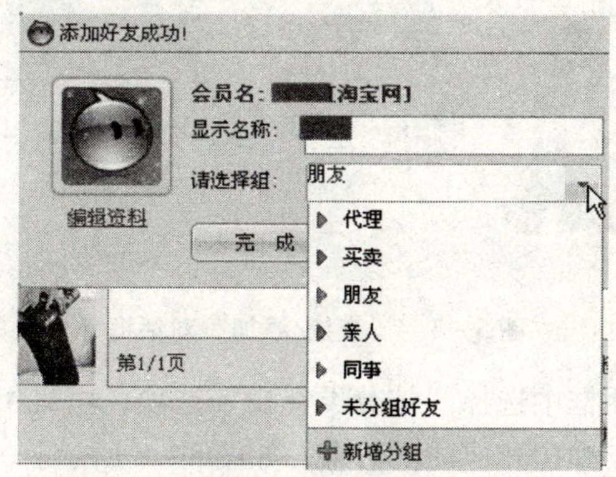

图 5－5　选择组

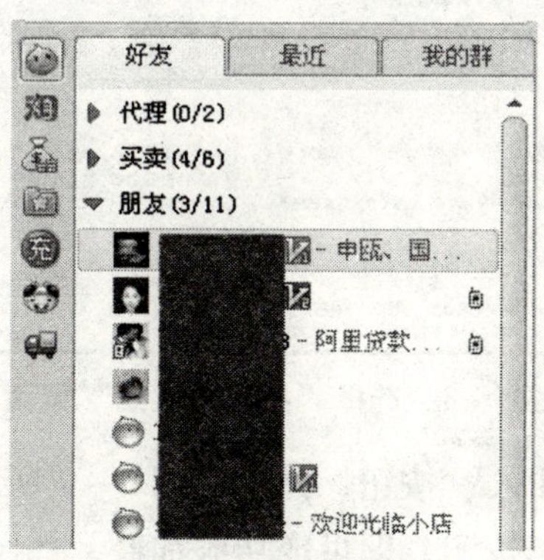

图 5－6　成功添加好友

5.1.2 加入旺旺群

阿里旺旺是仅次于 QQ 和 MSN 的第三大即时通讯软件，很多淘友都喜欢用它来聊天。自从淘宝推出了旺旺群以后，很多人加入了一些群，具体操作步骤如下：

（1）登录阿里旺旺，在阿里旺旺操作界面中单击“添加好友”超链接，弹出“查找/添加”对话框，单击“群查找”按钮，如图 5－7 所示。

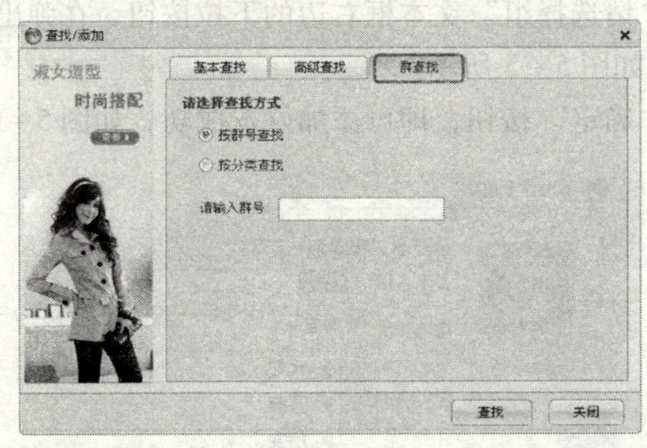

图 5－7 “查找/添加”对话框

（2）在该对话框中选择“按分类查找”选项，填写相应的关键字，单击“查找”按钮，弹出相应的群信息，如图 5－8 所示。

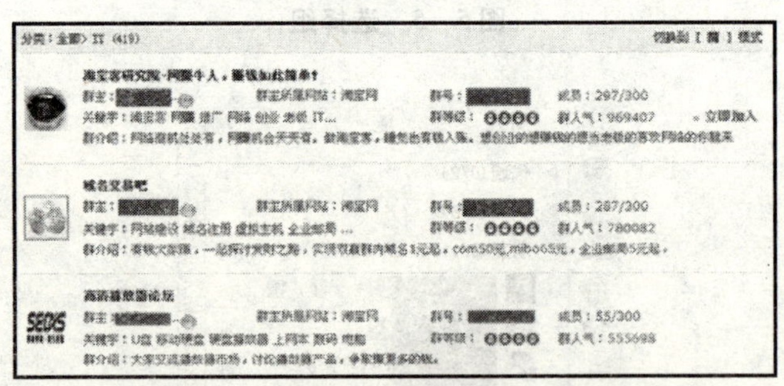

图 5－8 选择“按分类查找”页面

（3）单击“立即加入”按钮，弹出如图 5－9 所示的提示框。

（4）单击“确定”按钮，即可成功添加群，如图 5－10 所示。

图5-9 提示框

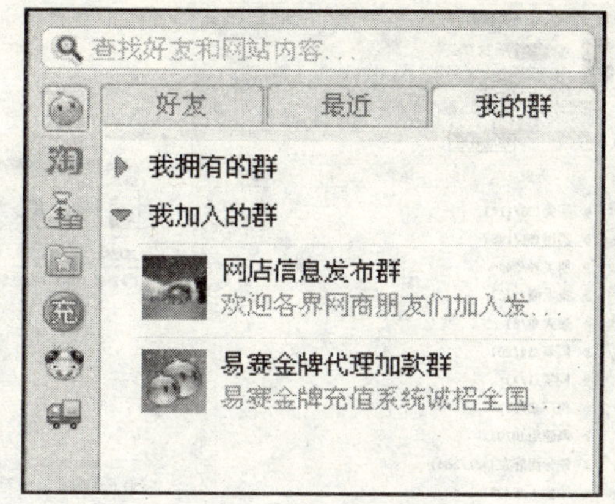

图5-10 添加群

小提示

还可以自己申请一个旺旺群，添加其他淘友，在旺旺群中加上店铺的广告信息。

5.1.3 使用手机旺旺，让你的旺旺时刻在线

移动旺旺是阿里旺旺推出的“短信服务”。移动旺旺需要使用5.5或以上版本的阿里旺旺，绑定手机即可。移动旺旺推出后很多卖家都使用了此功能，有了移动旺旺就不会错过任何的买卖。

- 开通移动旺旺后，阿里旺旺标志将24小时显示在线。
- 即使不在线，旺旺标志仍然吸引旺友给你发短信，不错过任何买卖。
- 手机在线时长，可计算入“活跃度”，增加您使用移动旺旺的各种权限。

移动旺旺免费开通，具体操作步骤如下：

（1）在阿里旺旺操作界面中，单击“移动旺旺”图标，如图5-11所示。

（2）在弹出的“发送手机短信”对话框中，单击“绑定手机”按钮，如图5-12所示。

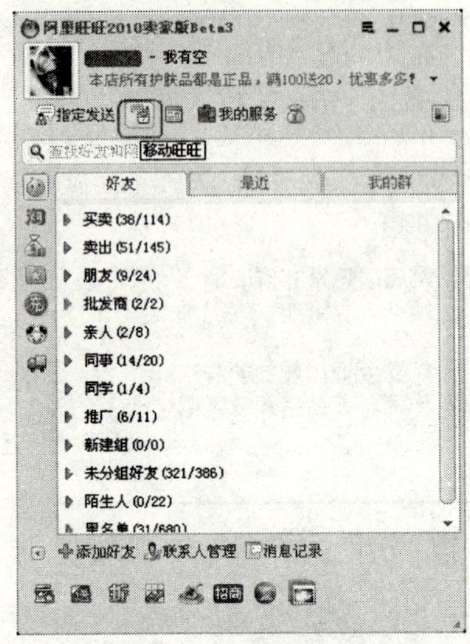

图 5－11　移动旺旺

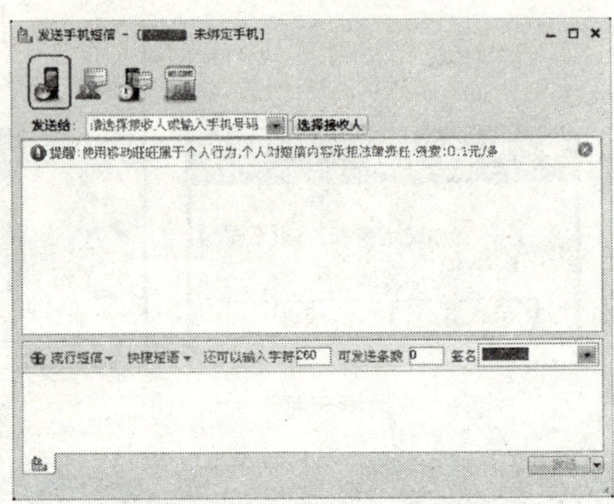

图 5－12　单击“绑定手机”按钮

（3）弹出“绑定手机”对话框，勾选“我已经阅读并同意用户协议”复选框，单击“下一步”按钮，如图 5－13 所示。

（4）打开“输入手机号码”对话框，在文本框中输入手机号，然后单击“下一步”按钮，如图 5－14 所示。

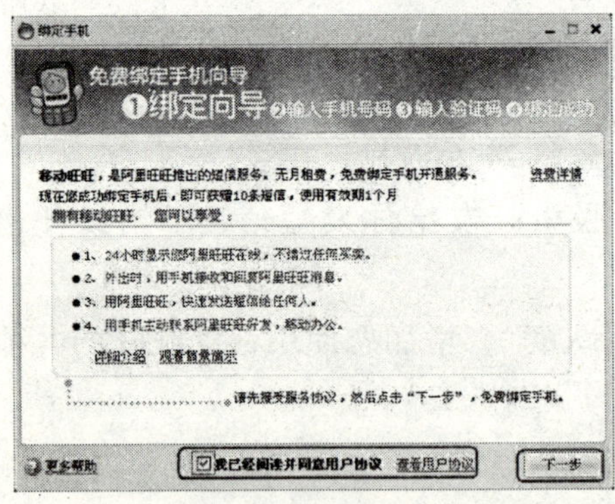

图 5－13　阅读并同意用户协议

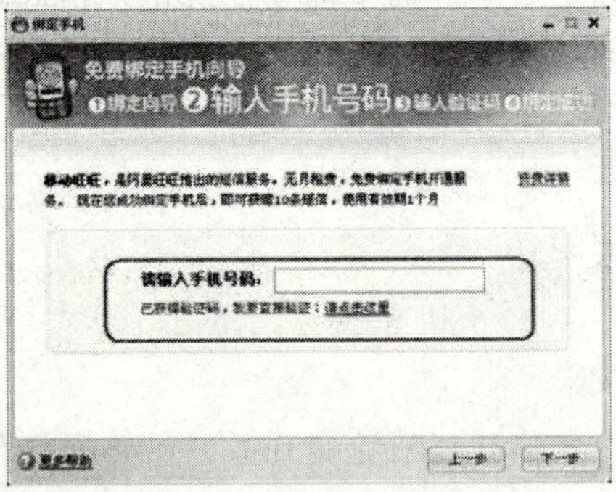

图 5－14　输入手机号码

（5）随后系统将打开“输入验证码”对话框，卖家的手机就会收到系统信息，输入验证码，即可绑定成功。

5.1.4　妥善保存聊天记录

聊天记录非常重要，建立客户档案，总结交流经验，查找承诺过的口头协议，发生纠纷时的取证，都离不开聊天记录。保存聊天记录的具体操作步骤如下：

（1）选择旺旺面板中右下角的“消息记录”按钮，如图 5 – 15 所示。

（2）进入消息管理器页面，打开“联系人消息”子菜单，会列出所有联系人的名字，任意选中一个，在窗口的右侧，会出现最近的聊天记录，如图 5 – 16 所示。

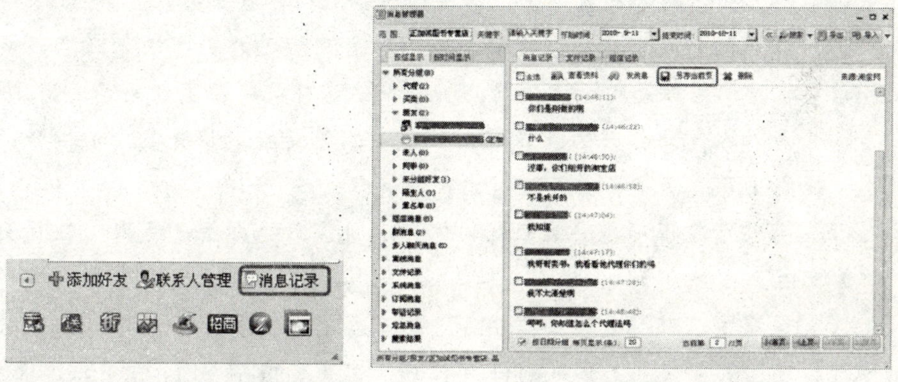

图 5 – 15　单击“消息记录”超链接　　　　**图 5 – 16　消息管理器页面**

（3）单击“另存当前页”按钮，弹出“另存为”对话框，选择存储的位置，如图 5 – 17 所示。

（4）在桌面找出相应的文件，打开文件如图 5 – 18 所示。

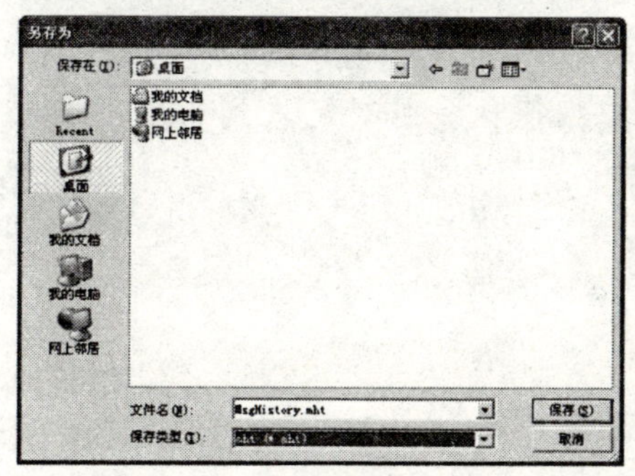

图 5 – 17　“另存为”对话框

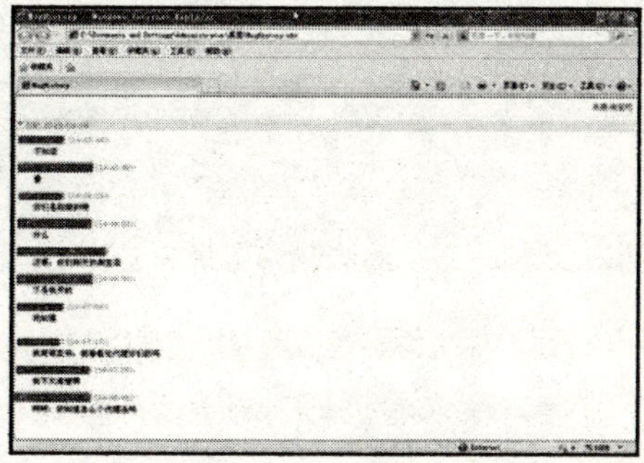

图 5 – 18　打开文件

小提示

阿里旺旺是一个非常好的交流工具，现在有很多生意都是通过旺旺做成的。潜心研究旺旺的功能，可以获得很多的经验，下面是应用旺旺提高流量的一些技巧：

（1）设置开机后旺旺自动登录功能。及时看到所有的信息，免除因忘记打开旺旺漏掉生意的遗憾。

（2）开通移动旺旺功能。如果店主外出或者不能上网时，旺旺的消息就会以短信方式发送到店主的手机上，店主也可以回短信给对方。最重要的是，不用总在电脑旁看着电脑，店主也可以适当休息一会。

（3）在我的好友中建立顾客群，留下所有交流过的买家的旺旺名。多同买家交流，询问买家对于店铺商品的意见，这样就留住了老顾客。

（4）加入人气比较旺的旺旺群，多交友，多交流。朋友多，互相帮忙顶帖，提高生意，交流买卖经验对大家都有好处。

（5）有些情况下不能安装旺旺软件，这时应急的办法是使用旺旺页面同客户交流。

（6）设置好旺旺的自动回复功能。当店主有事需要离开几分钟，这时电脑就会处于闲置状态，如果刚好有客户，客户一般不愿等待。这时可以设置自动回复，可能就会挽留一个客户。

（7）不定期检查聊天历史记录，可以避免无意中漏掉的一些客户的留言。

（8）有空多摸索一些旺旺的其他功能，很有用处。

（9）在旺旺名后面显示店铺的最新优惠信息可以大幅度增加浏览量。

（10）建立旺旺群，邀请朋友、买家及和生意有关的人到群里，增加群的人气。当人气到一定地步，旺旺群中有了“黄金旺位”，就可以提高店铺的访问量，进而提高销售量。

5.2　其他交流方式

除了可以使用阿里旺旺与买家交流外，还可以使用其他的方式与买家交流，如回复买家站内信件；回复宝贝页面上的买家留言；回复店铺交流区的买家留言；打电话联系买家等。

5.2.1　回复买家站内信件

为了方便与买家沟通，淘宝为所有的会员都提供了一个站内信箱。回复买家站内信件的具体操作步骤如下：

（1）登录我的淘宝，单击左上角的“站内信”超链接，如图5－19所示。

图5－19　单击“站内信”超链接

（2）打开站内信箱，即可看到站内的信件，如图5－20所示。

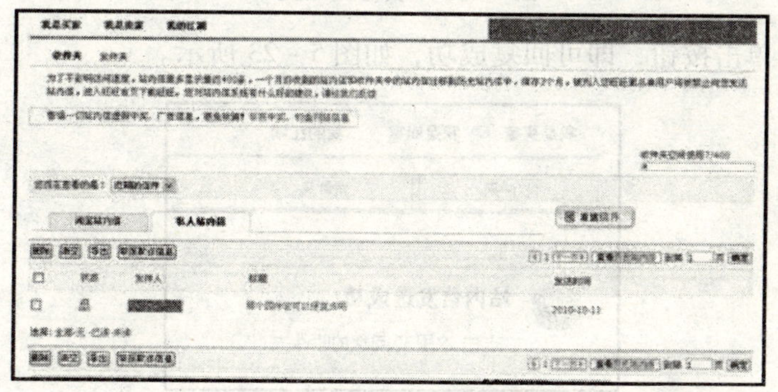

图5－20　打开站内信箱

（3）单击要回复的信件，在打开的网页中，阅读所选的邮件内容，然后单击“回复该信件”按钮，如图 5－21 所示。

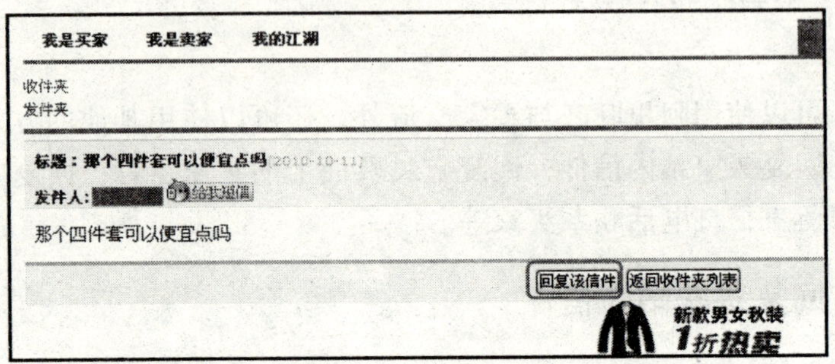

图 5－21 阅读信件

（4）在打开的网页中，在“内容”文本框中输入需要回复的信息，在“校验码”文本框中输入校验码，如图 5－22 所示。

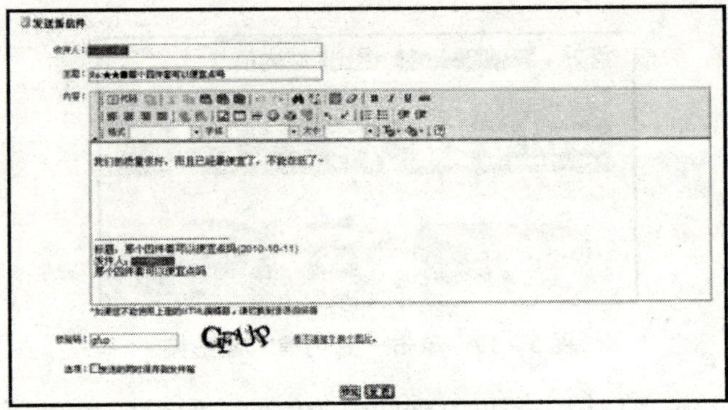

图 5－22 填写回复内容

（5）单击按钮，即可回复成功，如图 5－23 所示。

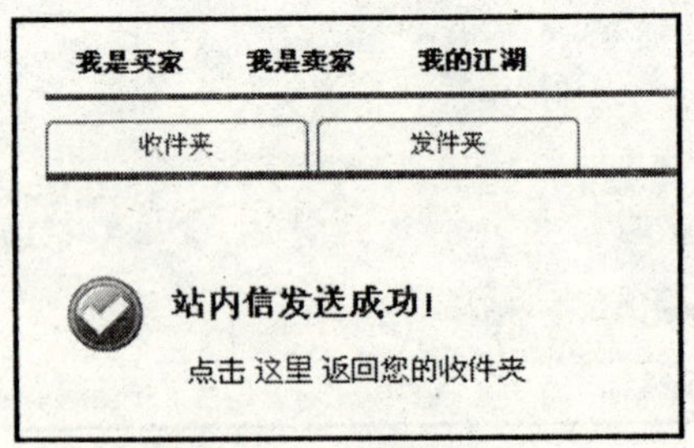

图 5－23 回复成功

5.2.2　回复宝贝页面上的买家留言

宝贝留言有补充宝贝描述的作用，买家进入宝贝页面后，看到其他的买家留言众多，便可以从中得到更多关于宝贝的信息。回复宝贝留言具体操作步骤如下：

（1）登录淘宝，单击左侧的“宝贝管理”｜“宝贝留言回复”，进入“宝贝留言/回复”页面，如图 5－24 所示。

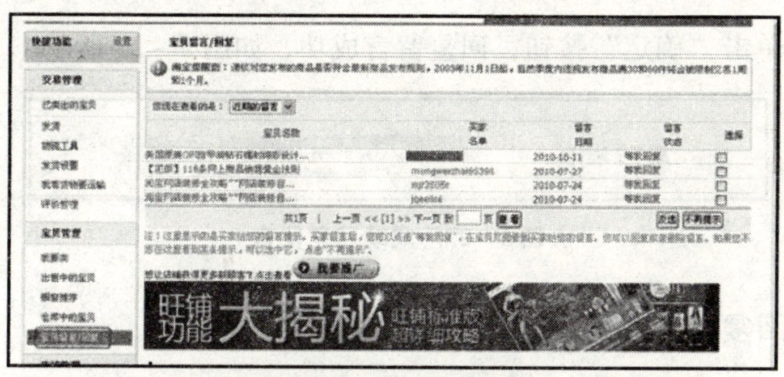

图 5－24　宝贝留言/回复

（2）单击“等待回复”按钮，进入“留言簿”页面，如图 5－25 所示。

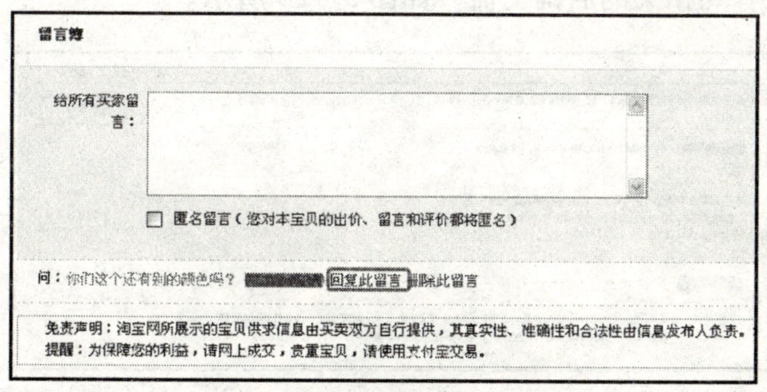

图 5－25　“留言簿”页面

（3）单击“回复此留言”按钮，进入“回复留言”页面，在“留言”中输入留言的内容，如图 5－26 所示。

图 5－26　“回复留言”页面

（4）单击“确定”按钮，回复留言成功，如图 5－27 所示。

图 5－27　成功回复留言

5.2.3　回复店铺交流区的买家留言

在店铺中有“店铺交流区”板块，该板块中有发表帖子的功能，卖家可以充分利用该板块的功能和客户交流。具体操作步骤如下：

（1）在“店铺管理”下面，单击“查看我的店铺”超链接，在页面的底部可以看到相关的店铺交流，如图 5－28 所示。

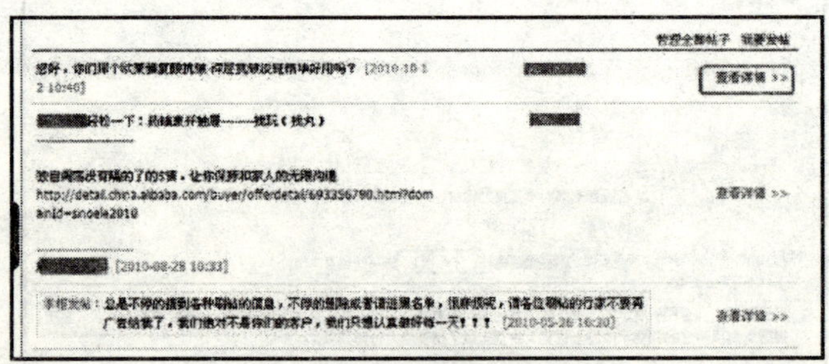

图 5－28　店铺交流

（2）单击“查看详情”超链接，进入信息管理页面，可以发表自己的回复内容，如图 5－29 所示。

（3）单击“确定”按钮，发表回复，如图 5－30 所示。

图 5－29　发表回复

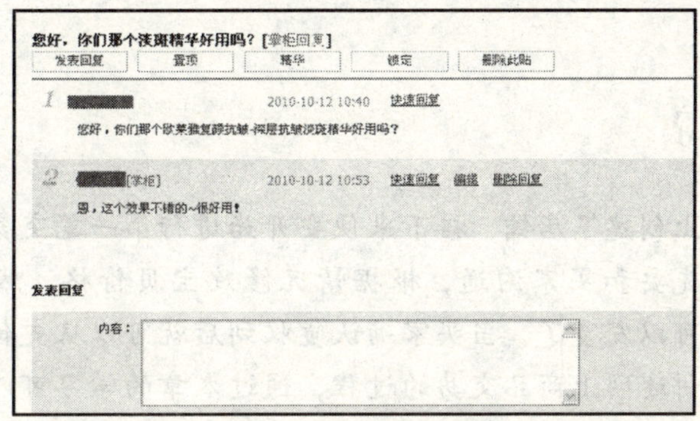

图 5－30　确定回复

5. 2. 4　打电话联系买家

在所有的信息工具中，最快捷、最直接的通讯工具当属电话，几分钟即可解决问题。

可以在店铺中加入自己的电话号码，以便买家在使用 QQ、阿里旺旺等网络软件找不到自己的情况下，用电话能及时将需要的宝贝情况传达给自己。在网上交易的过程中，有一个环节卖家很容易就能了解买家的电话号码，那就是在写买家的收货地址和联系电话时，一定要索要买家联系电话，这样不仅仅可以在发快递的时候方便快递公司联系，卖家自己也能利用电话和买家联系。卖家还可以在节假日给买家发去问候的短信，让买家对自己的印象好上加好。

第6章　在淘宝安全进行第一笔交易

开店指导

在淘宝网上创建了店铺，接下来便要开始进行第一笔交易了。在网上销售宝贝，首先要和买家沟通，根据情况修改宝贝价格，然后等买家付款。付款后就可以发货了，当买家确认货收到后就可以从支付宝中提取现金。本章重点讲述网上商品交易的过程，通过本章的学习可以具体了解如何在淘宝网上销售商品，为实现网络销售奠定基础。

6.1　卖出宝贝的交易流程

在和买家交流的过程中，经常会涉及到讨价还价和发货方式等问题，因此，在淘宝中只会交易宝贝还不够，还应该学会修改交易价格、选择物流发货、给买家评价等操作。

6.1.1　确认买家付款

如果买家购买了自己的商品，就可以耐心地等待买家付款，直到买家付款以后自己的商品才算卖了出去。

登录我的淘宝，在“我是卖家”中的“交易管理”页面中单击“已卖出的宝贝”超链接，可以看到“买家已付款字样”，如图6－1所示，即可确认买家付款。

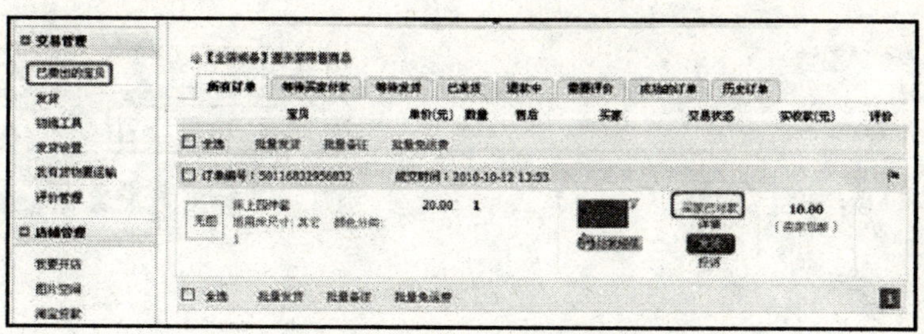

图 6－1　确认买家付款

6.1.2　修改交易价格

在跟买家达成购买意愿之前，买家通常会讨价还价，要求价格便宜一些，这时就需要卖家修改最初所定的一口价，从而完成宝贝的交易过程。

经买卖双方共同协商商品交易价格后，如果商品成交价格与出售价格不符，卖家可以在买家拍下后修改交易价格，具体操作步骤如下：

（1）登录淘宝用户，单击“交易管理” | “已卖出的宝贝”超链接，打开“已卖出的宝贝”页面，如图 6－2 所示。

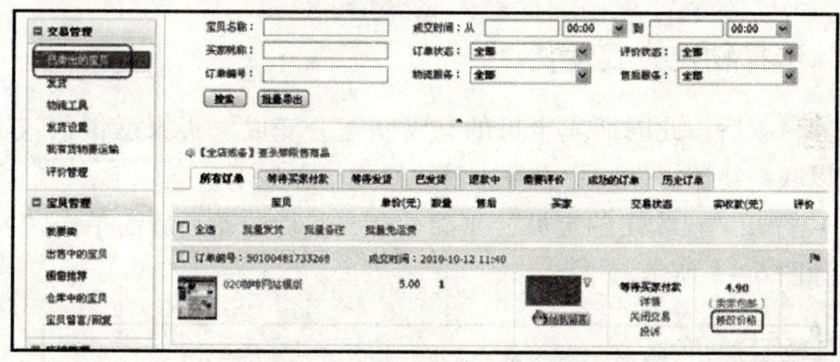

图 6－2　“已卖出的宝贝”页面

（2）在打开的网页中，选择需要修改的交易，这里单击“修改价格”超链接，进入修改价格页面，在打开的网页中，在“涨价或折扣”文本框中输入相应的价格，如图 6－3 所示。

（3）单击“确定”按钮，修改价格后，如图 6－4 所示。

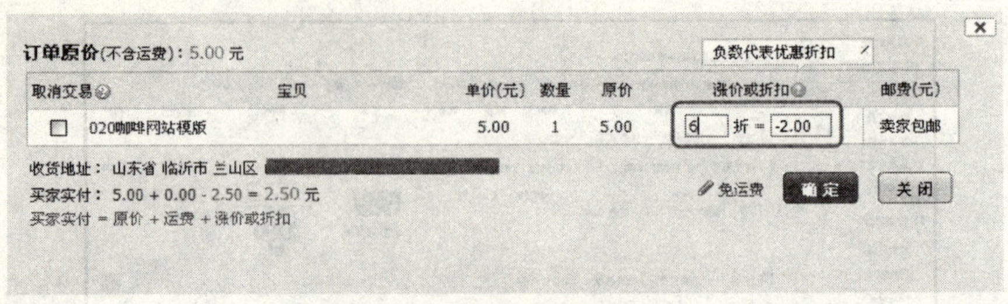

图 6－3 修改价格页面

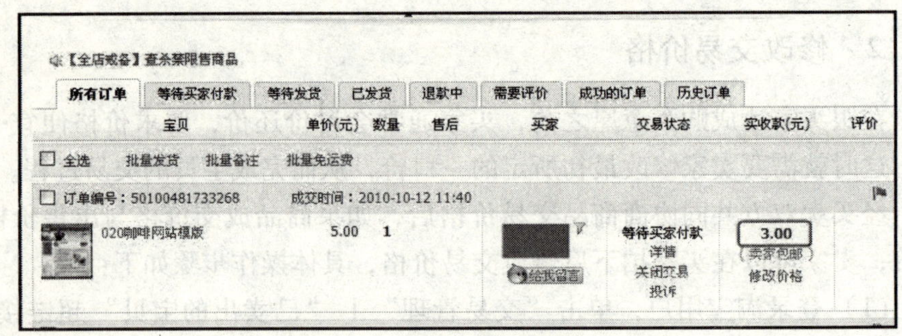

图 6－4 价格修改后的页面

6.1.3 选择物流方式发货

买家付款后，此时所卖宝贝的交易状态会变成“买家已付款”，此时卖家可以联系物流提供发货服务，具体操作步骤如下：

(1) 打开“已卖出的宝贝”页面，在要发货的商品后面单击“发货”按钮，如图 6－5 所示。

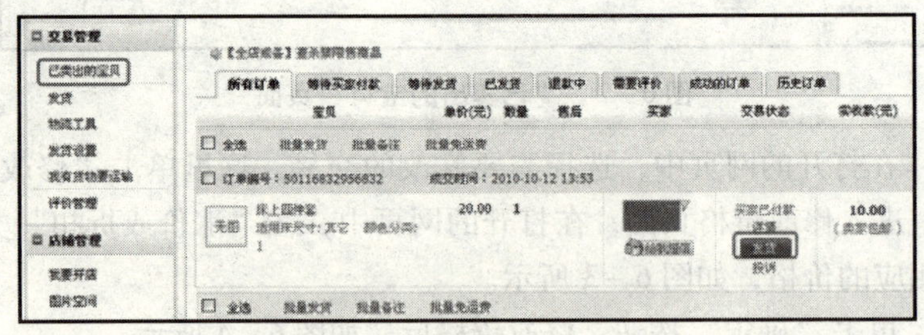

图 6－5 进入发货页面

(2) 进入发货页面，确认收货地址及交易信息，如图 6－6 所示。

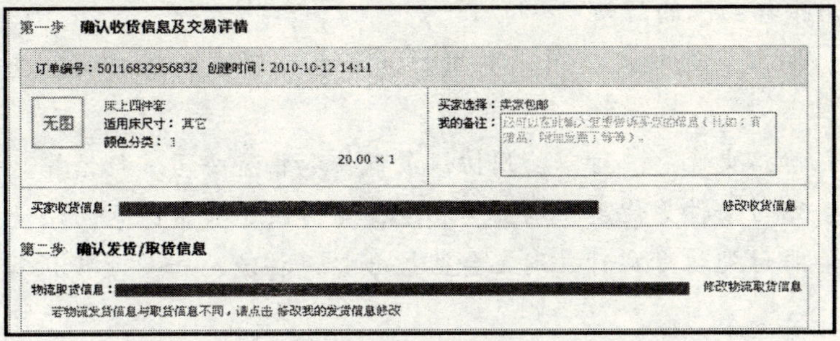

第一步 确认收货信息及交易详情

订单编号：50116832956832 创建时间：2010-10-12 14:11

无图 床上四件套 适用床尺寸：其它 颜色分类：1 20.00×1

买家选择：卖家包邮 我的备注：

买家收货信息： 修改收货信息

第二步 确认发货/取货信息

物流取货信息： 修改物流取货信息

若物流发货信息与取货信息不同，请点击 修改我的发货信息修改

图 6－6 确认信息

(3) 确认取货时间和地点，使用网上下单服务，还可以预约物流公司工作人员，确定上门取件时间，如图 6－7 所示。

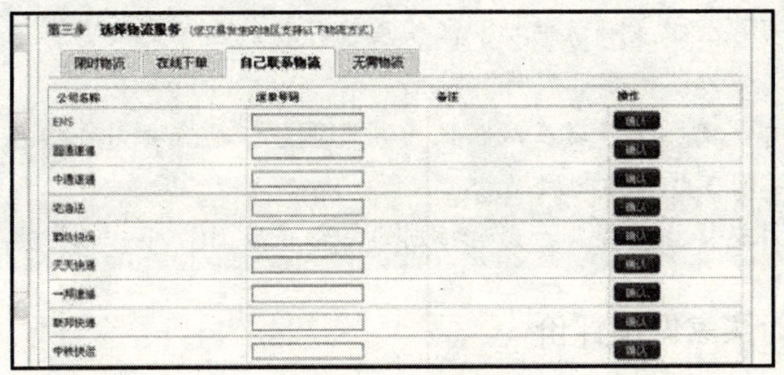

图 6－7 选择物流

(4) 选择相应的物流服务，单击“确定”按钮，即可操作成功，如图 6－8 所示。

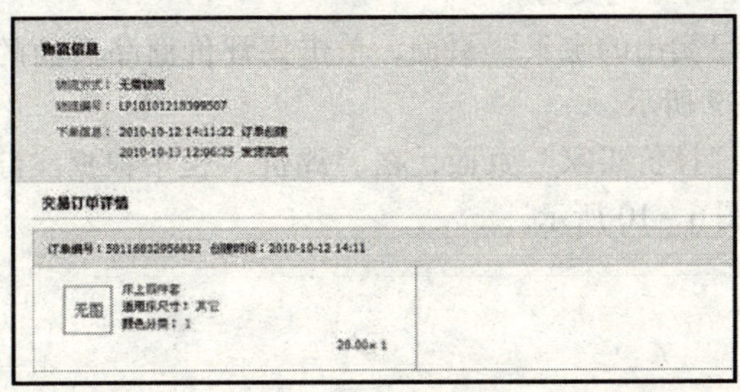

图 6－8 完成物流

小提示

使用推荐物流的好处：

（1）网上直连物流公司，不用打电话也可联系物流公司，全部网上操作。

（2）价格更优惠。可以使用协议最低价和物流公司进行结算。

（3）赔付条件更优惠。淘宝与物流公司协议了非常优惠的赔付条款。

（4）赔付处理更及时。淘宝会监控并督促物流公司对于投诉和索赔的处理。

（5）订单跟踪更便捷。使用推荐物流网上下单，你的物品跟踪信息链接会放在物流订单详情页面，买卖双方都可以方便查看。

（6）可享受批量发货功能。可以一次性将多条物流订单发送给物流公司，让你下单更便捷。

（7）可享受批量确认的功能。使用推荐物流发货的交易，可以一次性确认多笔交易为“卖家已发货”状态。

（8）可享受阿里旺旺在线客服的尊贵服务。物流公司在线客服，即时回复您的咨询，解答你的疑惑。

（9）日发货量超百票，会有特别的定制服务。

6.1.4 为买家做出评价

买家收到货将货款支付给卖家后，卖家应及时对买家作出评价。只要交易顺利，就不妨多作“好评”给买家，买卖双方互给好评，“好评”要日积月累，网店才能越做越大。卖家要遵循“顾客就是上帝”的原则，细心周到地处理好每一笔交易。

（1）在“已卖出的宝贝”页面，单击要评价商品后面的“评价”超链接，如图6－9所示。

（2）进入“评价买家”页面，在“评价”栏中根据实际情况选择相应的评价，如图6－10所示。

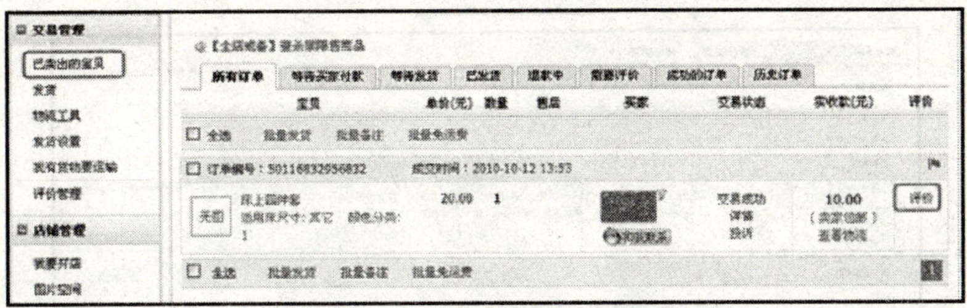

图6－9 单击“评价”超链接

小提示

如何修改或删除作出的评价？

（1）好评以及好评中的评论内容均无法修改和删除。

（2）若评价方作出的评价为中评或差评，在作出评价后的30天内有一次修改或删除评价的机会，逾期则无法再进行修改。需要注意的是中评或差评只能修改成好评或者删除，且只能由评价方进行操作，逾期客服将不再受理评价修改的申请。

（3）若您作为被评价方收到了中评或差评，与评价方协商后评价方不同意修改，可点击查看恶意评价投诉介绍，若不符合恶意评价规则，评价将无法删除。

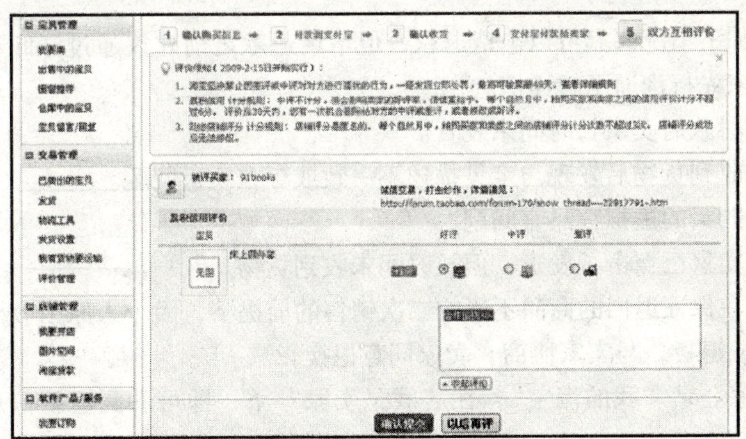

图6－10 填写评价

（3）单击“确认提交”按钮，即可成功发表评论，如图6－11所示。

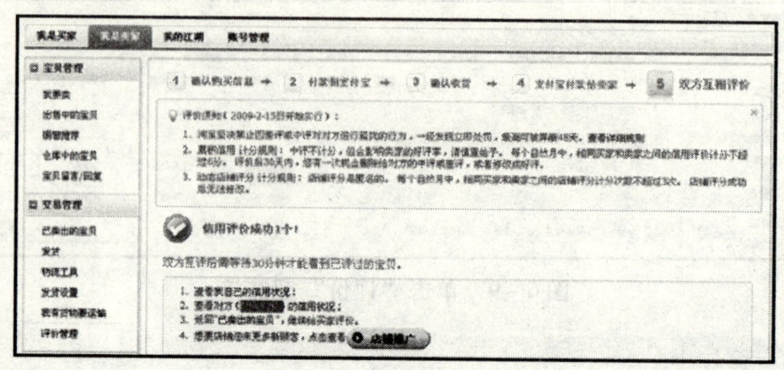

图6－11　评论成功

6.2　妥善处理退款

卖家发货后，如果买家长时间未收到货或买家收到货却因种种原因对收到的宝贝不满意时，可以提出退款申请。在申请里，买家要写明要求退款的原因及退款的金额。卖家看到信息后，必须对退款申请进行处理。

6.2.1　查看退款信息

有如下情况买家可以申请退款，但申请退款之前建议通过旺旺等形式联系卖家先行沟通了解详情。

- 付款后卖家长时间未发货。
- 收到货物后发现与宝贝描述不一致或存在质量问题。
- 购买的虚拟物品有问题。
- 卖家已点击了发货，但长时间未收到货物。
- 在保证退回的商品不影响二次销售的前提下，因个人原因收到货后想换货或退货，与卖家协商，卖家同意退换货。

卖家登录“我的淘宝”，在“我是卖家”下，即可看到退款信息，如图6－12所示。

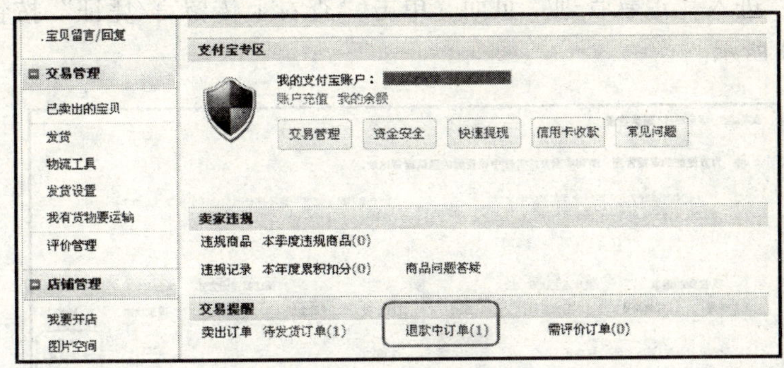

图6－12　退款信息

6.2.2　处理买家退款

退款入口开放时间根据交易订单状态的不同，分为以下两种情况：

（1）交易状态为“买家已付款”：在买家已付款的24小时（时间是精确到秒的）后退款入口开放。若在申请退款的两天后，卖家仍未对退款申请进行响应，系统默认买卖双方已按买方的退款申请达成退款协议，按退款申请退款给买家。

（2）交易状态为“卖家已发货”：可立即申请退款。若在申请退款的7天后，卖家仍未对退款申请进行响应，系统默认买卖双方已按买方的退款申请达成退款协议，按退款申请退款给买家。

处理买家退款的具体操作步骤如下：

（1）登录我的淘宝，进入“我是卖家”页面同样可以看见退款信息，单击“退款确认中”超链接，如图6－13所示。

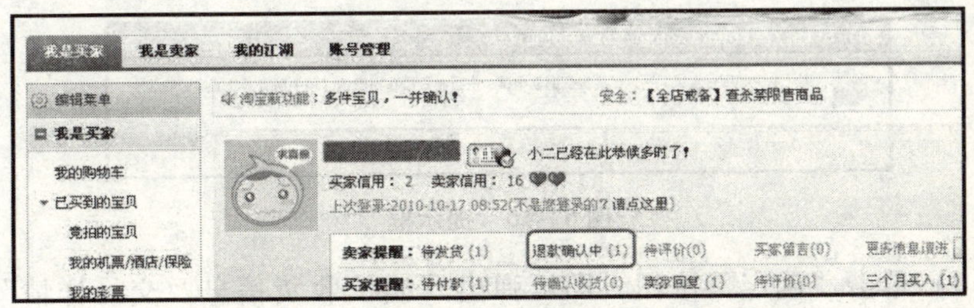

图6－13　单击“退款确认中”超链接

（2）进入“退款管理”页面，单击“查看上传留言/凭证”按钮，如图 6－14 所示。

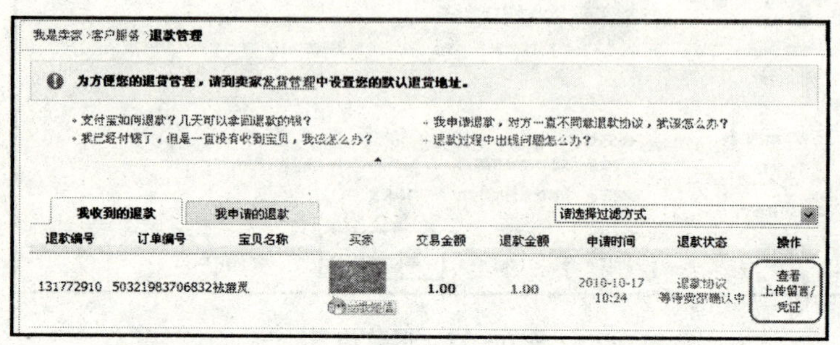

图 6－14　单击“查看上传留言/凭证”按钮

（3）进入“退款协议等待卖家确认中”页面，如图 6－15 所示。

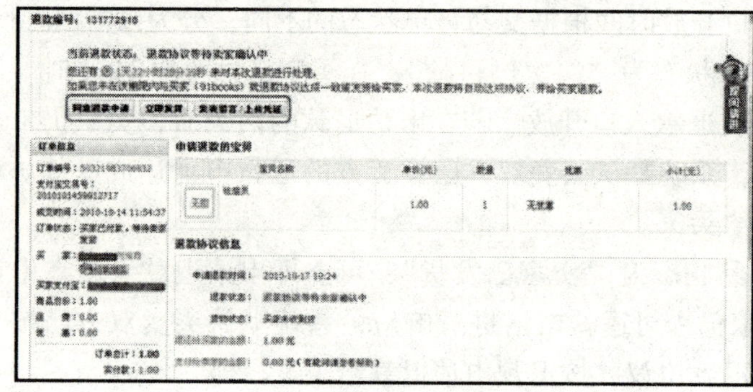

图 6－15　“退款协议等待卖家确认中”页面

（4）单击“立即发货”按钮，即可弹出一个提示框，如图 6－16 所示。

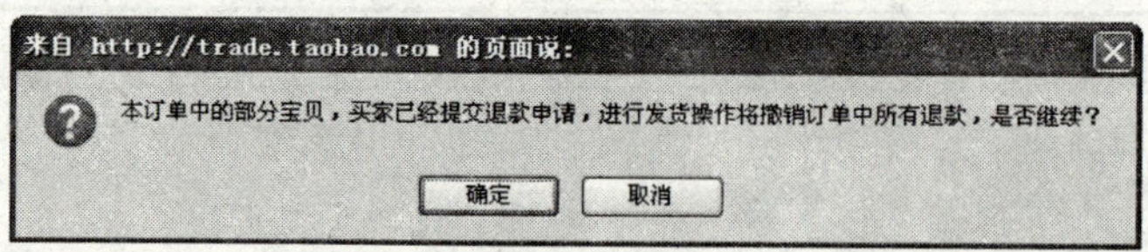

图 6－16　提示框

（5）单击“确定”按钮，即可弹出“确认收货信息及交易详情”页面，发货完毕即可取消退款信息，如图 6－17 所示。

（6）单击“同意退款申请”按钮，即可进入“退款处理”页面，输

入自己的支付宝支付密码，如图 6－18 所示。

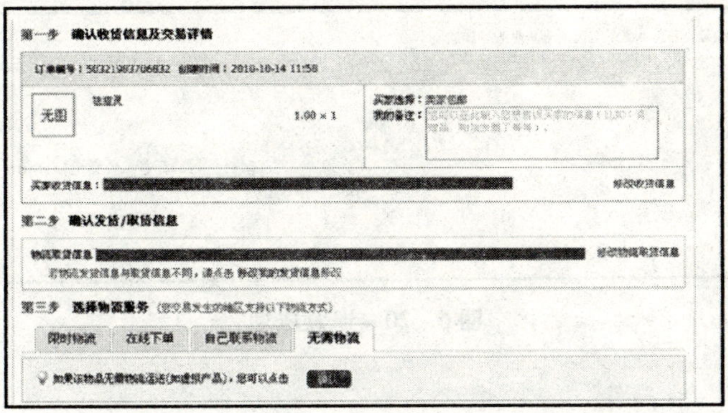

第一步　确认收货信息及交易详情

第二步　确认发货/取货信息

第三步　选择物流服务

图 6－17　“确认收货信息及交易详情”页面

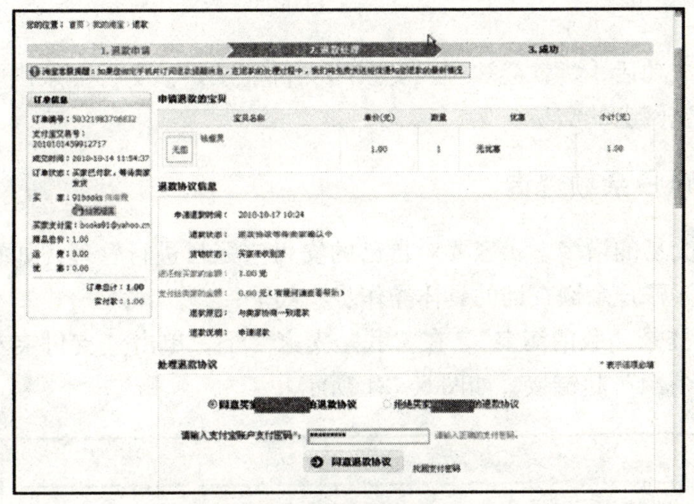

图 6－18　“退款处理”页面

（7）单击“同意退款协议”按钮，弹出提示框，提示是否确认退款，如图 6－19 所示。

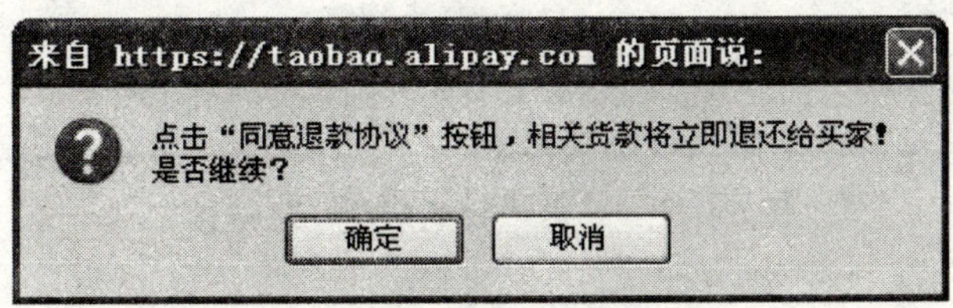

图 6－19　提示是否确认退款

（8）单击“确定”按钮，退款成功，如图 6－20 所示。

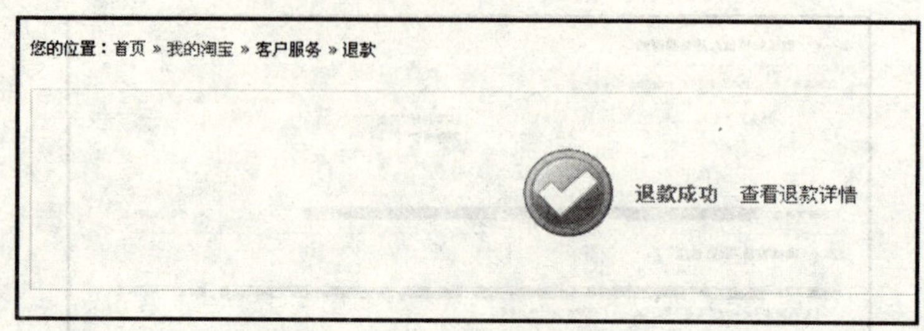

图 6－20 退款成功

6.3 用支付宝管理账目

交易成功后，货款会被打入卖家的支付宝账户，支付宝账户中的钱可以用于淘宝网上的交易。

6.3.1 账户余额查询

随着交易的增多，卖家要对自己的支付宝账目进行管理，如查询支付宝余额等，账户余额查询的具体操作步骤如下：

（1）登录“我的淘宝”，在“我是卖家”下，单击“支付宝专区”中的“我的余额”超链接，如图 6－21 所示。

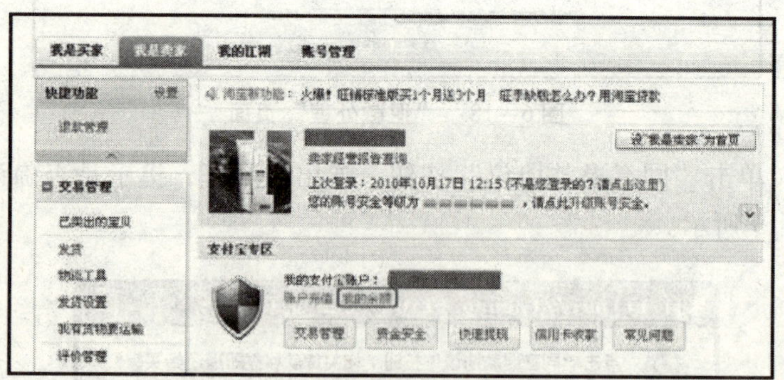

图 6－21 单击“我的余额”超链接

（2）即可进入支付宝，看到支付宝中的可用余额，如图6－22所示。

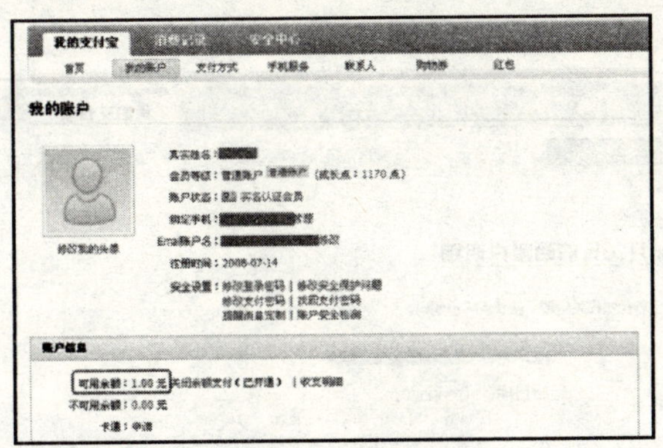

图6－22　查询余额

小提示

账号总额显示的是该支付宝账户中所有的资金情况，包括正在提现的全额和有可能被冻结的部分余额。可用余额是该支付宝账户中目前可以支配的钱，不包括处于冻结的资金。

6.3.2　账户明细查询

使用支付宝达成的每笔交易，包括充值、付款、转账和提现，支付宝系统都会自动记录，并将其制作成明细表供用户查询，具体操作步骤如下：

（1）登录支付宝账户，单击“账户明细”超链接，如图6－23所示。

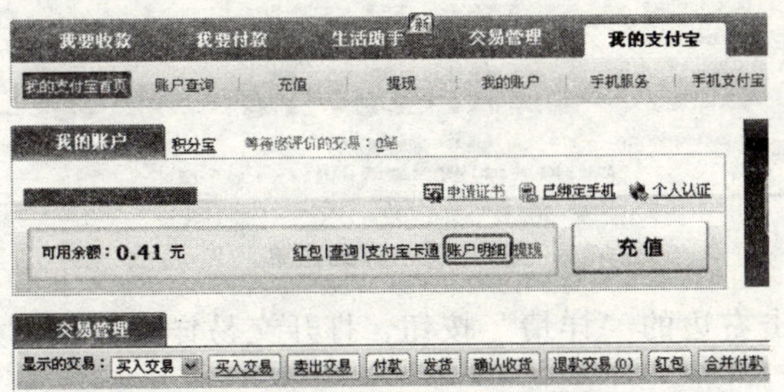

图6－23　单击“账户明细”超链接

（2）进入“账户查询”页面，输入查询的起始日期和终止日期，如图6－24所示。

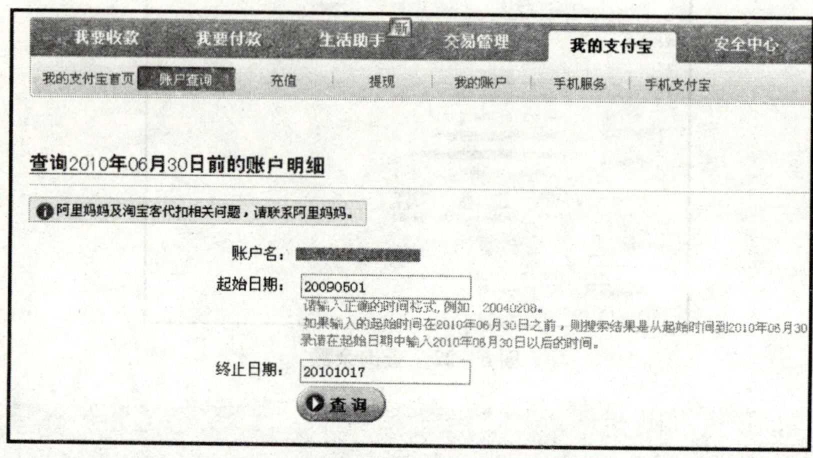

图6－24 “账户查询”页面

（3）单击“查询”按钮，打开详细账单，如图6－25所示。

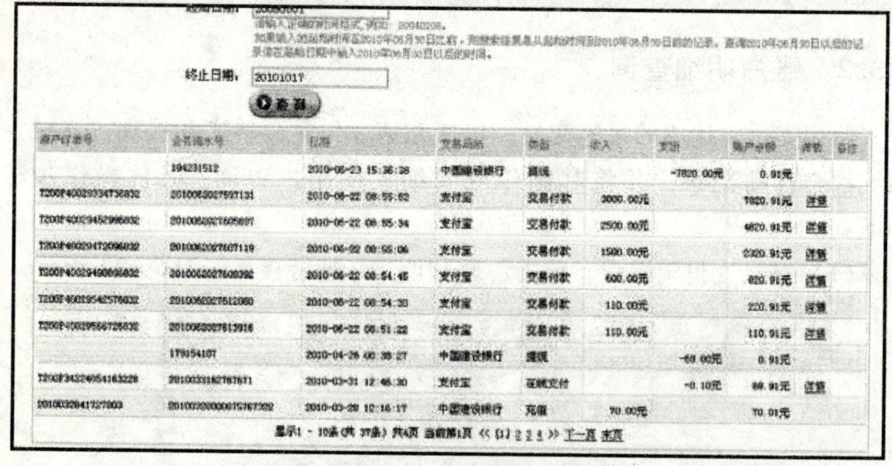

图6－25 详细账单

（4）单击右边的“详情”按钮，打开交易详情页面，如图6－26所示。

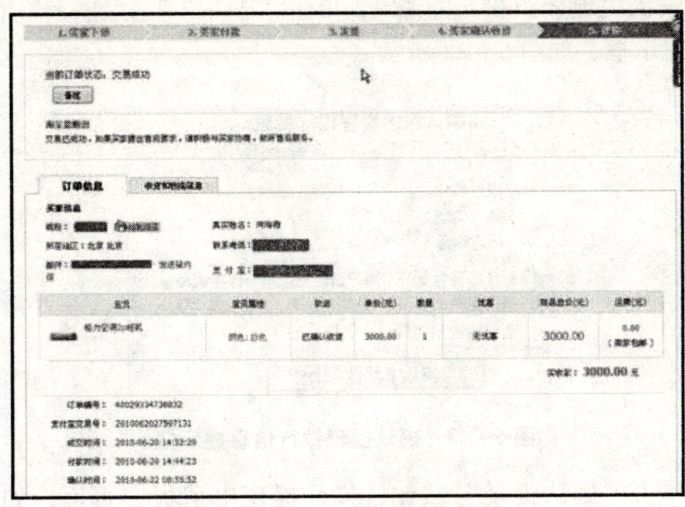

图 6－26　“交易详情”页面

6.3.3　申请提现

卖家发货后，若买家收到了宝贝，会在淘宝网上确认货已收到，这时支付宝管理员会把货款打入卖家的支付宝账号，如果卖家想把支付宝账户上的“电子钱”换成“现金”，就需要从支付宝账户中提取现金。具体操作步骤如下：

（1）登录支付宝账户，单击“提现”按钮，进入“申请提现”页面，如图 6－27 所示。

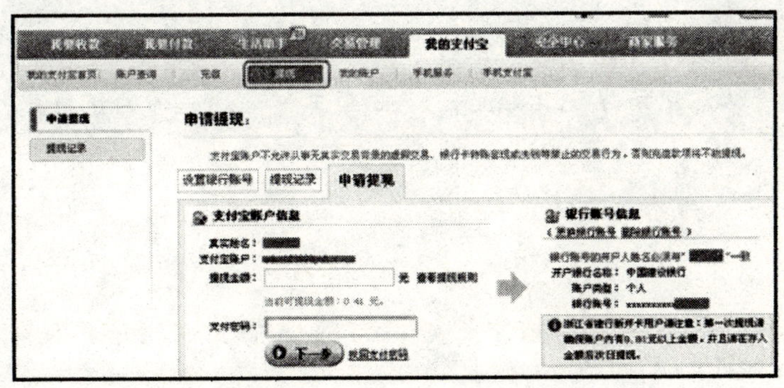

图 6－27　“申请提现”页面

（2）输入提现金额和支付密码，单击“下一步”按钮，弹出确认提现银行信息提示框，如图 6－28 所示。

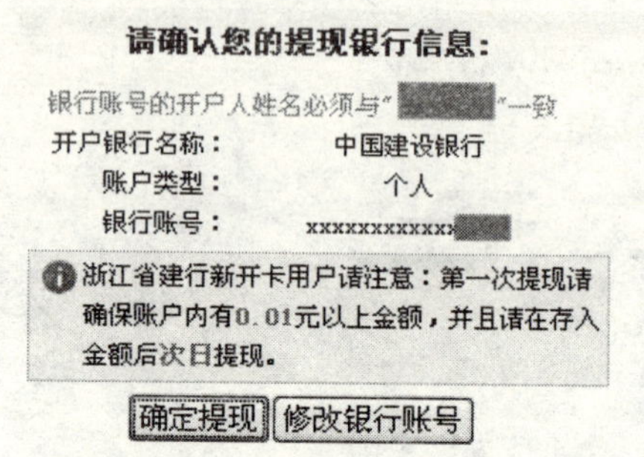

图 6－28　确认提现银行信息提示框

（3）单击“确认提现”按钮，打开提现申请提交页面，如图 6－29 所示。

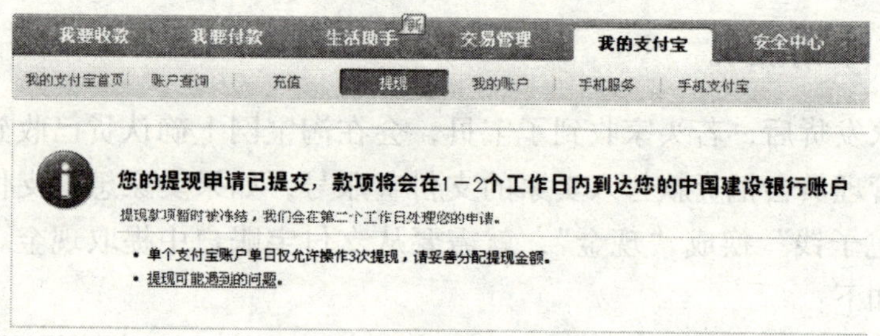

图 6－29　提现申请提交页面

小提示

申请提现多久可以到我的银行卡？

款项将从你申请提现开始起，1～2 个工作日到达你的银行账户。

第7章 拍摄和处理吸引人的宝贝照片

开店指导

在网店，商品的图片是灵魂，一张好的图片胜过千言万语。如果你的图片让人看了不能产生购买的欲望，就意味着失去了很多顾客。同样的商品，因为图片处理漂亮，就可以卖得高价，而且销量也不错。可见在网络交易中，商品图片的质量对成交的成败起了关键的作用。本章讲述商品图片的拍摄与处理技巧，帮助卖家打造一个有品位的淘宝店铺。

7.1 拍摄吸引眼球的宝贝照片

网店不同于实体店，因为网店买家无法看到真实的物品，只能通过网店上的照片来看。为了增加商品的成交率，卖家就需要在图片的拍摄与处理上下一番工夫了。

7.1.1 选择合适的摄影器材

拍摄商品的图片，必须用到数码相机。数码相机的种类众多，大致可分成3种：普通数码相机、高档数码相机和专业数码相机。

一、普通数码相机

普通数码相机价格低廉，适合拍摄家人、朋友、宠物或旅行照。这是数码相机中的主流产品，价格在1 000～10 000元之间，它们照的图片效果相当不错，而且生产这类相机的厂家众多，有足够的余地进行挑选。网店拍摄商品图片，使用普通数码相机就足够了。

二、高档数码相机

高档数码相机的价格一般都在万元以上，生产高档数码相机的厂家相对要少一些，比较著名的品牌有佳能、尼康等，通常佳能公司的数码相机是以佳能 EOS 的机身为基础，尼康公司所生产的数码相机是以尼康 F4 机身为基础。它们可以更换镜头，使用连闪闪光灯，如果配合上多用途附件可以用在更多场合。如图 7－1 所示高档的数码相机尼康 D90。

图 7－1 高档的数码相机尼康 D90

在选购数码相机时要注意以下事项：

- 品牌。影响相机的成像效果除了像素、镜头等因素外，主要的因素还是厂家在成像质量方面的整体技术水平，像佳能、索尼、三星、尼康、柯达等厂家在相机整体成像技术上做得就比较专业。不要买那些刚推出的新品，而是要买那些在市场上推出时间比较长的机型，因为新的机型价格高，降价空间大，而成熟机型降价空间不大，买来后不会像新机型一样大幅度降价。

- 像素。现在市场上主流的数码相机都是上千万的像素，像佳能 IXUS80、IXUS950，索尼 S730、W110、W120，三星的 ES55 等。当然像素越高，照片质量会越好，但是拍摄网络图片 800 万像素的相机就足够用了。如图 7－2 所示三星 ES70 拥有千万像素的成像能力，配备了 3 倍光学变焦镜头，以及数字图像稳定功能和 2.7 英寸 LCD 显示屏。

图7－2 三星ES70

• 购买时要在电脑里观看图片拍摄效果。在选购数码相机时，购买者一般都会随便拍几张，在数码相机的液晶屏上看过后觉得效果可以就算了，其实这种方法是不正确的，因为数码相机的液晶屏很小，效果好坏并不能看出来。正确的方法是拍出来后，要在电脑屏幕上确认一下，并注意看照片里有没有偏色，因此尽量到配备有电脑的经销处购买。

• 数码相机镜头往往比像素和CCD更加重要，尽量选择名牌的，比如佳能、尼康、美能达等，变焦控制在3～4倍以内，有些定焦的效果可能更好，因为镜头变焦越大，镜头镜片数量就会更多；镜片数量多，就会影响画质；更可怕的是，会造成更大的玄光、糟点，丢失暗补细节，以及影响整个变焦范围的画质。

• 外型。数码相机最好便携，大部分人喜欢卡片机，携带非常方便；而像有些个头较大的机子，就不太受欢迎。

• 防抖。现在的主流机型都配备了光学防抖的功能，不防抖的机型就不受欢迎了。不过，个人认为不防抖的机型与防抖的也差不了多少，只要学会最基本的持机方式，都可以拍出清晰的照片；同时不防抖的相机价格要低不少，所以可以选择不防抖的机型。

当然购买的时候，也要注意商家是否是正规经销商；是不是正品行货；是否全国联保等，这些是解除我们后顾之忧的保证。

三、专业数码相机

专业数码相机的售价高达数十万元，并且需要受过良好训练的专业人员以及一台SGI或非常高档的Mac图形工作站与之相配合。许多专业数码相机缺乏内部存储图片的能力，必须通过电缆线与计算机相连接。

7.1.2 用普通数码相机拍出好照片的技巧

虽然数码相机总是标榜操作简单、使用方便，但这并不表示它随随便便就能拍出好照片。其实不管是傻瓜相机、数码相机，在拍摄时，都需要拍摄者动动脑筋思考。因为好的照片不会凭空而降，多增加一些专业知识可以真正发挥先进设备的功能，拍出好的照片。

下面就来讲述使用普通的数码相机拍出好照片的一些技巧：

1. 一般我们拍摄产品照片的时候最好用 M 手动模式，把相机微距打开，这样产品的细节就可以很清楚地表现出来。如图 7－3 所示使用 M 手动模式把相机微距打开拍摄的物品。

图 7－3 把相机微距打开拍摄的物品

2. 在拍摄的地方放一张白纸，将相机设置为手动白平衡，然后将镜头对着白纸，使白色充满相机屏幕中间的框，按下设置键。（不同的相机有不同的设置键，相机屏幕上有提示），如图 7－4 所示。

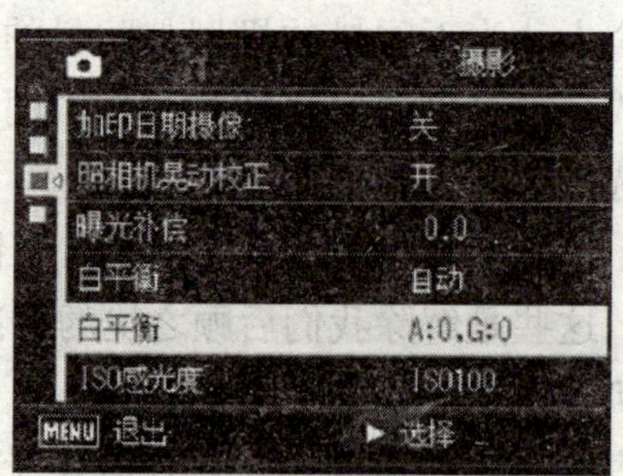

图 7－4 设置白平衡

这时你会发现，相机中看到的白纸和刚刚看到的白纸的颜色有了变化，这说明已经设置成功。然后在刚刚放白纸的同一个地方，放上商品拍摄，白平衡就是正确的了。如果换一个地方拍摄，那么就需要重新设置手动白平衡。如图7－5所示拍摄的商品效果。

图7－5 手动白平衡拍摄的物品

3. 很多照片拍不好都是因为晃动相机。拍照时可用右手拿稳相机，左手轻扶相机底部。不过现在的相机越做越轻巧，而且合乎人体工程学的设计，握好相机不算吃力，所以一定要拿稳。还有拍照时，不要让配件或手指遮住镜头及闪光灯。

4. 注意正确的曝光，以及光线是否充足。若非要达成特殊效果，尽可能避免逆光拍照，应让光线照在拍摄物上，拍摄者要站在光线来的方向。应使用柔和光源，例如阴天或阴影处。选择适当的光圈及快门速度，光圈的大小是以数字表示，数字越大光圈越小；数字越小光圈越大，光圈越大进入镜头的光线越多。光线不足处就要使用闪光灯，但应注意所使用闪光灯的有效距离，一般闪光灯有效范围只有三、四米。

相机的曝光补偿功能可以在相机拍摄时进行调节，补充因光线不足或光线过于强烈时会引起的曝光不足和过曝。如图7－6所示使用曝光补偿功能拍摄的照片。

总体来说，要拍出好的照片，首先在相机设置方面要正确，尽量使用手动模式，设置正确的白平衡和曝光补偿。在拍摄环境方面尽量使用单色背景，尽量找光线亮色干扰小的地方。

图 7－6 使用曝光补偿功能拍摄的照片

小提示

网上商品拍摄有什么要求呢?

商品拍摄的总体要求是将商品的形、质、色等充分表现出来，而不夸张。

(1) 形：指的是商品的形态、造型特征以及画面的构图形式。

(2) 质：指的是商品的质地、质量、质感。商品拍摄对质的要求非常严格。体现质的影纹层次必须清晰、细腻、逼真。尤其是细微处，以及高光和阴影部分，对质的表现要求更为严格。

(3) 色：商品拍摄要注意色彩的统一。色与色之间应该是互相烘托，而不是对抗，是统一的整体。在色彩的处理上应力求简、精、纯，避免繁、杂、乱。

7.1.3 光线的运用

商品拍摄与其他摄影题材在光线的使用方面有一定的区别。商品拍摄的对象多数是能够放在拍摄台上的东西，物体的质感表现、画面的构图安排等，较其他的摄影题材表现要求更高，而且拍摄中灯光使用较多，自然光使用较少，所以在画面布局和灯光处理方面比较复杂。

下面介绍两种拍摄商品的光线使用方法：

一、室内自然光

如果使用室内自然光拍摄商品，应该了解这种光线的特点和使用要求。这种看似简单而且容易使用的光线条件，非常可能导致拍摄的失败。由于室内自然光是由户外自然光通过门窗等射入室内的光线，方向明显，极易造成物体受光部分的明暗对比。既不利于追求物品的质感，也很难完成其色彩的表现。对于拍摄者来讲，运用光线的自由程度受到限制。要改变拍摄对象明暗对比过大的问题，一是要设法调整自己的拍摄角度，改善商品的受光条件，加大拍摄对象与门窗的距离；二是合理利用反光板，使拍摄对象的暗处局部受光，以此来缩小商品的明暗差别。

利用室内自然光拍摄商品照片，如果用光合理、准确，拍摄角度适当，不但能使商品的纹路清晰，层次分明，还能达到拍摄对象受光亮度均匀，画面气氛逼真的效果。

在商品拍摄光线的使用方面，如果有条件的话，还是建议你最好利用人工光源，根据自己对商品拍摄的理解认识，去进行拍摄实践。

二、人工光源

人工光源主要是指各种灯具发出的光。这种光源是商品拍摄中使用非常多的一种光源。它的发光强度稳定，光源的位置和灯光的照射角度可以根据自己的需要进行调节。

如何使用人工光源进行拍摄，要根据拍摄对象的具体条件和拍摄者对于表现方面的要求决定。灯光是以点状光源或柔光及反射光线等形式对商品发生作用。许多情况下，拍摄对象的表面结构决定着光源的使用方式。

在一般情况下，商品拍摄是依靠被摄商品的特征吸引买方的注意，光线的使用会直接关系到被摄商品的表现。要善于运用光线明与暗、强与弱的对比关系，了解不同位置的光线所能产生的结果。

- 侧光：能很好地显示拍摄对象的形态和立体感。
- 侧逆光：能够强化商品的质感表现。
- 角度较低的逆光：能够显示出透明商品的透明感。
- 角度较高的逆光：可用于拍摄商品的轮廓形态。

熟悉和掌握上述各种位置灯光的作用和效果，在拍摄过程中，可以先使用一只照度较大的单灯在拍摄对象的前后、左右不同的位置进行照明实验，细心观察不同位置光线所能产生的不同效果。了解它对拍摄对象的表现所产生的作用。

7.1.4 如何拍出好照片

拍出精美的商品照片是生意开始的敲门砖。我们大家都知道网店的销售，最重要的特点就是商品是通过图片形式来展现的，买家首先看到的不是你的店，也不是你的商品说明，而是你的商品图片。一幅好的图片，是吸引买家点击和购买的最重要因素。所以，拍摄出漂亮真实的图片可以说是网店销售至关重要的一个环节。只要掌握好技巧，完全可以拍摄出精美的、吸引人的图片。据网上皇冠级掌柜透露，要拍好图片需要注意如下方面：

第一，照前准备阶段，也就是说在你为宝贝拍照前要准备一些必备的东西和条件。首先要准备的就是照相机，当然相机是越好越贵，越贵越好，但是如果经济实力不允许，也可以买一个比较便宜的，像素在800万以上的应该就可以了。除了相机外，还需要一个详细的拍摄计划，在这个计划中选好拍摄背景，并把所要拍的图片分门别类，这样拍摄时就不会混乱，从而起到事半功倍的效果。

第二，为了保证拍摄质量，一定要保持拍摄的物品清洁干净，没有灰尘、指纹等。

第三，选择拍摄环境。拍摄环境的选择与被拍物品的大小有一定关系。在拍摄大物品时选择露天环境，可以在宽阔的阳台或楼顶；也可以在空旷的院子里。利用自然光来拍摄是最理想的，最好让阳光斜照在物品上方，并用一个反光板来补光，切忌在阴天或黄昏时拍摄物品。在拍摄小的物品时，可以利用节能灯、背景纸制作一个简易的摄影棚，一定要买专业的背景纸，要不然背景会反光。

第四，在具体拍摄时要注意突出主题，背景则要简单，还要注意图片的放置、拍摄方式。拍摄的图片主要有正方形和长方形两种，实物最好居于中间或黄金分割点上。

第五，照后图片处理，这是弥补照相技术不佳，照前准备不充足的唯一办法，可以使用Photoshop软件来全面处理其对比度、亮度等。

7.2 快速处理图片的光影魔术手

光影魔术手是一个对数码照片画质进行改善及效果处理的软件。不需要任何专业的图像技术，就可以制作出专业胶片摄影的色彩效果，是摄影作品后期处理、图片快速美容、数码照片冲印整理时必备的图像处理软件。

7.2.1 对图片进行基本处理

店主往往不是专业的摄影师，既没有高超的专业摄影技术，又没有昂贵、专用的摄影设备；另外影响拍照效果的因素很多，比如拍摄环境、光源变化等，拍出的照片不可能尽善尽美，因此一般都需要简单处理。下面使用光影魔术手来简单处理图片，具体操作步骤如下：

(1) 打开光影魔术手软件，选择“文件” | “打开”命令，弹出“打开”对话框，在该对话框中选择相应的图像文件，如图7－7所示。

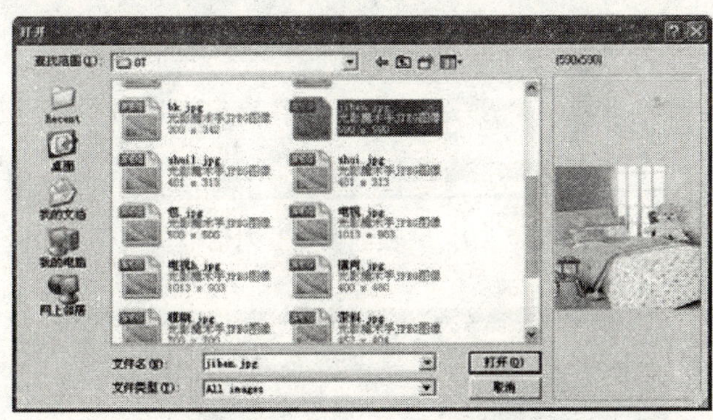

图7－7 “打开”对话框

(2) 单击“打开”按钮，打开相应的图像文件，如图7－8所示。

(3) 单击右下角的“曲线”超链接，打开“曲线调整”对话框，如图7－9所示。

(4) 单击“确定”按钮，调整曲线亮度，如图7－10所示。

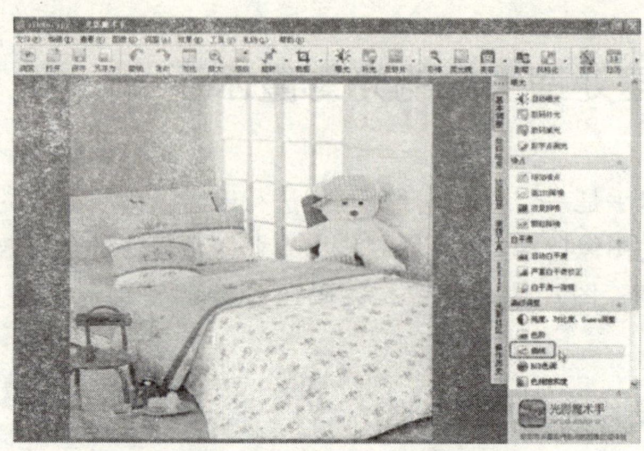

图 7－8　打开图像文件

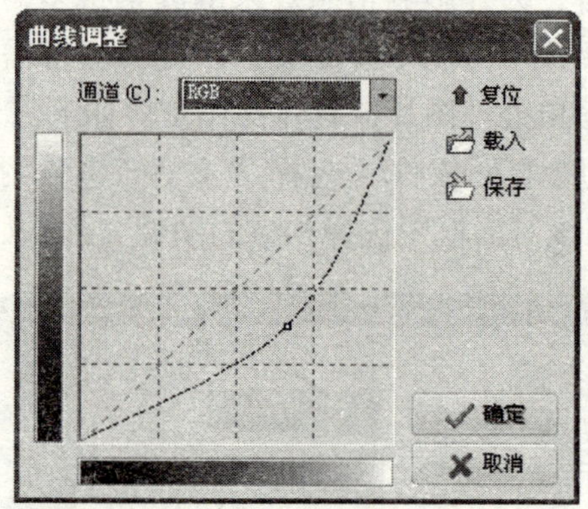

图 7－9　“曲线调整”对话框

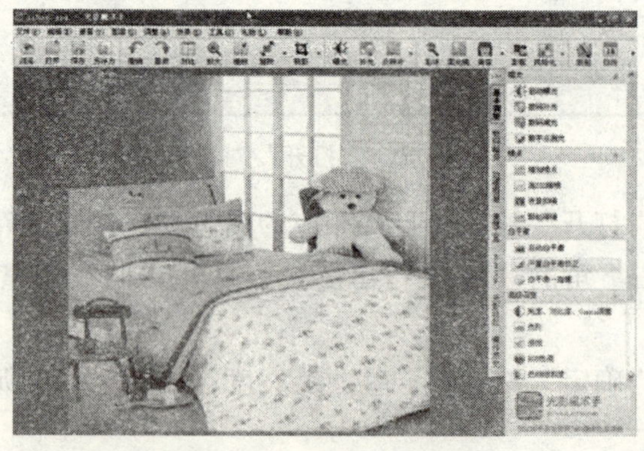

图 7－10　调整曲线亮度

（5）单击右侧的“数码补光”超链接，打开“数码补光”对话框，如图 7－11 所示。

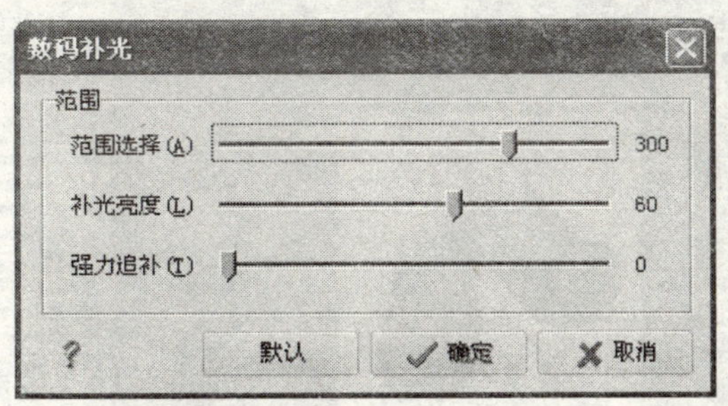

图 7－11　“数码补光”对话框

（6）单击“确定”按钮，调整数码补光，如图 7－12 所示。

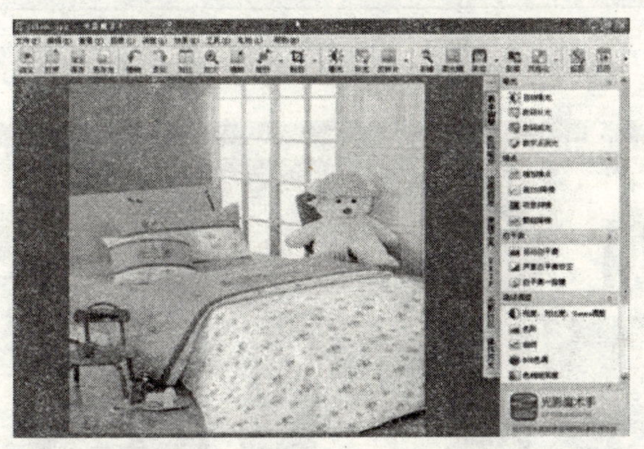

图 7－12　调整数码补光

7.2.2　为图片添加边框

一般商品图片都会使用白色背景，这样可以使商品图像更贴近实际商品的颜色。如果能在照片外侧加一个边框，就可以使商品看上去更加明显。下面讲述如何使用光影魔术手为图片添加边框，具体操作步骤如下：

（1）使用光影魔术手打开一幅图像文件，如图 7－13 所示。

（2）选择“工具”|“花样边框”菜单命令，弹出“花样边框”对话框，在该对话框中选择相应的边框样式，如图 7－14 所示。

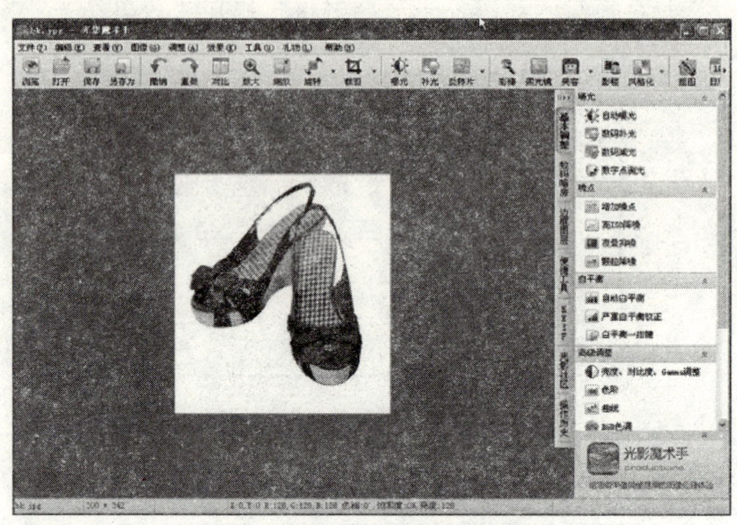

图 7－13　打开图像文件

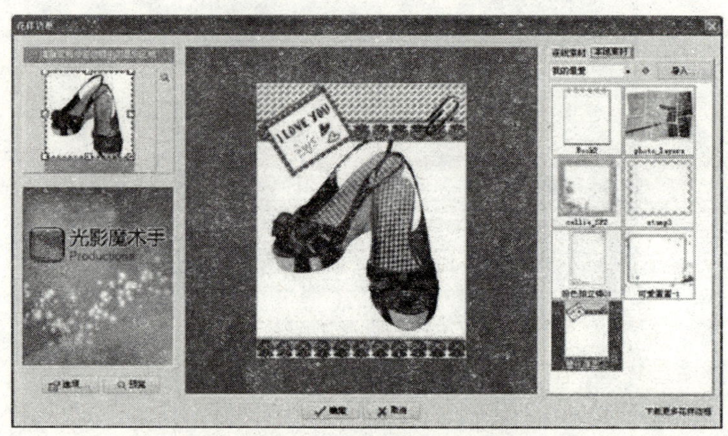

图 7－14　“花样边框”对话框

（3）单击“确定”按钮，设置边框，如图 7－15 所示，设置边框后的效果。

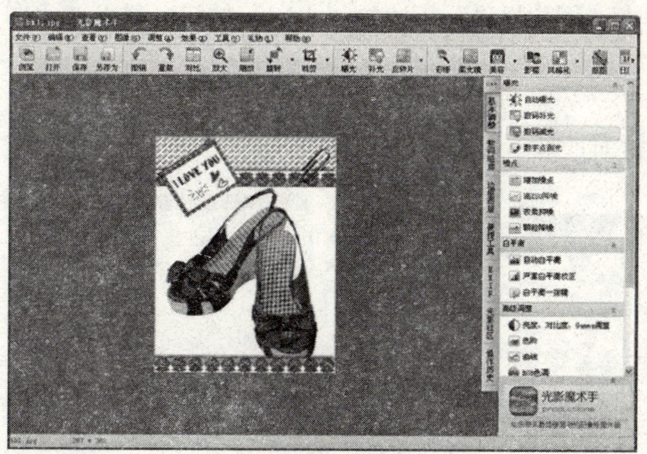

图7－15 设置边框

7.2.3 为图片添加水印

作为专业卖家，都想在网上做出自己的品牌。下面介绍如何在自己的商品图片上加注店铺名，让买家能够通过浏览商品就能了解你的品牌。在商品图片上添加标注水印后的图片可以最大限度防止被他人盗用、滥用，同时又起到了标识图片的作用，避免了一些不必要的烦恼，具体操作步骤如下：

（1）启动光影魔术手软件，打开图像文件，如图7－16所示。

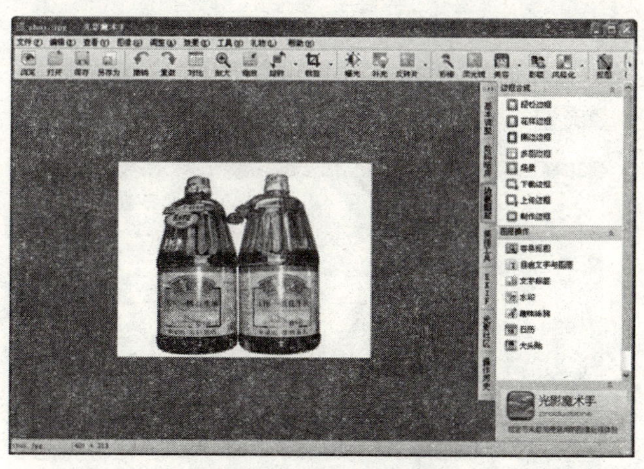

图7－16 打开图像文件

（2）单击“图像操作”下边的“水印”按钮，弹出“水印”对话框，如图 7－17 所示。

（3）单击“水印图片”右边的浏览按钮，弹出“请指定签名图片”对话框，在该对话框中选择相应的图像，如图 7－18 所示。

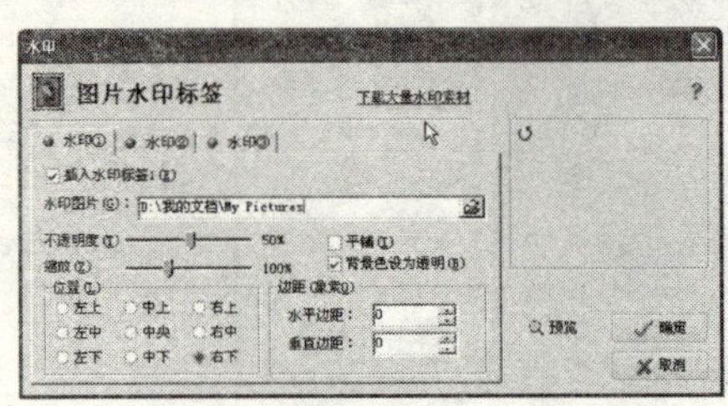

图 7－17 “水印”对话框

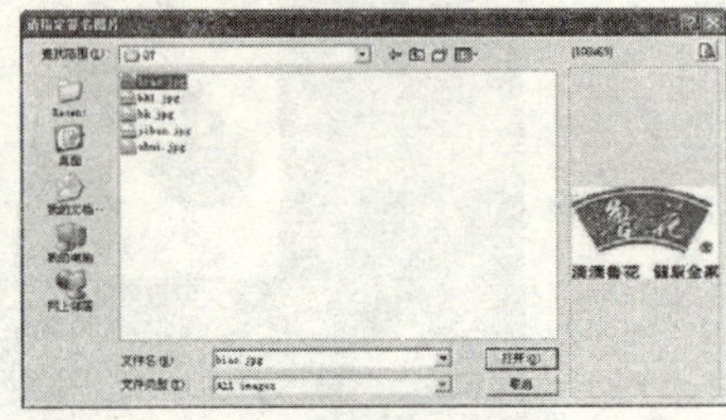

图 7－18 “请指定签名图片”对话框

（4）单击“打开”按钮，将图像添加到文本框中，如图 7－19 所示。

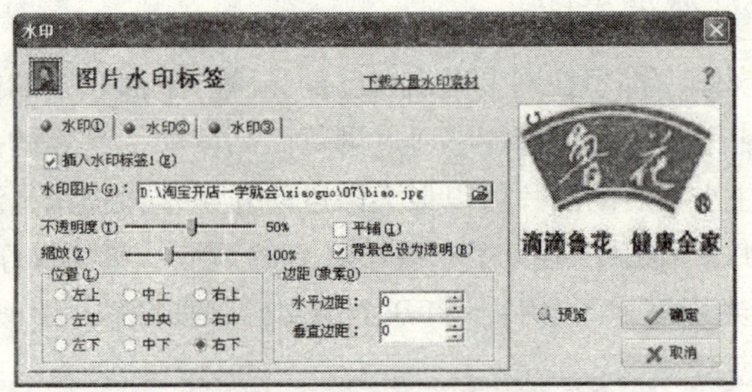

图 7－19 添加图像

（5）单击“确定”按钮，为图像添加水印，如图 7－20 所示。

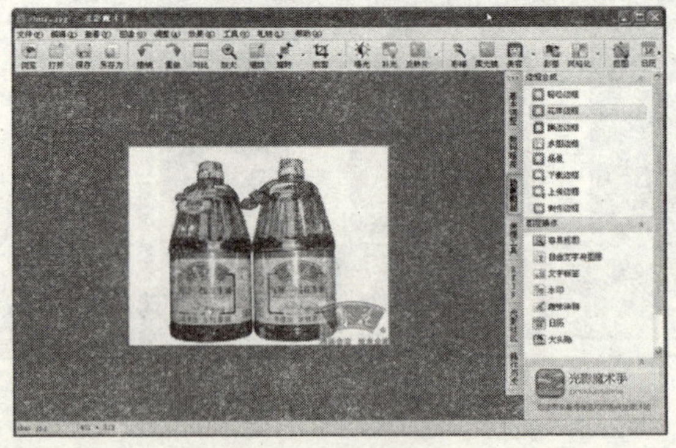

图 7－20 添加水印

7.2.4 批量处理照片

在整理宝贝照片时，常常要同时做几十张，甚至几百张，那么，每一张都要打开，调整图像大小或者曲线等后再保存起来，要费很多时间和精力，那么如何使这些简单的重复性操作让机器自己来完成呢？下面讲述如何使用光影魔术手批处理照片，具体操作步骤如下：

（1）启动光影魔术手软件，选择“文件”｜“批量处理”命令，弹出“批量自动处理”对话框，如图7－21所示。

（2）单击“照片列表”按钮，出现相应的选项，如图7－22所示。

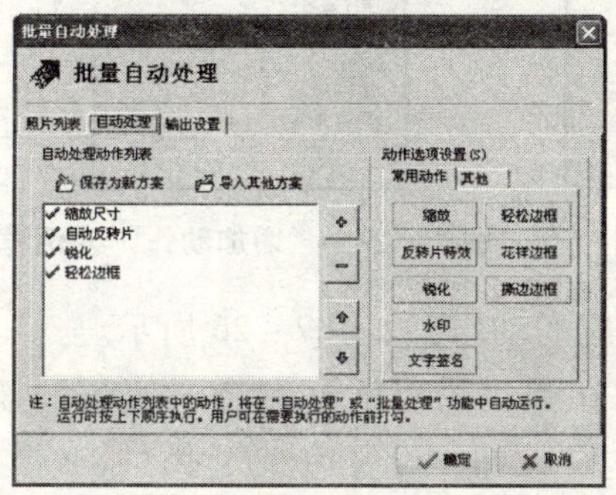

图7－21 “批量自动处理”对话框

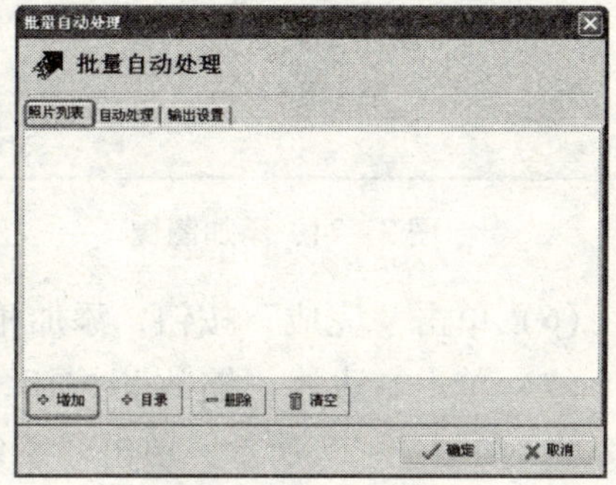

图7－22 照片列表

（3）单击“增加”按钮，弹出“打开”对话框，在该对话框中选择相应的图像，如图7－23所示。

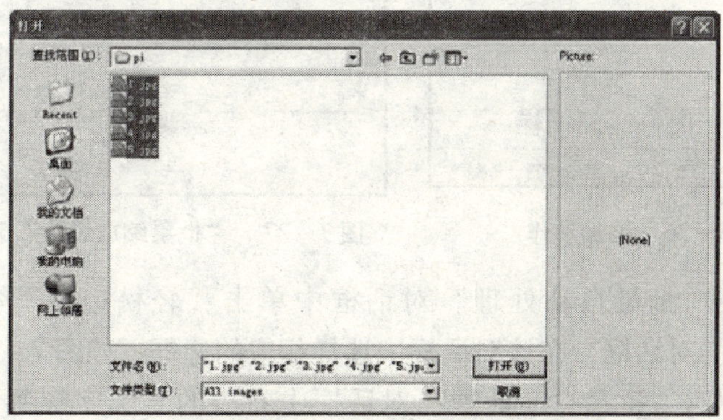

图7－23 “打开”对话框

（4）单击“打开”按钮，添加图像，如图7-24所示。

（5）单击按钮，弹出“增加动作”对话框，在弹出的列表中选择“缩放尺寸”、“水印”和“轻松边框”选项，如图7-25所示。

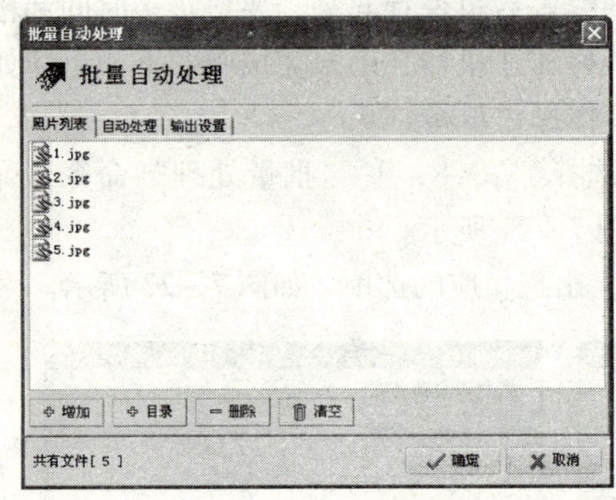

图7-24 添加图像

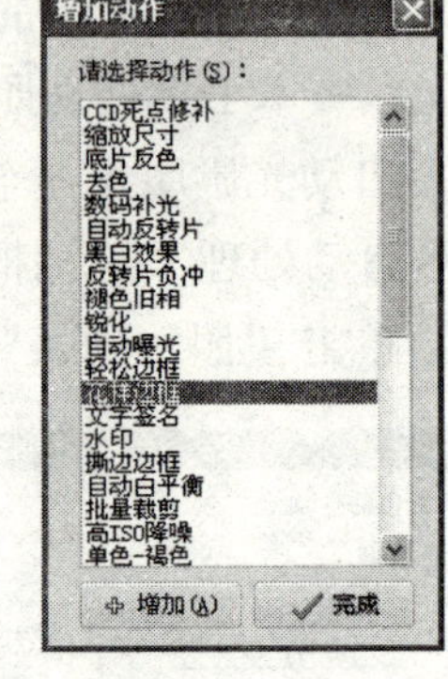

图7-25 “增加动作”对话框

（6）单击“完成”按钮，添加相应的动作，如图7-26所示。

（7）单击右边的“缩放”按钮，在弹出的对话框中将“边长”设置为300，如图7-27所示。单击“确定”按钮，设置边框尺寸。

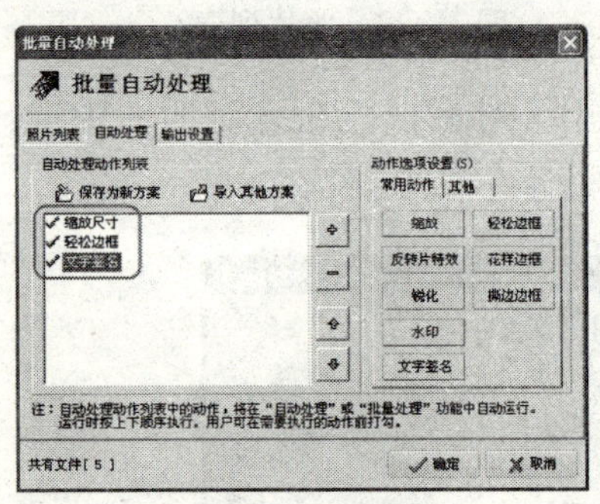

图7-26 添加动作

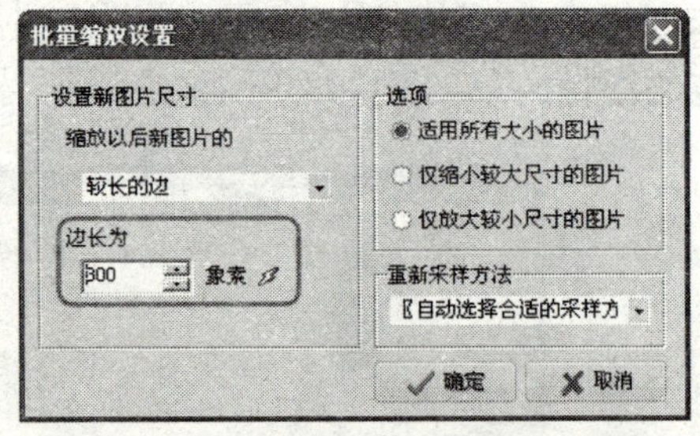

图7-27 “批量缩放设置”对话框

（8）在“批量自动处理”对话框中单击“轻松边框”按钮，弹出“轻松边框”对话框，在该对话框中选择相应的边框，如图7-28所示。

（9）单击“批量自动处理”对话框中右边的“文字标签”按钮，在弹出的对话框中将“文字标签”对话框中设置相应的参数，如图7-29所示。单击“确定”按钮，即可设置文字标签。

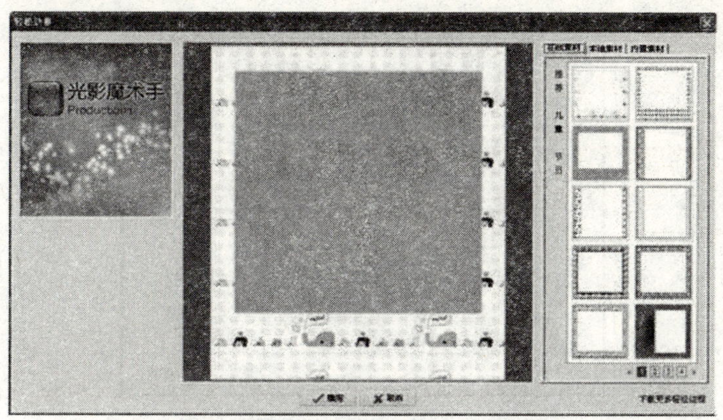

图 7－28　“轻松边框”对话框

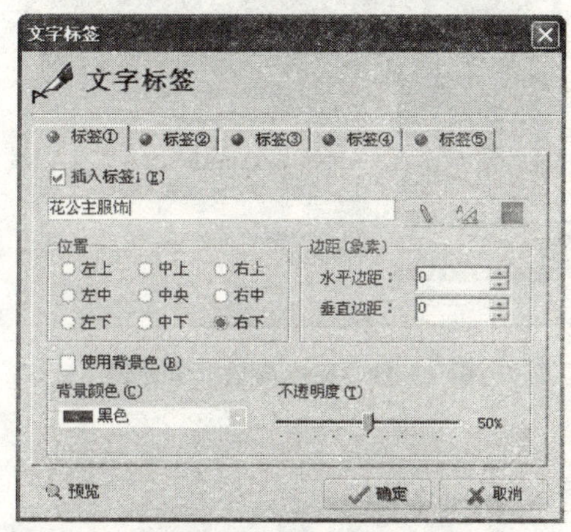

图 7－29　“文字标签”对话框

（10）单击“输出设置”按钮，在“指定路径”文本框中输入相应的路径地址，如图 7－30 所示。

（11）单击“确定”按钮，弹出“高级批量处理”对话框，如图 7－31所示。

（12）单击“确定”按钮，预览图像可以看到处理后的效果，如图 7－32所示。

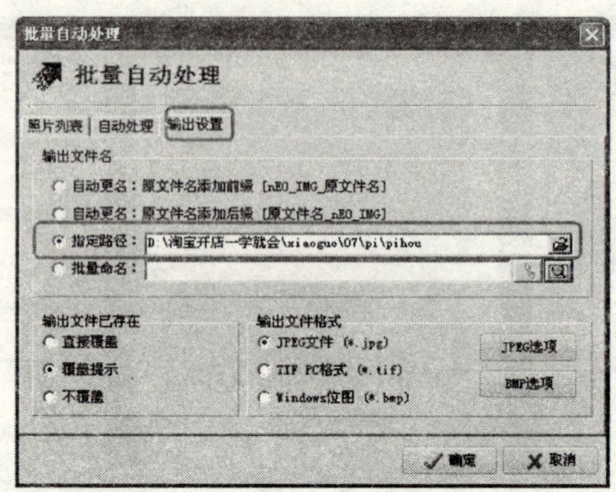

图 7－30　单击“输出设置”按钮

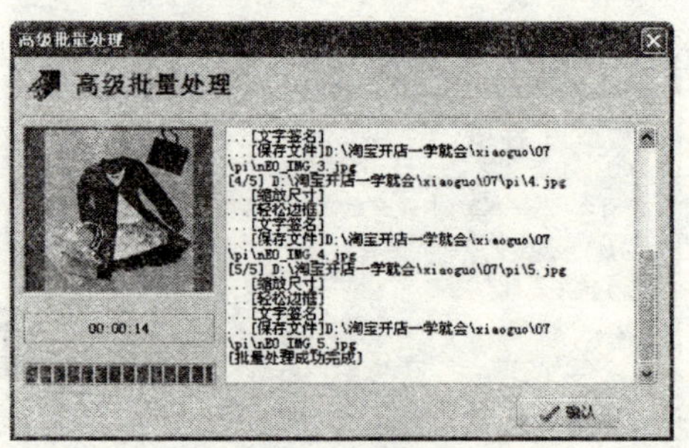

图 7－31　完成高级批量处理

图 7－32　处理后的效果

7.3　使用 Photoshop 简单调整图片

本节通过 Photoshop CS5 向各位展示如何美化产品图片，如何使用 Photoshop 小技巧弥补非专业摄像器材及摄影环境等因素的不足，完美装饰网上商店，提高网站用户体验。

7.3.1　调整偏色的照片

如果拍摄出来的商品照片，带上了某种特别颜色，与实际不符，说明它缺乏三原色中的某种颜色。在拍照时最好根据照明的特性准确调节白平衡。但对于大多数连续光源，即使灯管性质完全相同，拍出来的颜色一般也会有些差异，所以用 Photoshop 调整偏色的照片是店主的必备技术。下面将介绍正确的颜色调整技术，具体操作步骤如下：

（1）启动 Photoshop CS5，选择“文件”|“打开”命令，打开图像“电视.jpg”，如图 7－33 所示。

图 7－33　打开图像

（2）选择“图像”|“调整”|“亮度/对比度”命令，弹出“亮度/对比度”对话框，在该对话框中设置相应的参数，如图 7－34 所示。

图 7－34 “亮度/对比度”对话框

（3）单击“确定”按钮，调整图像亮度对比度，如图 7－35 所示。

图 7－35 调整图像亮度对比度

7.3.2 调整拍歪的照片

下面讲述如何使用 Photoshop 处理拍歪的照片，具体操作步骤如下：

（1）启动 Photoshop CS5，选择“文件”|“打开”命令，打开图像“歪斜.jpg”，如图 7－36 所示。

（2）按 Ctrl＋A 组合键，全选图像，如图 7－37 所示。

（3）选择“编辑”|“自由变换”命令，调整图像的位置，如图 7－38所示。

（4）按 Enter 键，确认变形，如图 7－39 所示。

图7－36　打开图像

图7－37　全选图像

图7－38　调整图像位置

图7－39　确认变形

7.3.3　将横向照片调整为纵向

下面讲述如何将横向照片调整为纵向，具体操作步骤如下：

（1）启动 Photoshop CS5，选择“文件”｜“打开”命令，打开图像“横向.jpg”，如图7－40所示。

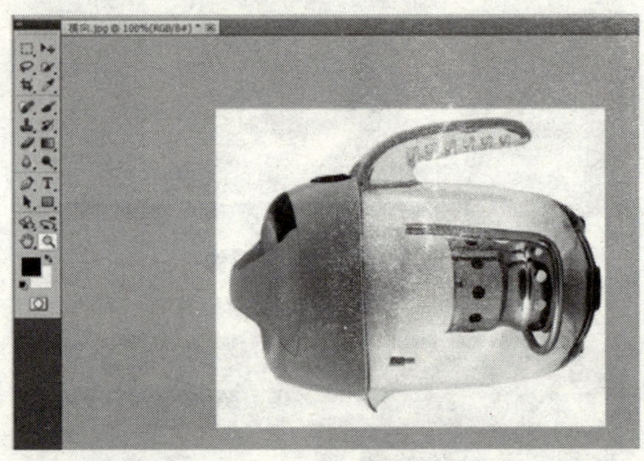

图7－40　打开图像

（2）选择“图像”｜“90°顺时针”命令，即可调整图像为纵向，如图7－41所示。

图7-41　调整图像

7.3.4　调整曝光不足或曝光过度的照片

下面讲述如何调整曝光不足或曝光过度的照片，具体操作步骤如下：

（1）启动 Photoshop CS5，选择“文件” | “打开”命令，打开图像“曝光 jpg”，如图7-42所示。

图7-42　打开图像

（2）选择“图像” | “调整” | “曝光度”命令，弹出“曝光度”对话框，在该对话中设置相应的参数，如图7-43所示。

（3）单击“确定”按钮，调整图像曝光度，如图7-44所示。

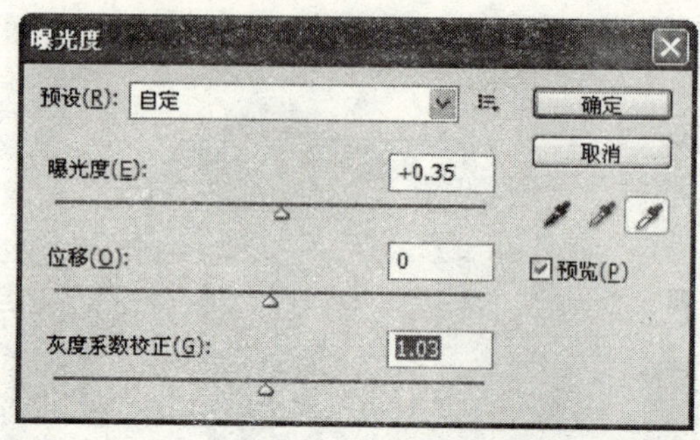

图 7－43 “曝光度”对话框

图 7－44 调整图像曝光度

7.3.5 将模糊的照片调清晰

使用数码相机拍摄照片，拍摄最基本的元素就是焦点和曝光，不管构图多么出众，如果对焦不准，就会拍出模糊不清的照片，下面讲述如何使用 Photoshop 处理不清晰的照片，具体操作步骤如下：

（1）启动 Photoshop CS5，选择“文件” | “打开”命令，打开图像“模糊 . jpg”，如图 7－45 所示。

（2）选择“图像” | “模式” | “Lab 颜色”命令，如图 7－46 所示。

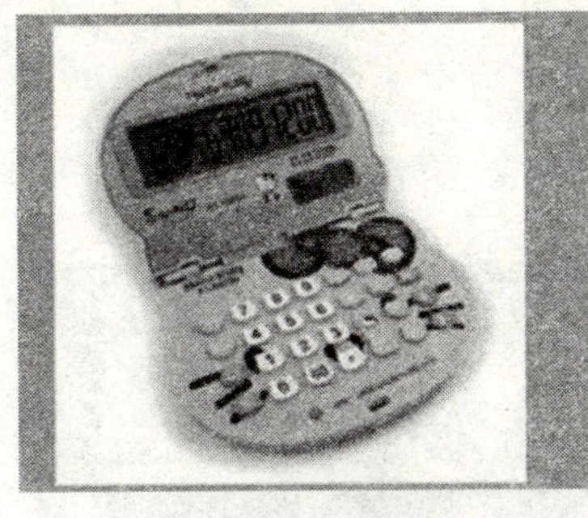

图 7-45　打开图像

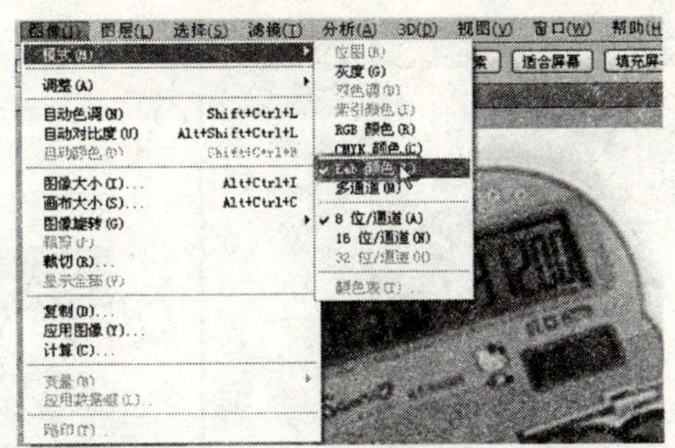

图 7-46　“Lab 颜色”命令

（3）打开“图层”面板，在该面板中将背景层拖动到“创建新图层”按钮上，复制背景图层，如图 7-47 所示。

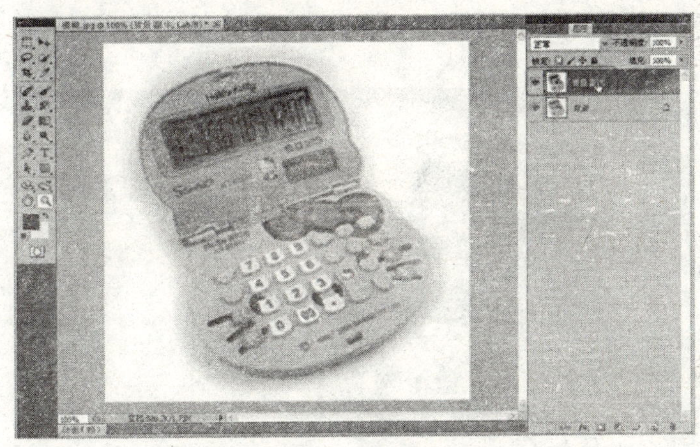

图 7-47　复制图像

（4）选择“滤镜”|“锐化”|“USB 锐化”命令，弹出“USB 锐化”对话框，如图 7-48 所示。

（5）将图层模式设置为“柔光”，不透明度设置为 90%，如图 7-49 所示。

（6）如果还是不够清楚，还可以复制相应的图层，直到调整到清楚为止，如图 7-50 所示。

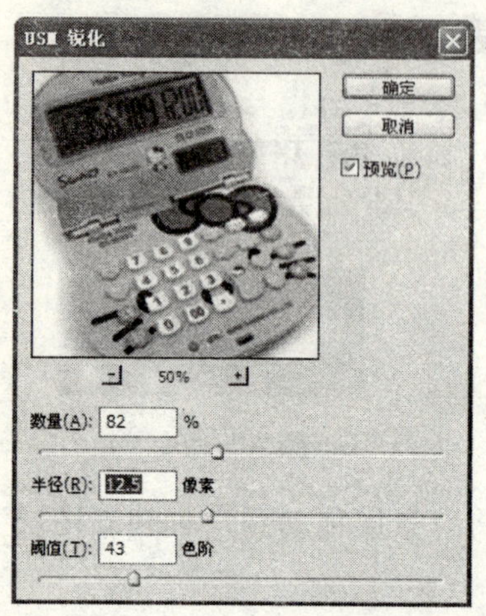

图 7－48 “USB 锐化”对话框

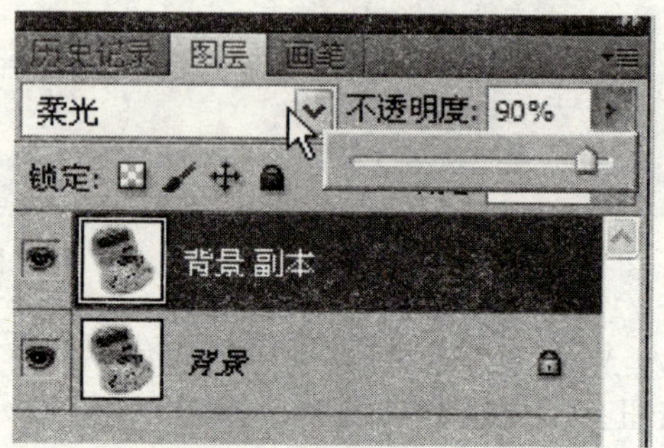

图 7－49 设置图层模式

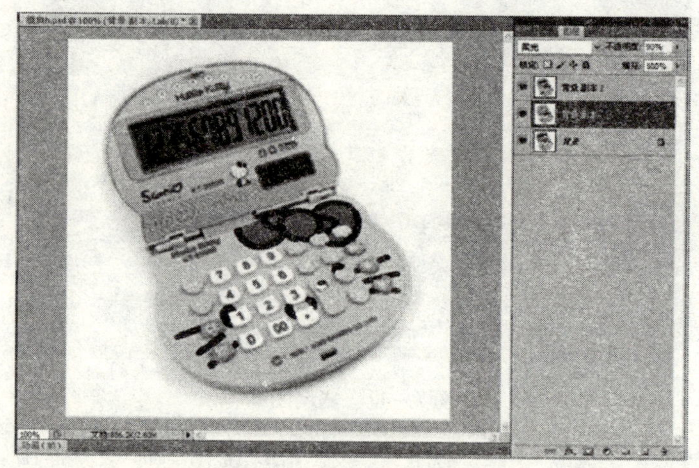

图 7－50 调整图像曝光度

7.4 给宝贝图片更换背景

把商品图片上传到网店上，照片的背景最好和整个网店的氛围保持一致。最好在拍照时就考虑到背景问题，如果没有考虑好，可以通过 Photo-

shop 把图像抠取出来，以修正它的背景颜色。

抠图是图像设计中最常用到的技术之一，在 Photoshop 中主要有三种抠图方法，就是分别利用工具箱中的“魔术棒”工具、“磁性套索”工具以及滤镜菜单中的“抽出”滤镜。更换宝贝图片背景的具体操作步骤如下：

（1）首先在 Photoshop CS5 中打开一幅背景为单色的图像，在工具箱中选择“魔术棒工具”，如图 7 – 51 所示。

图 7 – 51 选择“魔术棒工具”

（2）在“工具选项栏”中的“容差”文本框中输入合适的值，在图像中单击背景处，则选择了白色的背景，同时按住 Shift 键，单击没有选中的地方，将背景选中，如图 7 – 52 所示。

图 7 – 52 选中背景

（3）选择“选择” | “反向”命令，将图片中的包选中，如图7 – 53 所示。

图 7－53　反选图像

（4）选择“编辑”｜“拷贝”命令，拷贝图像，打开一幅图片，作为新背景，选择“编辑”｜“粘贴”命令，将拷贝的图像粘贴到背景图像上，如图 7－54 所示。

图 7－54　粘贴图像

（5）选择“编辑”｜“自由变换”命令，将图像自由缩小，如图 7－55所示。双击鼠标，确定最后效果，即可完成图像抠取。

图 7－55　缩放图像

第 8 章　设计装修有特色的店铺

开店指导

现在网上开店的用户越来越多，但是对许多人来说，如何在网上建一个有特色的店铺，仍然是一知半解。网店装修的意义如同实体店的店面气氛的营造，重要性是不言而喻的。漂亮的店铺总是让人赏心悦目，可以吸引更多的买家。本章对网店装修知识进行简单介绍，包括店铺装修的前期准备、制作个性化店标、制作店铺公告、制作旺铺促销区模板等，通过本章的学习可以让你轻松掌握淘宝网店装修的基础知识。

8.1　前期准备

一个好的店铺前期的准备规划是不可缺少的。开店前我们首先要确定商品销售类型，然后收集装修素材，设计出个性化的网上店铺。

8.1.1　确定商品销售类型

在淘宝网站中，商品的分类很细，如图 8－1 所示。根据店铺的商品定位，要为店铺设计一个方便记忆的名称，并且根据商品类别设置分类。

8.1.2　收集装修素材

店铺装修用到的所有图片都要依靠图片素材来完成，因此，需要提前收集大量的图片素材。这些素材可以在网络上收集，如在百度中搜索“素

所有类目 店铺街 淘宝代购 促销 全球购 礼物 创意站 跳蚤街 信用卡商城 货到付款			
虚拟	充值中心 话费 移动 联通 电信	网游 龙之谷 梦幻西游 DNF 魔兽	彩票 足彩 大乐透 双色球
	IP卡 移动号码 联通号码 宽带	点卡 征途 劲舞团 热血传奇 QQ	机票 酒店 门票 国际机票 客栈
服装	女装 羽绒服 毛衣 棉服 呢大衣	男装 羽绒服 棉衣 大衣 皮衣	内衣 文胸 保暖 睡衣 丝袜 内裤
	品质女装 毛呢外套 针织衫 裤	夹克 卫衣 衬衫 运动服 运动裤	男鞋 休闲 正装 板鞋 户外 雪地
	女鞋 7折 短靴 靴子 单鞋 坡跟	运动鞋 Nike Adidas 匡威 李宁	童装 童鞋 套装 毛衣 孕妇装
配饰	箱包 斜挎 手提 单肩 钱包 男包	珠宝 钻戒 翡翠 施华洛 千足金	手表 Casio 天梭 浪琴 欧米茄
	围巾 披肩 围脖 帽子 皮带 保暖	饰品 项链 耳饰 发饰 戒指 手链	眼镜 太阳镜 眼镜架 Zippo 烟具
美容	护肤 眼霜 爽肤水 面膜 身体乳	彩妆 香水 粉底 BB霜 彩妆盘	保湿霜 假发 润唇膏 化妆工具
数码	手机 iPhone 4 Nokia 三星 索爱	国货手机 双卡双待 智能 炒股	相机 佳能 索尼 单反 摄像机
	笔记本 IBM 联想 平板电脑 iPad	电脑 硬件 内存 液晶 鼠标 周边	路由器 3G上网 U盘 台式电脑
	数码配件 苹果配件 散热器	办公 投影 一体机 打印机 耗材	影音 耳机 mp4 音响 touch
	大家电 液晶 冰箱 空调 洗衣机	小家电 干衣机 豆浆 吸尘 净水	保健护理 剃须 足浴器 按摩器
家居	装潢建材 卫浴 灯饰 地板 浴霸	家具 床 沙发 柜子 茶几 宜家	家饰 十字绣 风筝 窗帘 照片墙
	居家日用 保暖 喜糖盒 收纳	家居百货 清洁 厨房 洗浴 卧室	成人 安全套 情趣内衣 用具
	厨房 餐具 杯 锅具 烧烤 茶具	日化清洁 纸 洗发 沐浴 拖把	家纺 棉被 四件套 床褥 棉拖
母婴	奶粉 米粉 鱼肝油 明治 美素	用品 尿片 奶瓶 洗浴 湿巾 孕妈	益智 玩具 早教 推车 床 儿童包
食品	零食 巧克力 进口 炒货 红枣	保健 鲜人参 胶原蛋白 安利	菜市场 冬枣 大闸蟹 海鲜 泡菜

图 8－1 商品分类

材库”一词，就会在网页中显示很多素材网站，如图 8－2 所示。在不涉及版权的情况下，都可以下载使用。

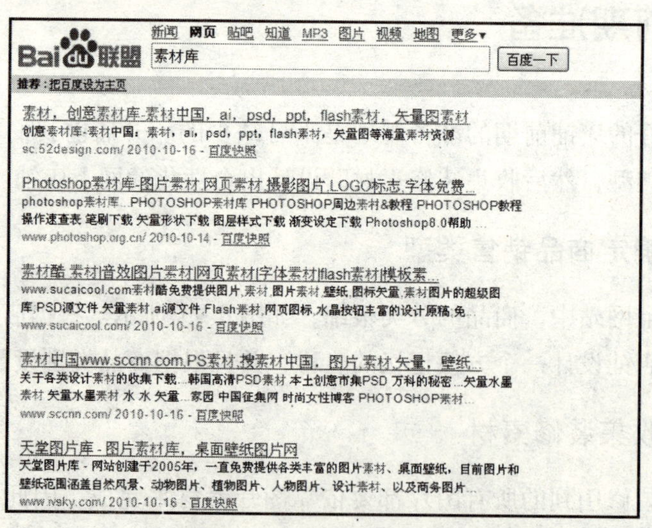

图 8－2 搜索图片素材

打开其中一个提供图片素材的网站，即可看到很多素材图片，如图8－3所示。找到合适的图片保存在本地计算机中，方便设计店铺图片时使用。此外也可以购买一些素材图库，图库越丰富、素材越全面，设计时越容易。

图 8－3　图片素材

8.1.3　店铺装修必须注意的问题

虽然网上购物市场巨大，但是竞争非常激烈。现在网上出售的东西，买家决定是否购买在很大程度上是靠视觉判断的，因为在网上客户不能像在真的实体店那样亲眼看到商品，所以卖家除了选择好货源外，网店装修非常关键。特色的页面装饰总会吸引买家的眼球，从而增加点击率和销售量。

一、要有一个清晰的思路

店铺的特色是什么？主营什么？目标客户是哪些？首先要有一个明确的思路，这是最关键的。

二、寻找合适的装修时机

店铺装修要寻找合适的时机，如店庆日、新产品推广，或者店主有时间配合等。店铺装修可不是交给别人，自己做“甩手掌柜”的。像传统的室内装修一样，主人是要用心的。全部交给装修公司的结果一般不会达到

自己预期的效果，毕竟只有店主自己最了解自己的网店。

三、风格与形式的统一

店铺装修整体风格要统一，在选择分类栏、店铺公告、音乐、计数器等东西的时候要有整体考虑。风格不搭是大忌。

四、装修人员的选择

如果是没有基础的新手没必要去自己做旺铺的装修，这就好比你开实体店也不可能自己做装修一样，交给专业人士去做比较好，这样不用花费你太多精力。

五、双方的沟通非常重要

大多数店铺装修是双方通过旺旺或其他沟通方式来解决的，大家不见面，大部分仅凭简短的文字进行交流，由于双方的教育背景、说话方式、性格等多种因素不同会影响沟通的有效性，从而带来了理解上的不同，造成将来不必要的矛盾。解决的办法当然是双方做好沟通。

六、做好文字和图片的前期准备工作

店铺公告、店名、店标、签名等文字性的资料和商品图片要事先准备好。这样不但可以提高装修的效率，也可以避免返工，能够达到双赢的效果。

七、突出主次，切记花里胡哨

网店的装修不宜设计得太花哨。有一部分网店店主喜欢在自己的网店上弄一些很艳丽的图片，或者是很炫目的 Flash 动画，这只会让买家觉得你的店铺花里胡哨，华而不实。心里没有安全感，也就不会产生购买欲望。

店铺装修漂亮，确实能更多地吸引买家眼球，但要清楚一点，店铺的装饰别抢了商品的风头，毕竟我们是卖产品而不是秀店铺，弄的太多太乱反而会影响商品的销售效果。

小提示

新手开网店在装修店铺之前可以多参考一些做得不错的网店店铺，多借鉴学习别人的装修风格等，相信经过一段时间的学习和实践就会对网店装修运用自如，也会大大提升网店的销售业绩。

8.2　制作个性化店标

店标在普通店铺首页左上方，店标是普通店铺的“脸面”，好的店标可以吸引更多客流。普通店铺装修体现个性的地方实在不多，因此店标对于普通店铺就显得很重要。店标不仅具有识别作用，也是让顾客简单了解店铺的小窗口。

8.2.1　店标设计原则

一个好的店标设计，除了给人传达明确的信息外，还在方寸之间表现出深刻的精神内涵和艺术感染力，给人以静谧、柔和、饱满、和谐的感觉。

要做到这一点，在设计店标时需要遵循一定的设计原则和要求。

一、选择合适的店标图片素材

店标图片的素材通常可以从网上或者素材光盘上进行收集，通过搜索网站输入关键词可以很快找到。也可以登录设计资源网站，找到更多精美、专业的图片。选择图片素材要选择尺寸大一些的，清晰度好的，没有版权问题的，并适合自己店铺的图片素材。

二、突出店铺的独特风格

店标是用来表达店铺的独特风格的，要让买家认清店铺的独特品质、风格和情感，就要特别注意避免与其他网站的 Logo 雷同。因此，店标设计需要讲究个性化，让店标与众不同、别出心裁。如图 8－4 所示是一些个性的店标设计作品。

图 8－4　具有个性的店标

三、要让自己的店标过目不忘

设计一个好的店标要从颜色、图案、字体、动画等几方面入手。在符合店铺类型的基础上，使用醒目的颜色、独特的图案、合适的字体，以及强烈的动画效果都可以给人留下深刻的印象。

四、统一性

店标的外观和基本色调要根据页面的整体版面设计来确定，而且要考虑到在印刷、制作等过程中进行放缩等处理时的效果变化，以便能在各种媒体上保持相对稳定。

五、合理运用色彩

人们对色彩的反映比对形状的反映更为敏锐和直接，更能激发情感，所以色彩的运用技巧相当重要。色彩理论很复杂，但只要了解了基本原理，就可以利用颜色为设计加分。店标色彩设计的基本规则有：

- 基色要相对稳定。
- 强调色彩的形式感，比如，重色块、线条的组合。
- 强调色彩的记忆感和感情规律，比如，黄色代表富丽、明快，橙红给人温暖、热烈感，蓝色、紫色、绿色使人凉爽、沉静等。
- 合理使用色彩的对比关系，色彩的对比能产生强烈的视觉效果，而色彩的调和则构成空间的层次。

8.2.2 制作店标文字图片

店铺标志能够代表店铺的基本形象，因此店标设计非常重要。下面将介绍如何使用 Photoshop 制作店标，具体操作步骤如下：

（1）打开 Photoshop 软件，选择“文件” | “新建”命令，弹出“新建”对话框，新建一个 100×100 文档，“背景内容”下选择“背景色”，如图 8-5 所示。

（2）单击“确定”按钮，新建文档如图 8-6 所示。

（3）选择“圆角矩形工具”，按住鼠标左键在舞台中绘制矩形，如图 8-7 所示。

（4）选择“图层” | “图层样式” | “描边”命令，弹出“图层样式”对话框，在该对话框中“大小”设置为 1，“颜色”设置为白色，如图 8-8 所示。

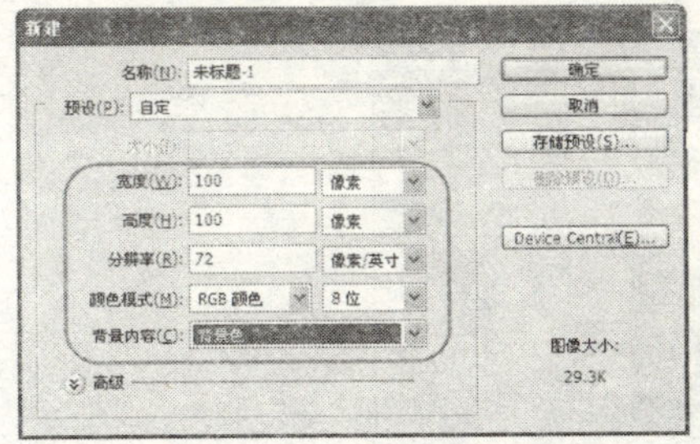

图8－5　“新建”对话框

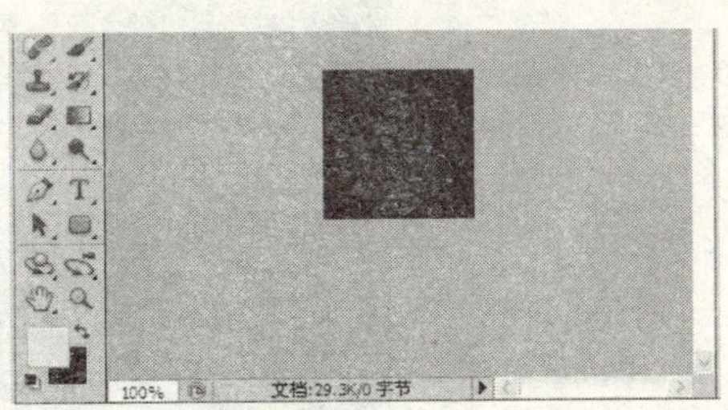

图8－6　新建文档

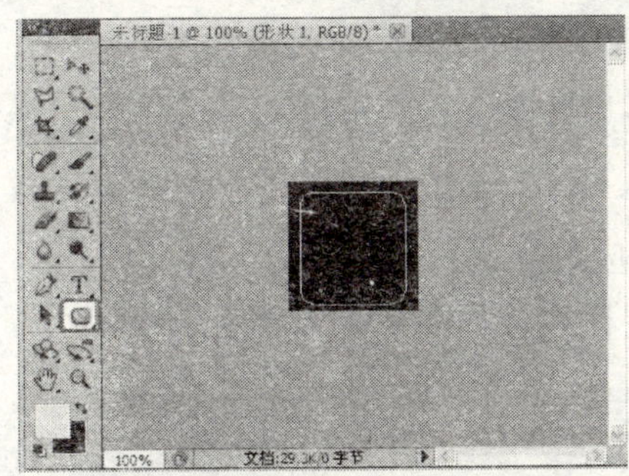

图8－7　绘制矩形

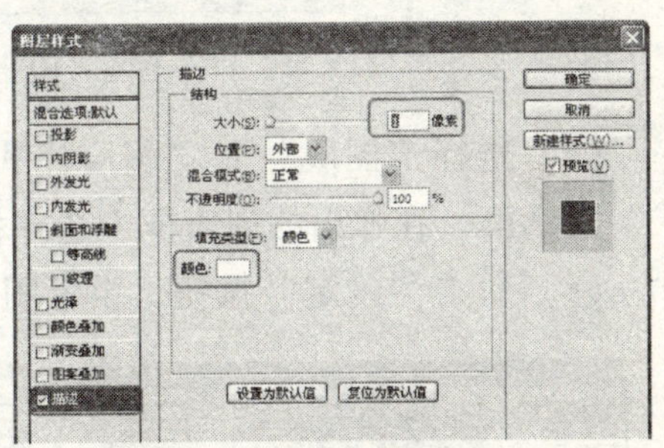

图8－8　“图层样式”对话框

（5）单击“确定”按钮，设置图层样式，如图8－9所示。

（6）选择工具箱中的“自定义形状工具”，在选项栏中选择相应的形状，然后按住鼠标左键在舞台中绘制形状，如图8－10所示。

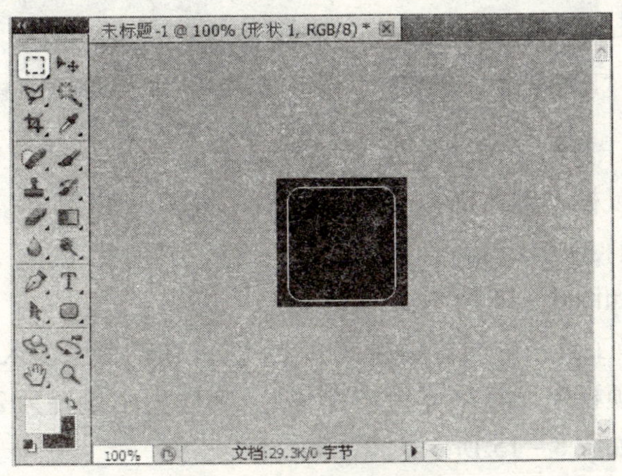

图8－9　设置图层样式

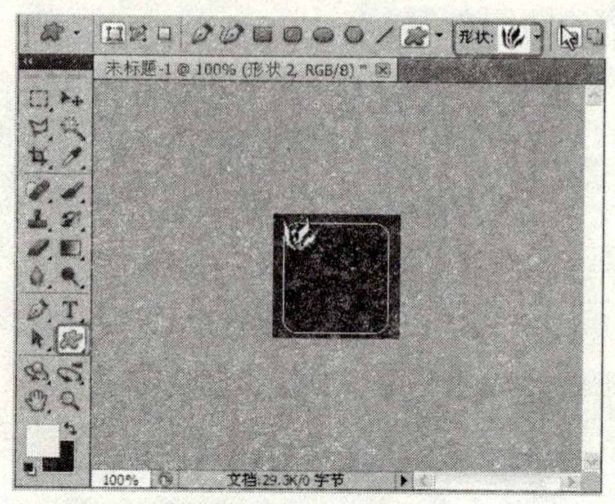

图 8－10　绘制形状

（7）选择“图层”｜“图层样式”｜“描边”命令，弹出“图层样式”对话框，在弹出的列表框中选择相应的样式，如图 8－11 所示。

（8）单击“确定”按钮，设置图层样式，如图 8－12 所示。

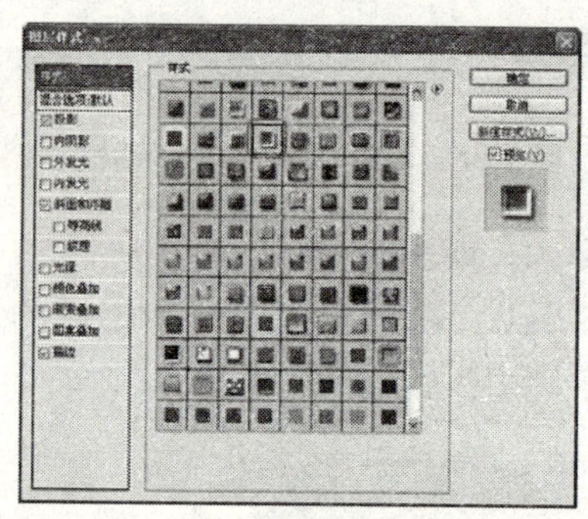

图 8－11　“图层样式”对话框

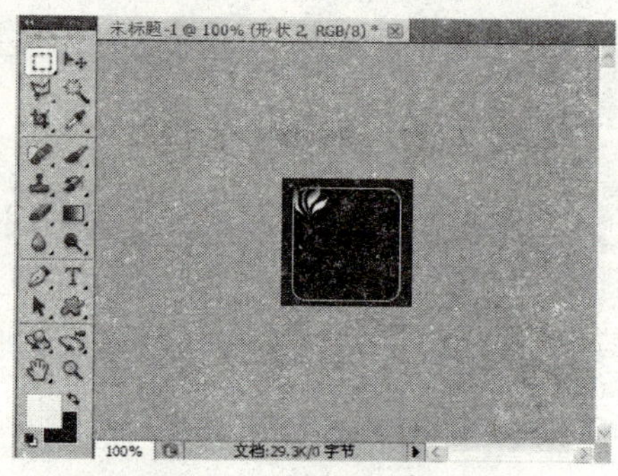

图 8－12　设置图层样式

（8）选择工具箱中的“自定义形状工具”，在选项栏中选择相应的形状，然后按住鼠标左键在舞台中绘制形状，如图 8－13 所示。

（9）用同样的方法选择工具箱中的“自定义形状工具”，按住左键在舞台中绘制，如图 8－14 所示。

（10）选择工具箱中的“横排文字工具”，在舞台中输入“店铺装修”文字，并在选项栏中设置字体为“黑体”，字体大小设置为 20，分别设置不同的颜色，如图 8－15 所示。

（11）在选项栏中单击“创建文字变形”按钮，弹出“变形文字”对

话框，如图 8－16 所示。

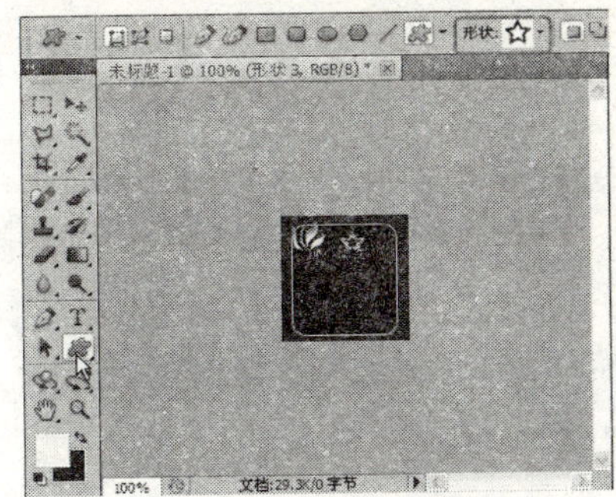

图 8－13　绘制形状

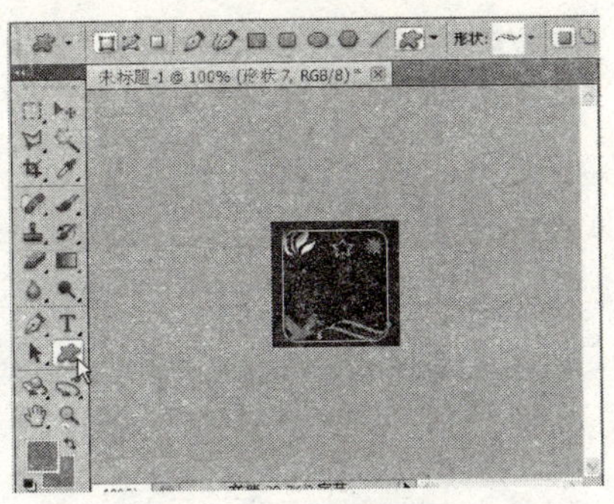

图 8－14　绘制形状

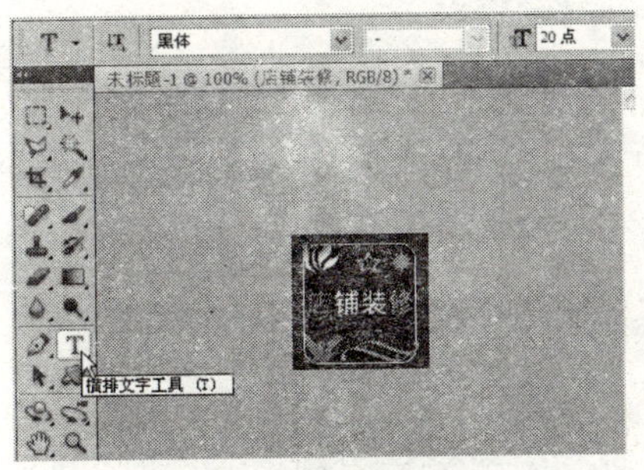

图 8－15　输入文字

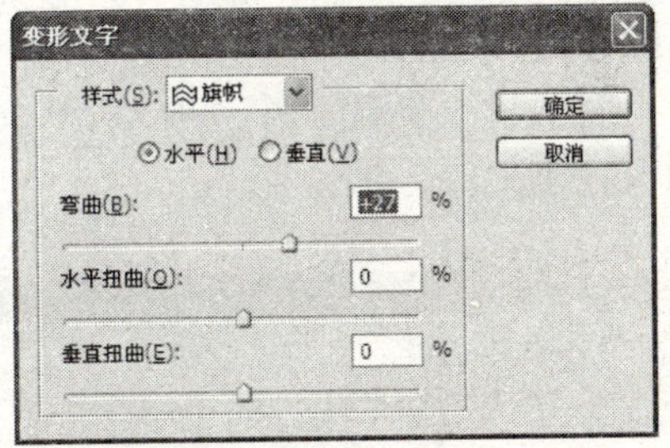

图 8－16　“变形文字”对话框

（12）单击“确定”按钮，创建变形文字，如图 8－17 所示。

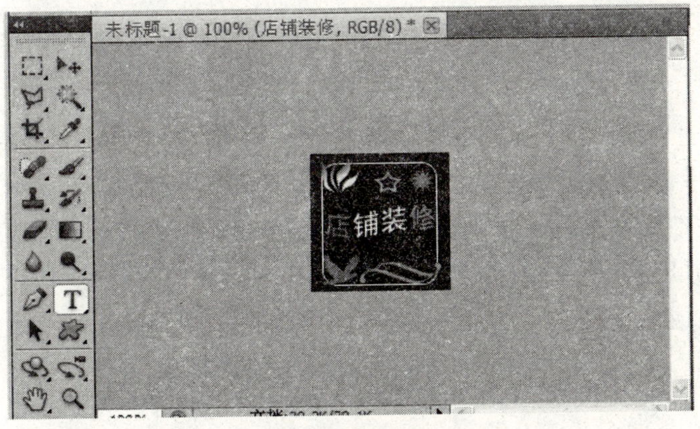

图 8－17　创建变形文字

8.3 制作店铺公告

店铺公告位于普通店铺首页的右上角，店主可以随时发布滚动的文字信息，也可以通过网页代码发布图文配合的公告信息，让公告更清晰、美观，并且可以加入动画让效果更醒目。这是宣传推广最新发布的产品，公告店铺最新促销信息，发布重要通知的好工具。

8.3.1 制作公告图片

下面将讲述制作店铺公告图片的具体操作步骤：

（1）打开 Photoshop CS5 软件，选择“文件” | “新建”命令，弹出“新建”对话框，新建一个 400 × 450 文档，“背景内容”选择“背景色”，如图 8－18 所示。

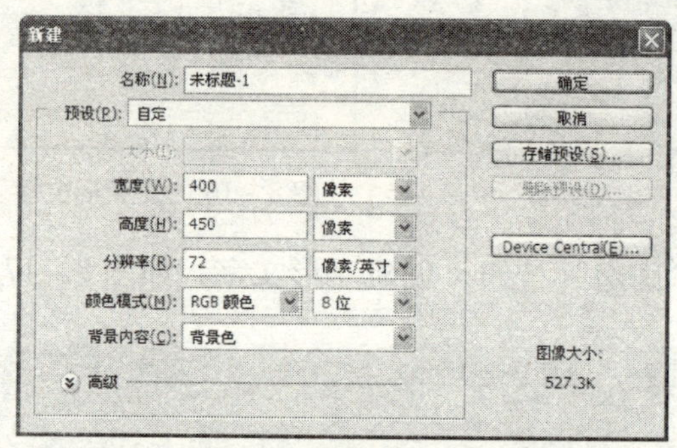

图 8－18 “新建”对话框

（2）单击“确定”按钮，新建文档如图 8－19 所示。

（3）选择工具箱中的“圆角矩形工具”，按住鼠标左键在舞台中绘制矩形，如图 8－20 所示。

（4）选择“图层” | “图层样式” | “描边”命令，弹出“图层样式”对话框，在对话框中“大小”设置为 1，“颜色”设置为白色，如图 8－21所示。

图 8－19　新建文档

图 8－20　绘制矩形

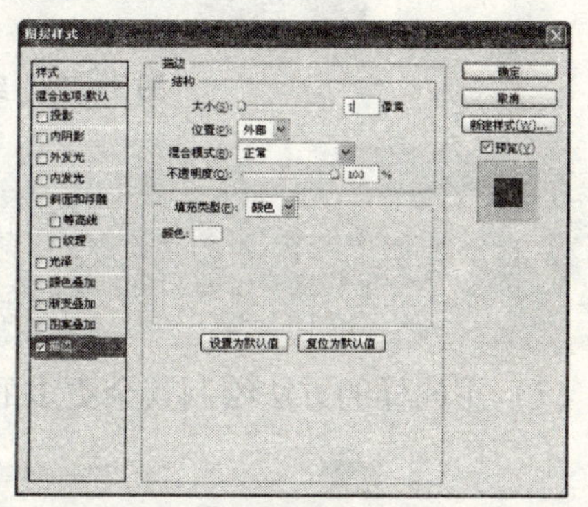

图 8－21　“图层样式”对话框

（5）单击“确定”按钮，设置图层样式，如图 8－22 所示。

图 8－22　设置图层样式

（6）选择工具箱中的“自定义形状工具”，在选项栏中选择相应的形状，然后按住鼠标左键在舞台中绘制形状，如图8－23所示。

图8－23 绘制形状

小提示

店铺公告栏中可添加的装饰内容包括：特价、打折、红包等优惠信息与背景音乐、计数器、挂件、浮动公告等。

（7）用同样的方法绘制其余更多的星形，如图8－24所示。

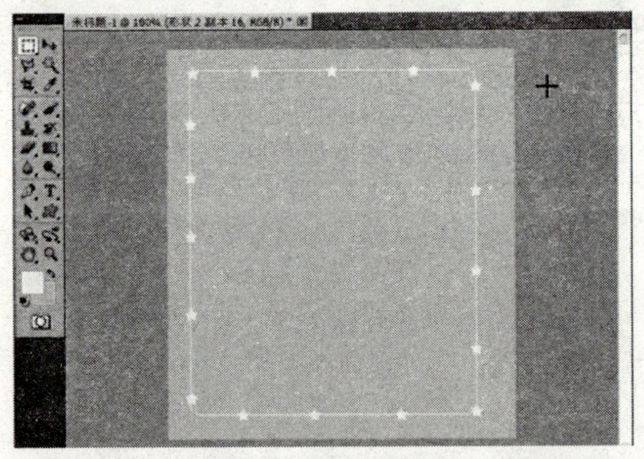

图8－24 绘制星形

（8）选择工具箱中的“圆角矩形工具”，在选项栏中将“颜色”设置为e1f8c4，按住鼠标左键在舞台中绘制矩形，如图8－25所示。

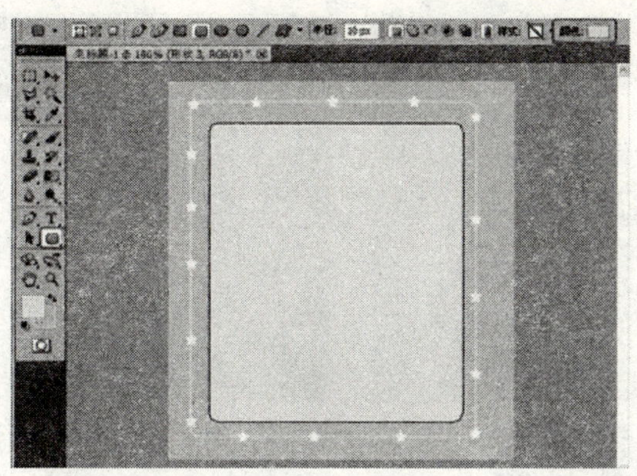

图 8-25　绘制矩形

（8）选择工具箱中的“横排文字工具”，在舞台中输入相应的文字，并在选项栏中设置字体的参数，如图 8-26 所示。

（9）选择“文件”|“打开”命令，打开图像 hy.gif，按 Ctrl + A 键全选图像，按 Ctrl + C 键拷贝图像，如图 8-27 所示。

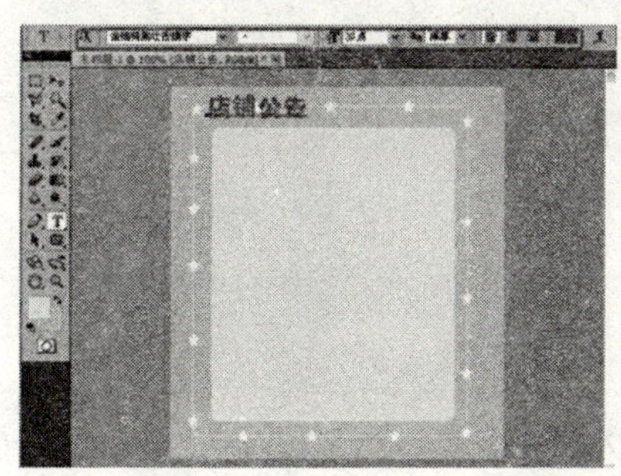

图 8-26　输入文本

图 8-27　拷贝图像

（10）返回到原始文件，按 Ctrl + V 键粘贴图像，如图 8-28 所示。

（11）选择“编辑”|“自由缩放”命令，缩放图像大小，并将其拖动到相应的位置，如图 8-29 所示。

（12）选择工具箱中的“横排文字工具”，在舞台中输入相应的公告内容，并在选项栏中设置相应的参数，如图 8-30 所示。

图 8－28　粘贴图像

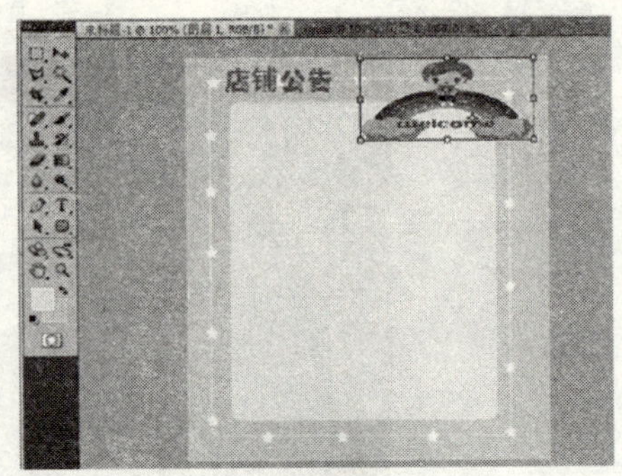

图 8－29　调整图像位置

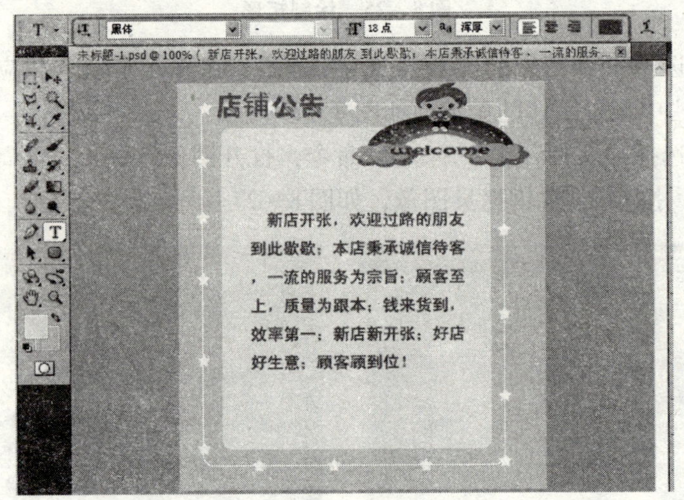

图 8－30　输入公告内容

8.3.2　发布图片

如果想要以前面设计的图片作为公告栏的内容，就需要将图片上传到互联网上。将图片上传到互联网以后，会产生一个对应的地址，可以利用该地址将图片指定为公告栏内容，即可将图片插入到公告栏内。指定图片作为公告栏内容的具体操作步骤如下：

（1）首先将图片上传到 QQ 相册，在 QQ 相册里查看图片在互联网上的地址，然后复制图片所在的地址，如图 8－31 所示。

（2）登录淘宝网，进入“我的淘宝”，单击左边的“店铺管理”下面

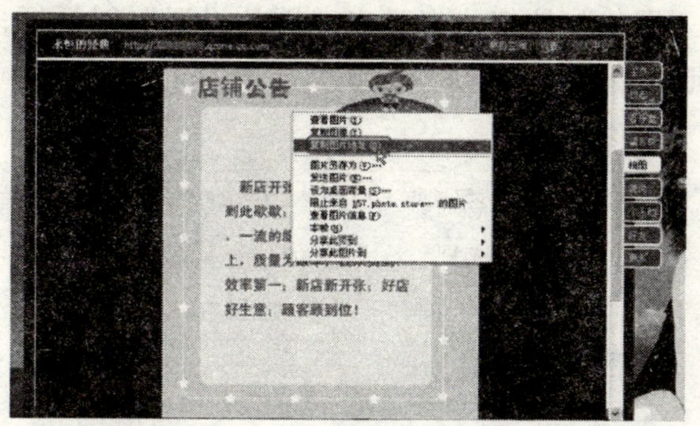

图8－31　复制图片地址

的“店铺装修”超链接，进入到店铺编辑页面，如图8－32所示。

图8－32　店铺编辑页面

（3）单击右边的“编辑”超链接，进入店铺公告设置页面，如图8－33所示。

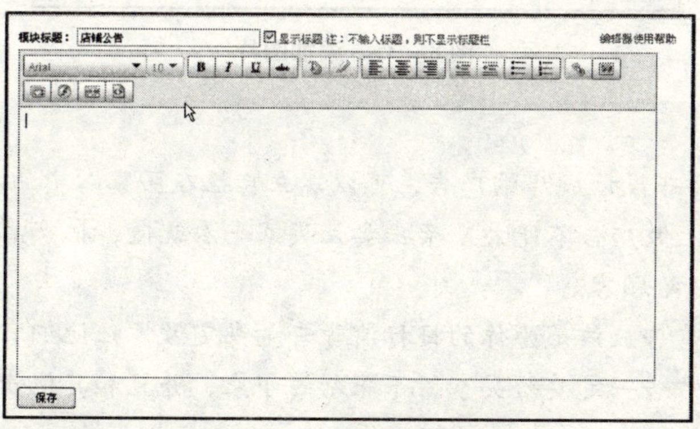

图8－33　公告栏设置页面

(4) 单击“图片”按钮，将弹出“图片设置”对话框，在图片地址中输入相应的地址，如图 8－34 所示。

图 8－34　“图片设置”对话框

(5) 单击“确定”按钮，添加图片，如图 8－35 所示。单击“保存”按钮，成功添加店铺公告。

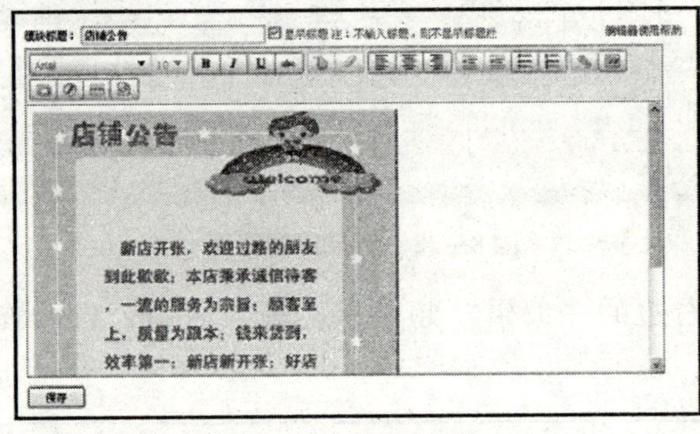

图 8－35　添加图片

小提示

把店铺公告设计成店铺广告，可以建立自己在买家心中的品牌形象。

● 公告上做广告不能太复杂，要让买家一看就懂，把产品或服务的概念清晰地传递给顾客。

● 这个广告应该是为你的目标消费者量身定做，让他们容易接受。

● 这个广告一定要给买家留下深刻的印象，并且和其他卖家的广告区分开来。

● 这个广告不是为了娱乐自己，而是要让买家心动，不经意间提起购买的欲望。

● 这个广告要符合店铺的形象，紧密联系品牌，强化你的品牌在消费者心中的地位。

8.4　制作旺铺促销区模板

淘宝新旺铺是淘宝为卖家提供的一项增值服务功能，它为卖家提供了更专业、更个性的店铺页面，并提供了更强大的功能，对塑造店铺形象，打造店铺品牌起到了至关重要的作用。

目前新旺铺功能已对全体淘宝卖家开放，不管是刚刚接触淘宝的新手，还是已成为老手的淘宝行家，都可以使用旺铺功能。

8.4.1　制作促销区模板

宝贝促销区是旺铺非常重要的特色之一，它的作用是让卖家将一些促销信息或公告信息发布在这个区域上。就像商场的促销一样，如果处理得好，可以最大限度地吸引买家的目光，让买家一目了然地知道你的店铺在搞什么活动，有哪些特别推荐或优惠促销的商品。

制作促销模板的具体操作步骤如下：

（1）打开 Photoshop CS5 软件，选择“文件” | “新建”命令，弹出“新建”对话框，新建一个空白文档，如图 8－36 所示。

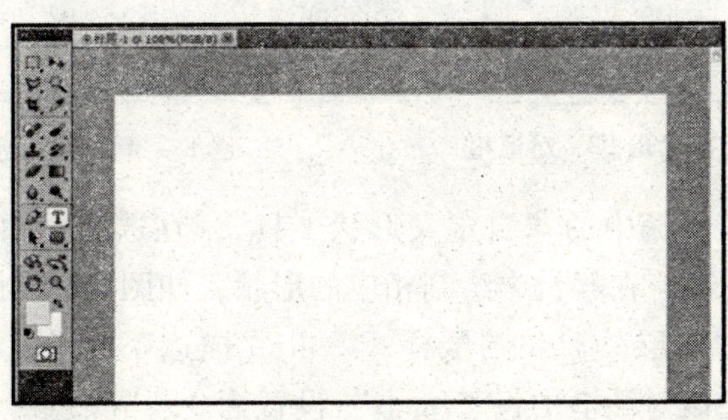

图 8－36　新建文档

（2）选择工具箱中的“矩形选框工具”，在选项栏中“羽化”设置为

2，按住鼠标左键在舞台中绘制矩形选框，如图 8 – 37 所示。

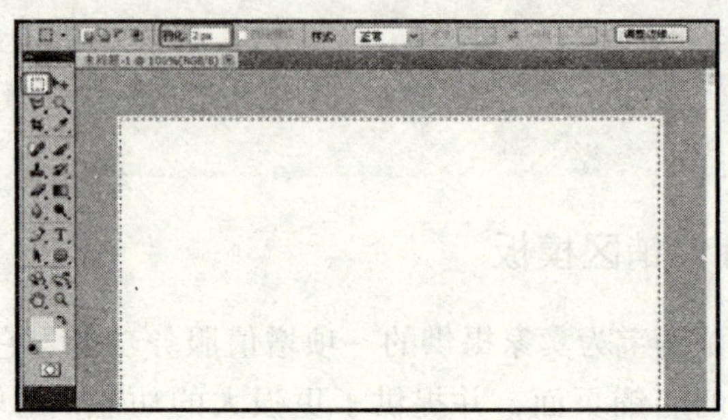

图 8 – 37　绘制选框

（3）在选项栏中单击“点按可编辑渐变”按钮，弹出“渐变编辑器”对话框，如图 8 – 38 所示。

（4）选择工具箱中的“渐变工具”，在选区中进行填充，如图 8 – 39 所示。

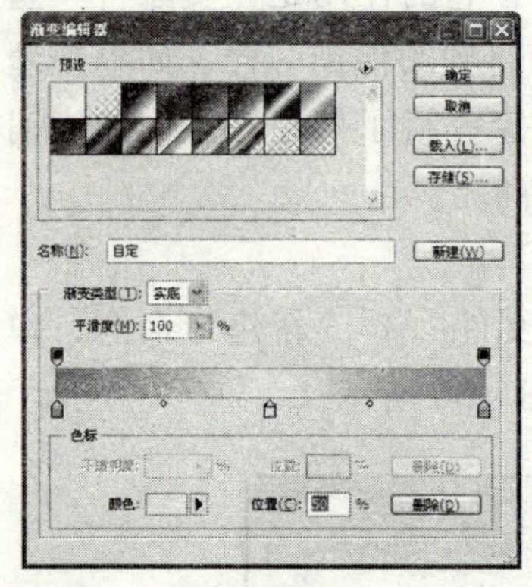

图 8 – 38　“渐变编辑器”对话框

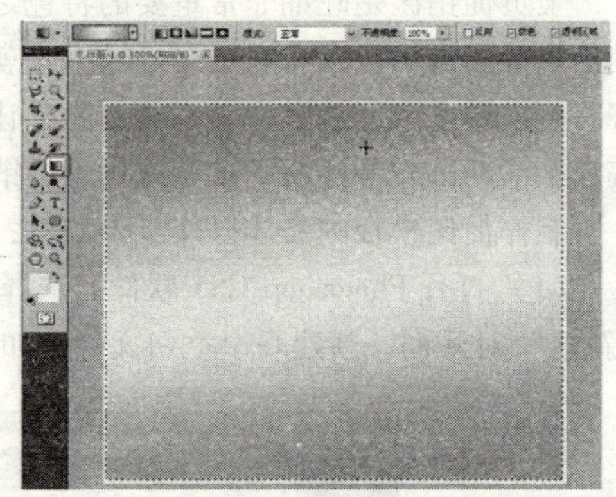

图 8 – 39　填充选区

（5）选择工具箱中的“自定义形状工具”，在选项栏中选择相应的形状，按住鼠标左键，在舞台中绘制相应的形状，如图 8 – 40 所示。

（6）选择“图层” | “图层样式” | “描边”命令，弹出“图层样式”对话框，在该对话框中将“大小”设置为 3，“颜色”设置为 ffc3e9，如图 8 – 41 所示。

图8－40　绘制形状

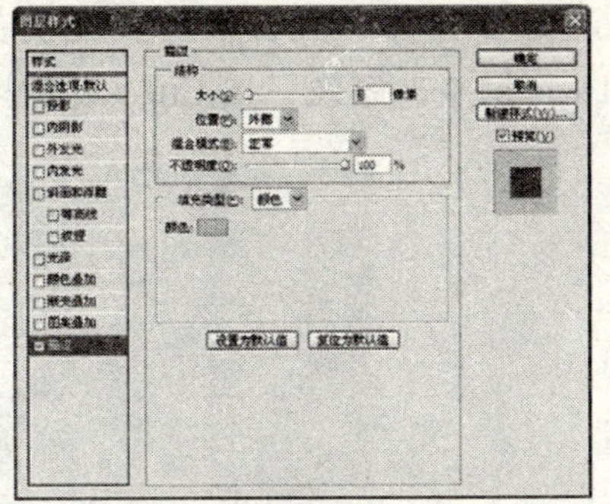

图8－41　“图层样式”对话框

（7）单击“确定”按钮，设置图层样式，如图8－42所示。

（8）选择工具箱中的“横排文字工具”，在选项栏中设置相应的参数，然后在舞台中输入文字“欢”，如图8－43所示。

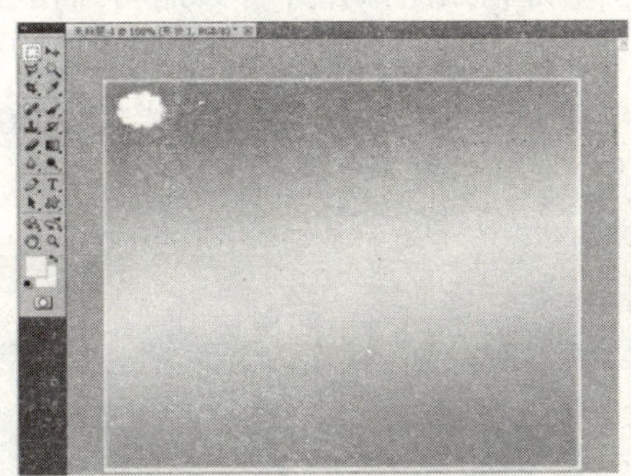

图8－42　设置图层样式

图8－43　设置参数

（9）同步骤5～8制作其余的形状，并输入相应的文字，如图8－44所示。

图8－44　输入文本

（10）选择“文件”|“打开”命令，打开图像“化妆品.gif”，按Ctrl+A键全选图像，按Ctrl+C键拷贝图像，如图8-45所示。

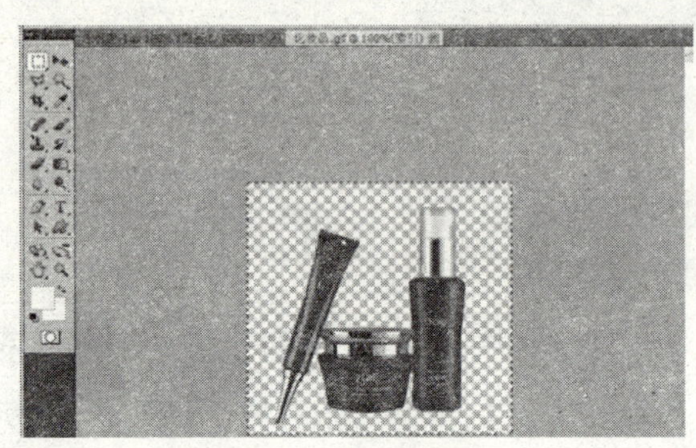

图8-45 拷贝图像

（11）返回到原始文件，按Ctrl+V键粘贴图像，并将其拖动到相应的位置，如图8-46所示。

（12）选择工具箱中的“横排文字工具”，在舞台中输入文字“2010火爆促销品”，如图8-47所示。

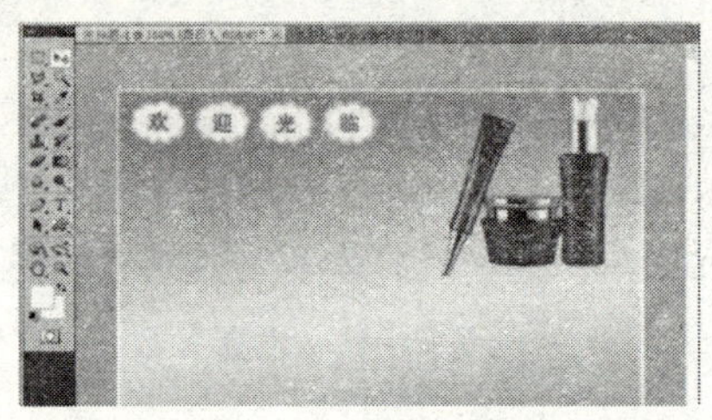

图8-46 粘贴图像

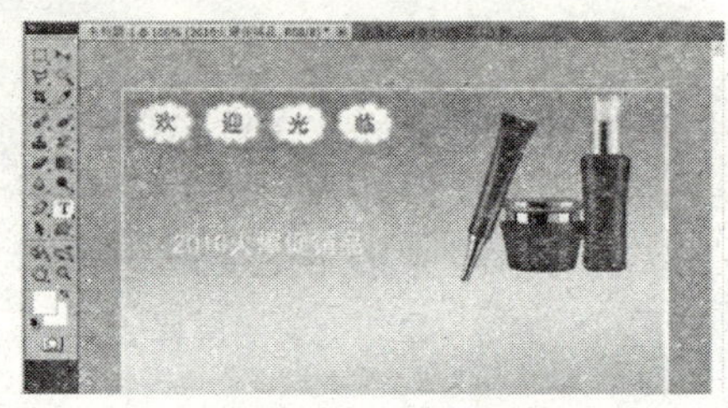

图8-47 输入文字

（13）选择“图层”|“图层样式”|“描边”命令，弹出“图层样式”对话框，在该对话框中将“大小”设置为3，“颜色”设置为f51212，如图8-48所示。

（14）单击“确定”按钮，设置图层样式，如图8-49所示。

（15）选择工具箱中的“圆角矩形工具”按住鼠标左键，在舞台中绘制3个同样大小的白色圆角矩形，用来粘贴促销图像，如图8-50所示。

（16）选择工具箱中的“圆角矩形工具”按住鼠标左键，在舞台中绘制3个同样大小的红色圆角矩形，用来输入图像的名称和价格，如图8-51

所示。

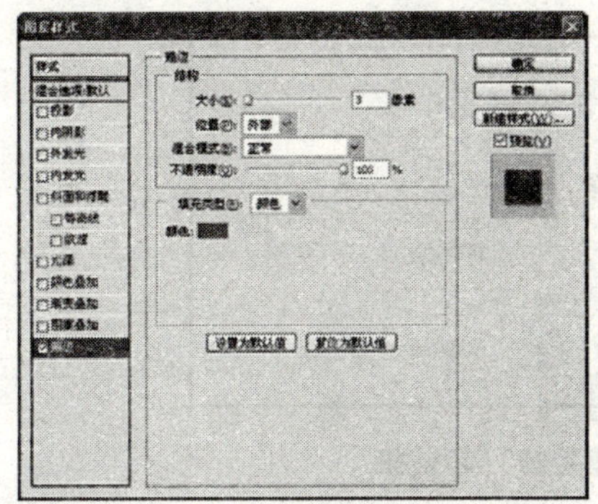

图8－48　“图层样式”对话框

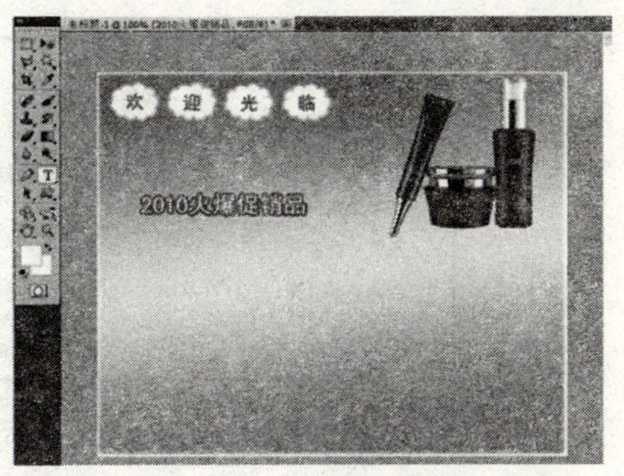

图8－49　设置图层样式

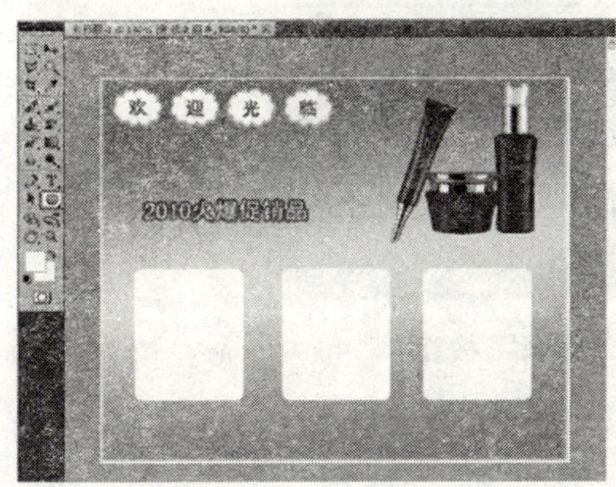

图8－50　绘制圆角矩形

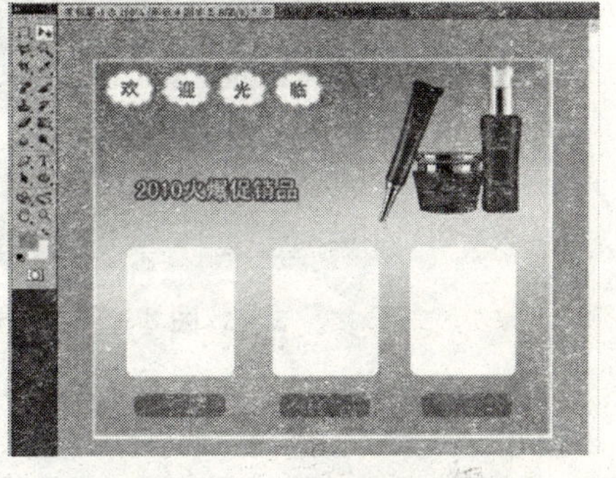

图8－51　绘制圆角矩形

8.4.2　在店铺中应用促销区模板

在店铺中应用促销区模板的具体操作步骤如下：

（1）登录我的淘宝，单击“我的淘宝”｜“店铺管理”页面下的“店铺装修”超链接，如图8－52所示。

（2）进入“店铺装修”页面，单击“促销产品”右边的“编辑”按钮，如图8－53所示。

（3）在弹出的对话框中单击“图片”按钮，单击“编辑”链接，弹出“图片设置”对话框，在该对话框中设置相应的图片地址，如图8－54所示。

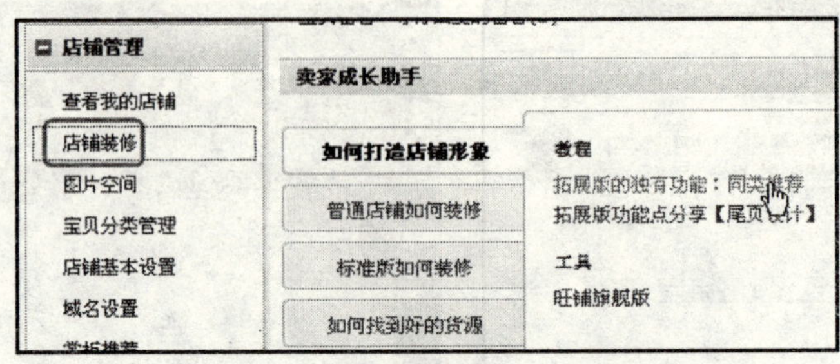

图 8－52 单击“店铺装修”超链接

图 8－53 单击“编辑”按钮

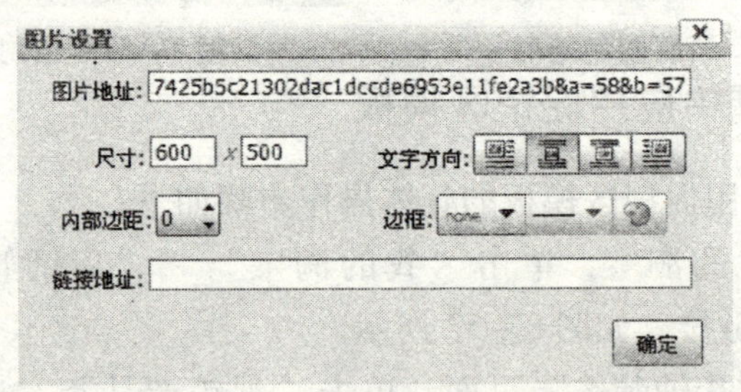

图 8－54 “图片设置”对话框

（4）单击“确定”按钮，添加促销图像，如图 8－55 所示。

（5）设置完成后，可以单击预览链接预览效果，如图 8－56 所示。

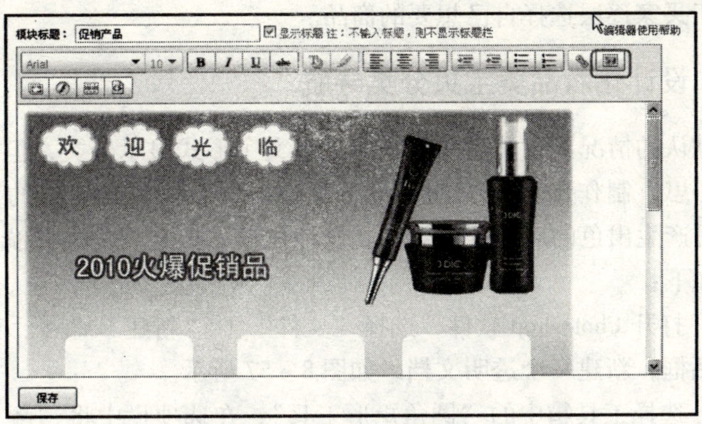

图 8－55　添加促销图像

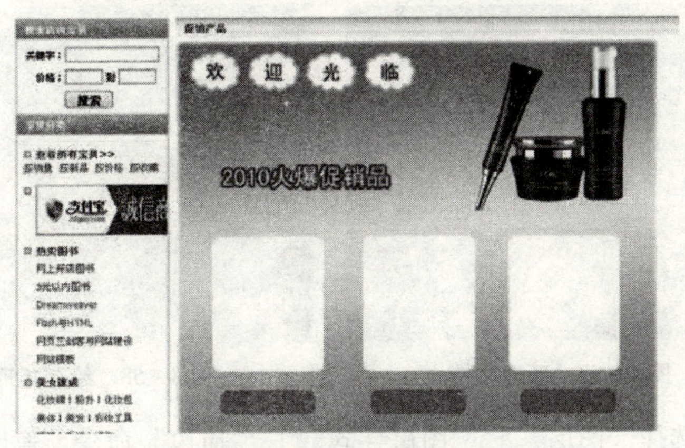

图 8－56　预览效果

8.5　设计分类导航

店铺内商品分类，属于店铺的管理功能之一。它为卖家提供了对商品进行归类组织的途径。对商品归类后，卖家可以更好地管理自己的商品。分类名称还可插入图片来代替，在店铺中显得更直观更具吸引力，很好地配合了店铺装修和突显卖家个性。它为买家提供了按分类查询商品的方

式，便于买家逐层选择自己想要的商品。

8.5.1 设计化妆品类宝贝分类导航

在默认的情况下，淘宝网基本店只以文字形式显示分类，但卖家可以花一点心思，制作出很漂亮的宝贝分类图，然后添加到店铺的分类设置上，即可产生出色的店铺分类效果。设计化妆品类宝贝分类导航的具体操作步骤如下：

（1）打开 Photoshop 软件，选择“文件”｜“新建”命令，弹出“新建”对话框，新建一个透明文档，如图 8－57 所示。

（2）选择工具箱中的“圆角矩形工具”，在选项栏中将“颜色”设置为 ffcee6，按住鼠标左键在舞台中绘制圆角矩形，如图 8－58 所示。

图 8－57 新建文档

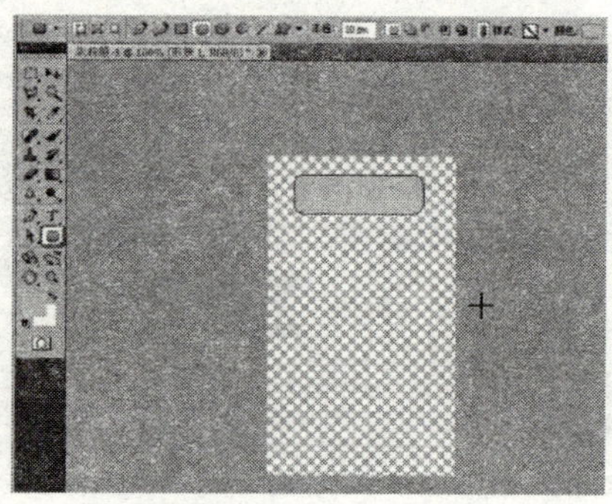

图 8－58 绘制矩形

（3）选择“图层”｜“图层样式”｜“描边”命令，弹出“图层样式”对话框，在该对话框中将“大小”设置为 1，“颜色”设置为 ff3535，如图 8－59 所示。

（4）单击“确定”按钮，设置图层样式，如图 8－60 所示。

（5）选择“文件”｜“打开”命令，打开图像“心 . gif”，按 Ctrl + A 键全选图像，按 Ctrl + C 键拷贝图像，如图 8－61 所示。

（6）返回到原始文件，按 Ctrl + V 键粘贴图像，并将其拖动到相应的位置，如图 8－62 所示。

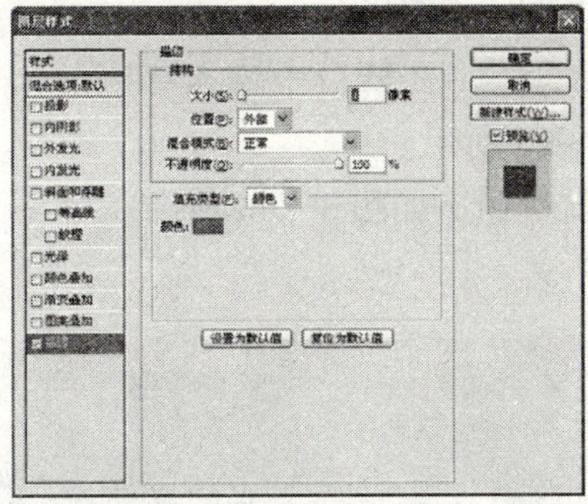

图 8－59　“图层样式”对话框

图 8－60　设置图层样式

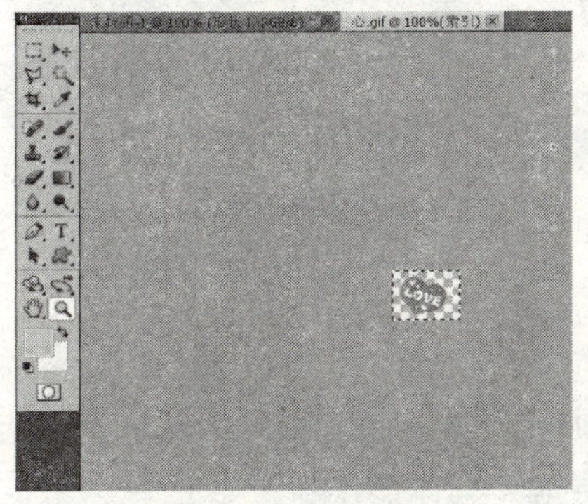

图 8－61　拷贝图像

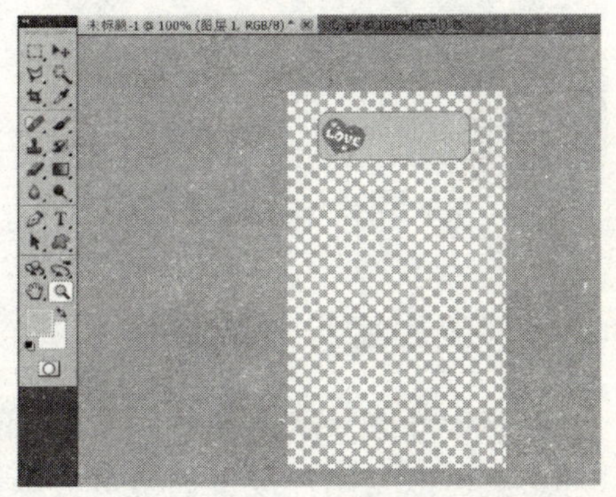

图 8－62　粘贴图像

（7）选择工具箱中的“自定义形状工具”，在选项栏中“形状”选择心形，“颜色”设置为 ffe6ef，按住鼠标左键在舞台中绘制心形，如图 8－63所示。

图 8－63　绘制心形

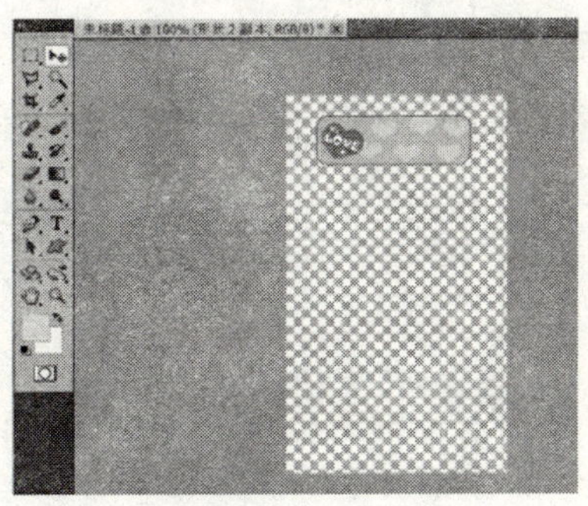

图 8－64　绘制心形

（8）同步骤7绘制更多的心形，如图8－64所示。

（9）选择工具箱中的“横排文字工具”，在舞台中输入相应的文字，并在选项栏中设置相应的参数，如图8－65所示。

（10）用同样的方法制作其余的导航按钮，如图8－66所示。

图8－65　输入文本

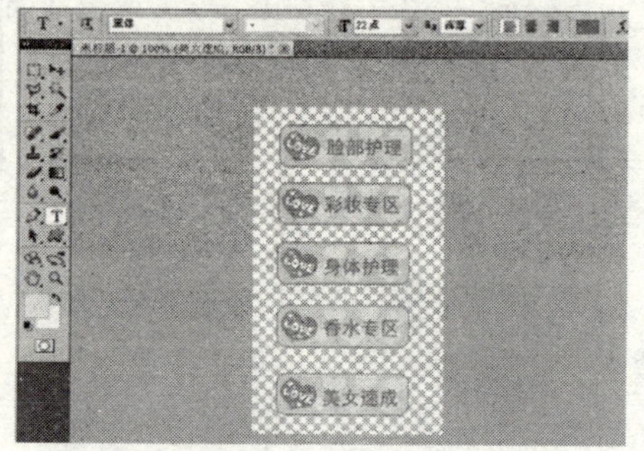

图8－66　制作其余导航按钮

8.5.2　应用宝贝分类导航

将制作好的导航按钮传到空间相册里，然后获取相应的地址，在店铺管理中就可以将图片设置为宝贝分类导航，具体操作步骤如下：

（1）登录淘宝用户，单击“我的淘宝”|“店铺管理”页面下的“宝贝分类管理”超链接，进入宝贝分类页面，如图8－67所示。

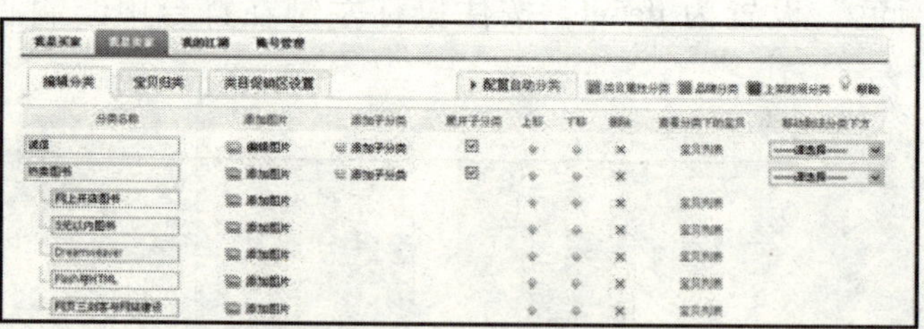

图8－67　宝贝分类页面

（2）在“脸部护理”分类中单击右边的“编辑图片”，在弹出的“图片地址”文本框中输入图片的链接地址，如图8－68所示。

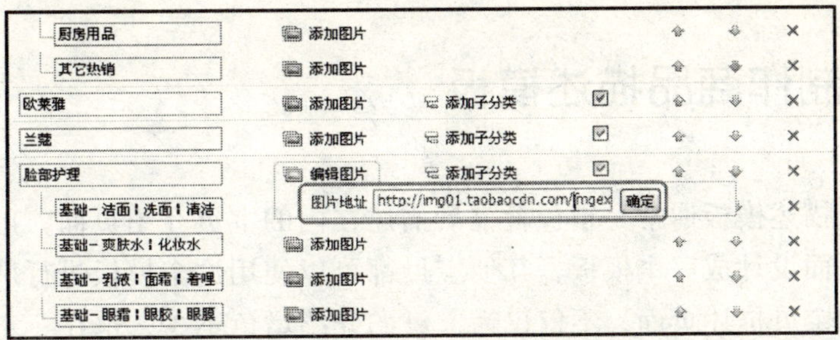

图 8－68　“图片地址”文本框

（3）单击“确定”按钮，成功添加导航图片。用同样的方法可以添加其余的导航按钮，如图 8－69 所示。

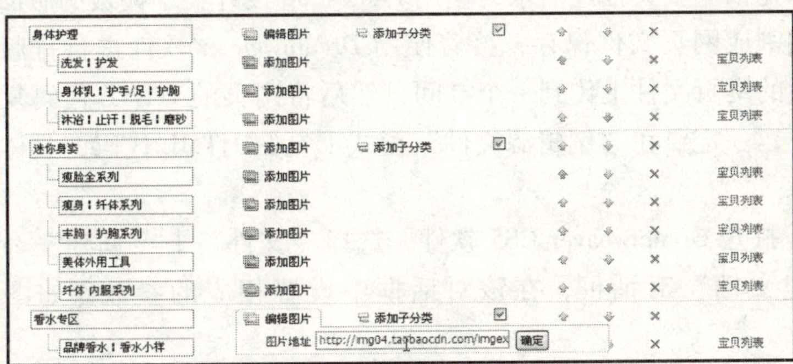

图 8－69　添加导航按钮

（4）设置完成后，单击“保存”按钮，可以单击预览链接，预览效果如图 8－70 所示。

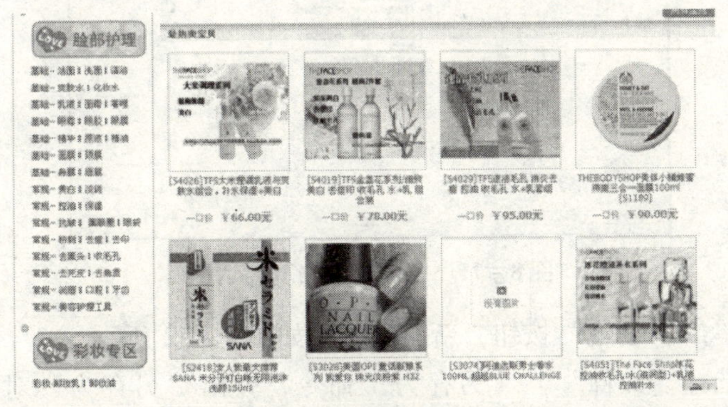

图 8－70　导航图片

8.6 制作商品描述模板

宝贝描述模板通常是指包含宝贝描述在内的宝贝介绍页面。可以将这样一个页面设计成一个模板，其他宝贝都可以使用这个模板进行展示。漂亮美观的宝贝描述页面，不仅仅为宝贝的介绍增色不少，也在一定程度上增加了买家的浏览时间，无形中会增加更多出售宝贝的机会。

8.6.1 制作商品描述 HTML 文件

可以先根据宝贝描述需求，使用 Photoshop 设计一个模板的版面，然后将版面切割成网页文件保存，接着使用 Dreamweaver 软件进行排版。最后将排版后的网页文件上传到一个空间，然后将网页的 HTML 代码复制到宝贝描述中，一定要在“编辑源文件”模式下复制 HTML 代码，具体操作步骤如下：

(1) 打开 Dreamweaver CS5 软件，选择“文件”|“新建”命令，弹出“新建文档”对话框，在该对话框中设置相应的参数，如图 8-71 所示。

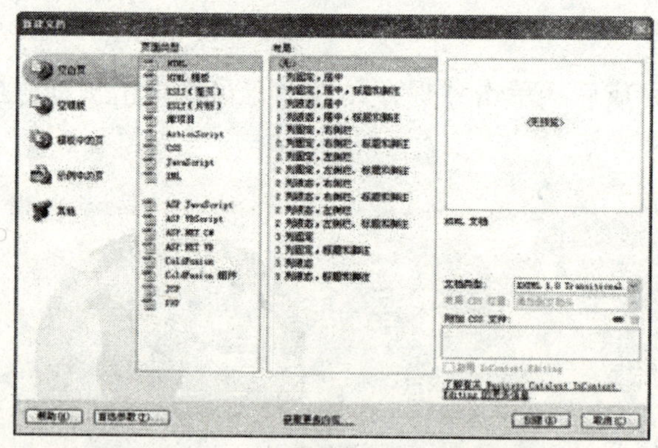

图 8-71 “新建文档”对话框

(2) 单击“创建”按钮，新建文档，如图 8-72 所示。

(3) 选择“文件”|“另存为”命令，弹出“另存为”对话框，在

图 8－72　新建文档

该对话框中将“文件名”设置为 moban，如图 8－73 所示。

（4）单击“保存”按钮，保存文档。选择“插入”｜“表格”命令，弹出“表格”对话框，如图 8－74 所示。

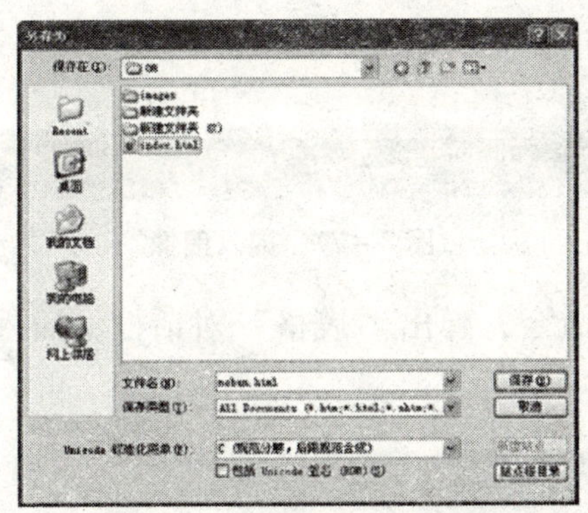

图 8－73　“另存为”对话框

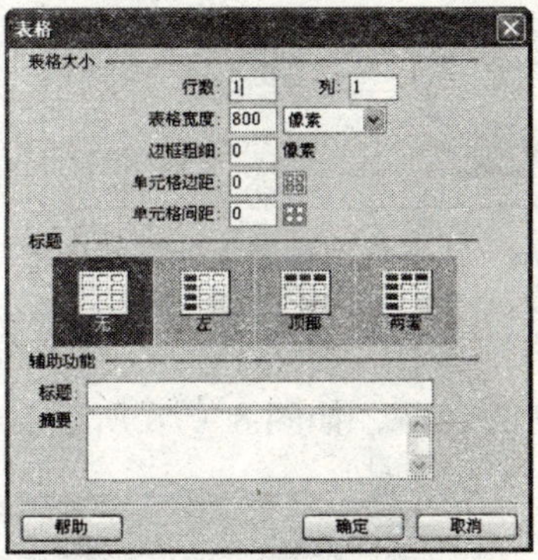

图 8－74　“表格”对话框

（5）单击“确定”按钮，插入一行一列的表格，如图 8－75 所示。

（6）将光标置于表格中，选择“插入”｜“图像”命令，弹出“选择图像源文件”对话框，在该对话框中选择相应的图像，如图 8－76 所示。

（7）单击“确定”按钮，插入图像，如图 8－77 所示。

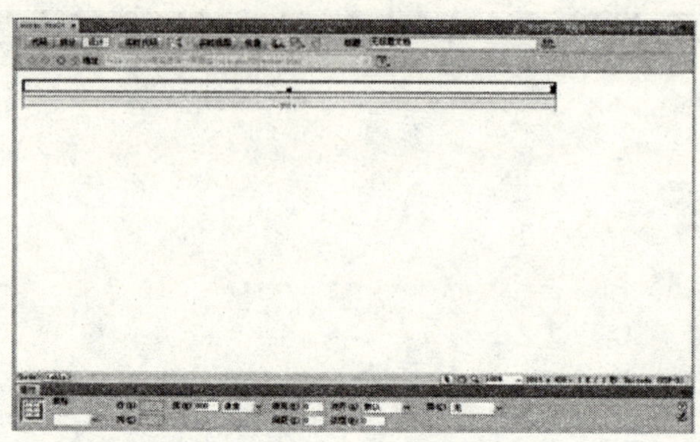

图 8－75　插入表格

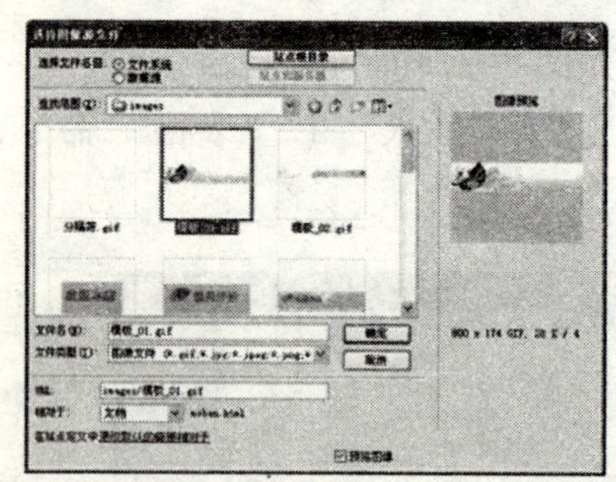

图 8－76　“选择图像源文件”对话框

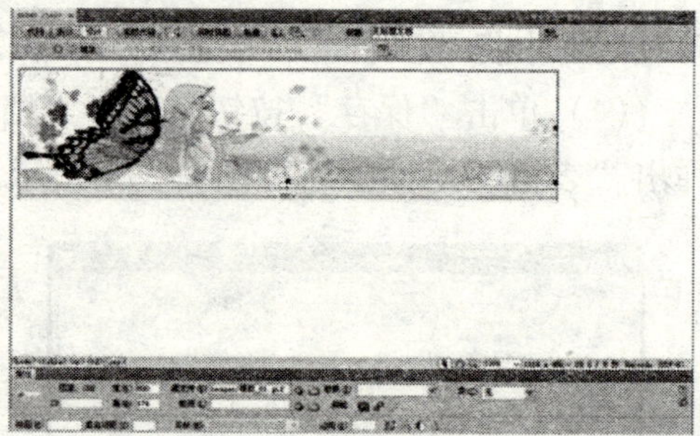

图 8－77　插入图像

（8）选择“插入”｜“表格”命令，弹出“表格”对话框，插入一行四列的表格，如图 8－78 所示。

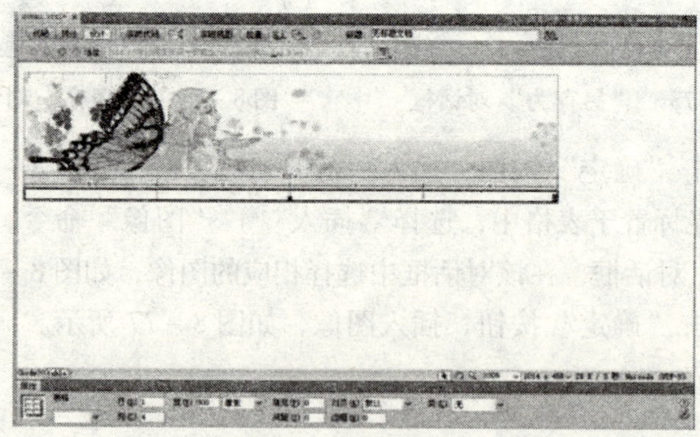

图 8－78　插入表格

(9) 将光标置于第一行单元格中，选择“插入” | “图像”命令，插入图像“模板_ 02. gif”，如图 8 – 79 所示。

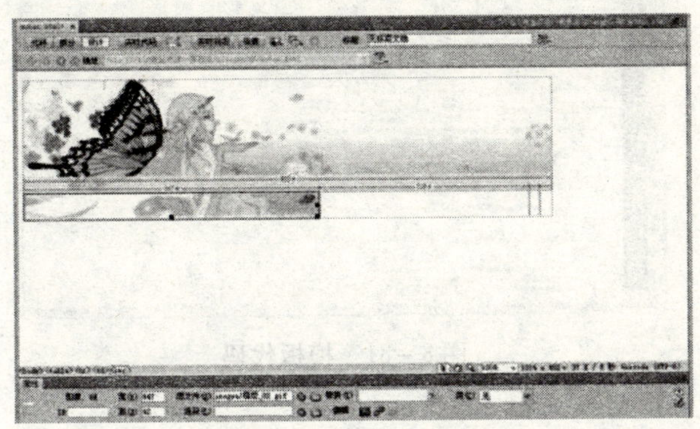

图 8 – 79　插入表格

(10) 用同样的方法在其余的单元格中插入相应的图像，然后重复上述操作，如图 8 – 80 所示。

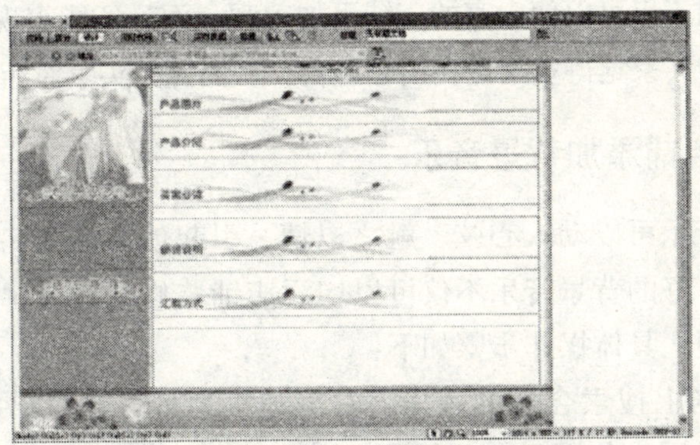

图 8 – 80　插入图像

8.6.2　获取模板代码

打开制作好的模板文件，打开代码视图，可以看到相应的模板代码，如图 8 – 81 所示。

图 8－81　模板代码

8.7　其他个性化设计

装修店铺不仅可以使卖家的店铺更加美观，而且还能表现卖家对店铺的重视程度，使买家觉得卖家是在用心经营，从而提升买家对店铺的好感。

8.7.1　为店铺添加背景音乐

一首好音乐可以动人心弦、触之以情，引起他人的共鸣。其实做淘宝店也是一样，好的背景音乐不仅可以增添店铺装修的效果，还可以促进顾客的购买欲望。具体操作步骤如下：

（1）在网上搜索合适的音乐，右击链接地址，在弹出的菜单中选择“复制链接地址”，如图 8－82 所示。

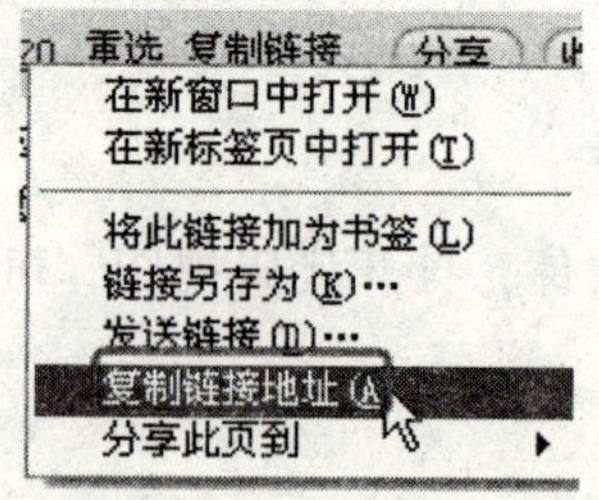

图 8－82　复制链接地址

（2）打开“我的淘宝”|“店铺管理”|“店铺装修”超链接，进入“店铺管理平台”页面，如图8－83所示。

图8－83　单击“店铺装修”按钮

（3）进入店铺编辑状态，在“促销产品”设置中单击“编辑”链接，进入“促销产品设置”对话框，如图8－84所示。

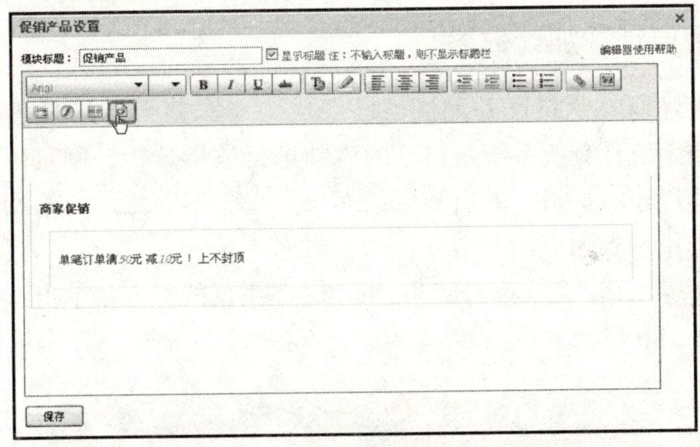

图8－84　“促销产品设置”对话框

（4）在打开的对话框中单击“编辑HTML源码”按钮，输入代码“< bgsound src = " 歌曲地址" loop = " -1"" > </ bgsound >”，如图8－85所示。

（5）设置完成后，可以单击预览链接试听效果。确认无误后，单击“保存”就可以听到背景音乐了。

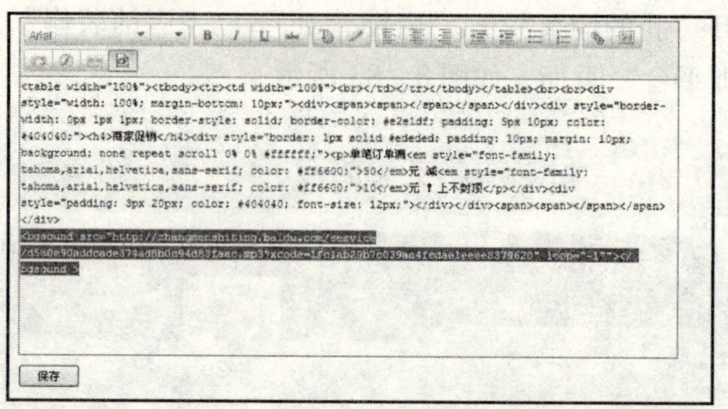

图 8－85　输入代码

小提示

经过一段时间后，可能背景音乐会失效，这是因为音乐文件的地址发生了变化，这时需要重新设置。

8.7.2　为店铺添加计数器

如何更好地经营自己的网店，已经成为卖家整天苦思冥想的一个问题。学会使用统计分析系统对自己的店铺进行数据分析，制定出合适的推广方案，这样才能让自己的店铺脱颖而出，立于不败之地。给网店添加计数器具体操作步骤如下：

（1）登录 http：//www. gh730. com/，在主页的左上角单击“注册”按钮，如图 8－86 所示。

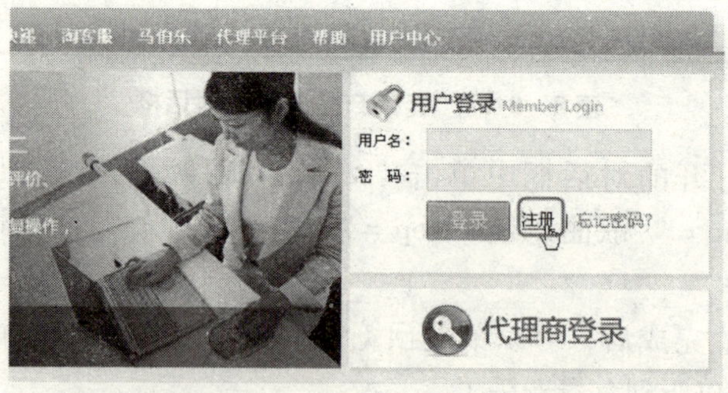

图 8－86　单击“注册”按钮

（2）进入到如图 8－87 所示的新用户注册页面。

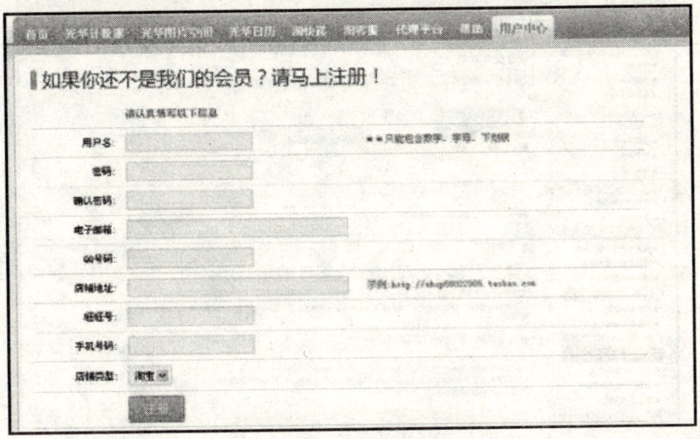

图 8－87　新用户注册

（3）填写完注册信息后，单击“注册”按钮，进入如图 8－88 所示的页面。

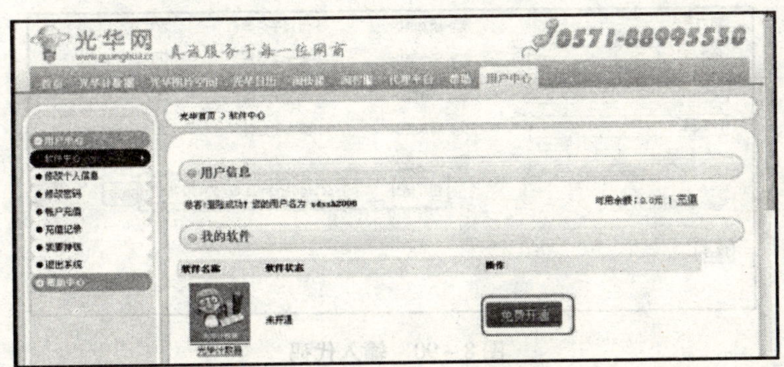

图 8－88　用户中心页面

（4）单击计数器右边的“免费开通”超链接，进入获取统计代码页面，如图 8－89 所示。

（5）单击“复制”按钮，复制相应的代码。进入到“宝贝分类”里面，单击“添加新分类”按钮，添加新分类，在“分类名称”中输入“计数器”，单击“添加子分类”按钮，在弹出的文本框中输入刚复制的代码，单击“确定”按钮，如图 8－90 所示。

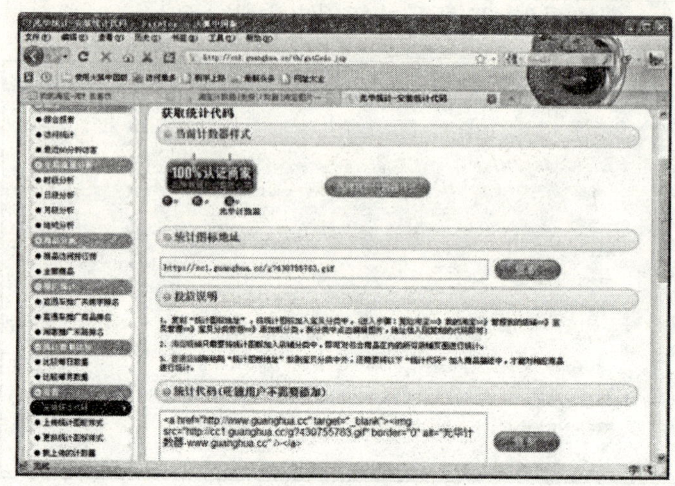

图 8－89 获取统计代码

（6）单击“保存”按钮。单击“查看我的店铺”超链接，查看计数器，如图 8－91 所示。

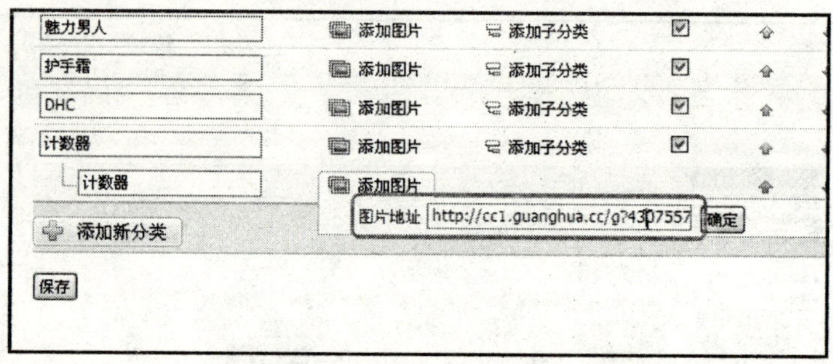

图 8－90 输入代码

图 8－91 计数器

第9章　寻找更多的买家

开店指导

网店生意的好坏，在很大程度上取决于卖家的营业能力。怎么样让买家在自己的店铺中流连忘返并满载而归呢？这就要看卖家的技巧了，热情对待每一位上门的买家，开拓市场、积累客户、促成交易是每一位卖家必修的基本功。

9.1　留住上门的买家

茫茫网海，有客自远方来，一切皆缘分。作为卖家，应热情地对待每一位上门的买家，尽量促成交易，但无论交易成功与否，都要给买家留下好的印象。

9.1.1　巧妙运用欢迎词

欢迎词可以分为两种，一种是在宝贝描述上以及店铺的公告上的静态欢迎词；另一种则是双方在交流时用的欢迎词。买家在店铺中看到喜欢的宝贝时，通常都会用阿里旺旺和卖家联系，比如“你好”、“在吗”等。这第一句话怎么回答是很有讲究的。很多卖家可能会用“在呢”“你好”等应付。其实，这是一次展示店铺形象、给买家留下好印象的机会。比如回答：“你好，欢迎光临快乐淘衣吧，我们是厂家直销、物美价廉，可以无理由七天退货。”如图9-1所示。

图 9－1 巧妙运用欢迎词

这样把网店宗旨及承诺告诉了买家，消除了买家可能存在的疑惑，就可以少回答好多问题。这些常用的客服语言，可以事先设置为阿里旺旺的“快捷短语”。

小提示

还可以把“实体店地址”、“近期优惠活动”等常用语设置为“快捷短语”。

9.1.2 主动介绍商品

卖家必须十分熟悉自己的每一件宝贝，当客户提出疑问时能很流利地回答，或者也可以帮助挑选买家喜欢的宝贝，与此同时最好能主动介绍自己的产品或者买家常见的问题，这样买家会觉得你比较专业，从而增加信任感，促进交易的成功。另外，除了介绍买家指定的商品，还可以向买家推荐以下几类商品：

（1）价格更有优势的，买家指定商品的同类商品。

（2）质量和口碑更好的，买家指定商品的同类商品。

（3）与买家指定商品关联性比较大的非同类商品。

（4）店铺的主打商品或畅销产品。

对于有明确购买目标的买家，要根据买家对商品的了解程度进行有针对性的介绍。当买家了解了商品的基本信息后，再介绍相关的细节信息，比如型号、款式等。在买家对要购买的宝贝的功能、品质没有疑问之后，卖家需要和买家确定具体细节，比如商品的型号、颜色、款式、包装和邮寄要求等。卖家最好在备忘录里进行记录，以便在发货前根据买家的要求

配货。最后还要告诉买家，使用宝贝时应注意的问题，以及如何排除常见故障等。

对于仅有购买意向，没有明确购买目标的买家，卖家要在了解需求后推荐符合需求的几种商品，并进行简单、客观比较，针对买家的选择提供指导性的建议。另外，如果买家没有多少网上购物的经验，就需要卖家进行一定的指导，比如让买家了解邮寄方式、交易中需要注意的问题等。

对于已交易成功的买家，最好在其会员名后注明他买过什么商品以及当时的折扣，并归类到相关的类目中。

对于有购买意向但尚未交易成功的买家，最好在其会员名后注明他想买什么商品，未购买的原因是什么，以便买家下次光临店铺的时候能做到心中有数。

9.1.3 理性对待买家的砍价

在网上开店过程中经常会遇到一些喜欢砍价的顾客，有的可能要砍好几次，这时候卖家千万不能生气，要心平气和地与顾客沟通，做好自己的服务工作，给顾客留下好的印象。巧妙地设置定价并学会一定的应对还价技巧，可以提高交易的成功率。

一、安全定价

安全定价就是根据商品的成本和正常的利润形成的一种定价。例如，一双运动鞋的成本是170元，根据鞋业的利润水平，设置每双鞋子能获利30元，那么这双鞋子的安全价格就是200元了。

二、非整数定价

在给宝贝定价的时候可以把该价格定成带有零头结尾的非整数。比如198.8元，这样的定价会在心理上让买家觉得是在100元左右，而不是200元，巧妙地利用心理作用引导和激发购买欲望。

9.2 了解和邀请买家

了解买家需要什么将更有助于你开好网店。古人云，“知己知彼，百战不殆”。虽然我们在网上开店不是在打仗，但是如果能多了解一些买家

的信息，特别是能够了解买家的购买意向，将更有利于我们网店订单的生成。

9.2.1 了解买家心理

在淘宝网上开店，令很多新手卖家头痛的莫过于没信誉，没生意上门；令新手卖家最头痛的是没流量，更没成交量；然而令新手卖家最最头痛的就是有买家来了，却不擅与人沟通，不了解买家心理，三两句话没说买家就溜之大吉了。一般来说，买家走了，就不会再回来了，因此了解买家心理，就显得尤为重要。

淘宝网上的卖家与买家都很多，每天在网上购物或者想购物的人多得无法统计，这么多的准买家和潜在买家，你能抓住几个呢？抓住了你就成功了。

买家大概分为三种：一、新手买家，从没在网上购物的；二、有点网购经验的买家，在网上购过几次物；三、老买家。卖家自己刚刚开始接触到买家时，很难判断买家是哪种类型的，这就要求卖家在平时经营中积累经验。

第一种：新手买家

当你用很客气的语气和买家打招呼，并介绍商品时，对方觉得很受用。你说的话让对方很舒服，觉得你很在意他，让他感觉在你店里购物就会被尊重，会有上帝的待遇。这种买家最好交流，作为卖家的你，只需作一个有耐心的倾听者，顺着他的讲话内容给予肯定并适当提示引导。不过，这种新手买家有个通病，就是说起来没完没了，这时引导就起作用了，要引导他往你店里的商品上说，并在最短时间内让他付款。

第二种：有点网购经验的买家

这种买家很难对付，买家在到你小店购物之前，也许已经看过很多同类卖家店里的商品了，包括价格、运费、商品质量、退换货邮费、快递到货时间、赠品数量、卖家信用高低、卖家评价等问题，只要是能想到的，他就不管你有没有时间，都会一遍又一遍不厌其烦地问你。

要拿下这种难缠型的买家，你必须要有超乎常人的毅力、忍受力。不过这种买家有一个好处，就是成交的可能性很大；一旦成交了，他会给你介绍大量的生意，而且以后会非常痛快。

第三种：老买家

这种买家是大多数卖家希望遇到的，因为这种买家不像第一种新手买家那样，喜欢被人奉为上帝，也不像第二种买家那么难缠。这种买家，不会在网购上浪费过多时间，看好的东西会很快付款，甚至是在你不在线的时候就拍下付款了。他要的就是快，因为他们要的商品一般比较急，而且，这类老买家，只要你的商品质量过硬、服务好，就有很大可能成为超级买家，会给你带来大量的订单。

以上三种买家是网购上比较常见的买家类型，了解这三种买家的心理之后，在与买家沟通时就会胸有成竹。

9.2.2 为买家做好分类

网店开张一段时间后，卖家就会积累一些客户资源，通过把买家添加为好友，卖家可以将客户资源进行整理归类，以便管理。

通常可将客户分为以下几种：

- 问了卖家但还没买的，归入“必须立即抓住的客户”。
- 问了卖家但发现缺货的，归入“订购商品的客户”。
- 交易成功的，归入“交易成功的客户”。
- 多次交易的买家，归入“老客户”。
- 购买量大、需要给予优惠的，归入“高级会员”。

对不同类型的买家，应该推荐不同的宝贝。卖家也可以按购物的类型进行分类，比如将购书者分为网页类读者、经管类读者、文学类读者等。这样，当有相应类别的新书上架时，就可以利用旺旺主动联系买家，并发送相关的图书信息。

9.2.3 设置店铺提醒

卖家能在第一时间接收到买家的信息，并迅速做出反映，这些对店铺生意相当重要。卖家可以使用淘宝网站消息提醒设置，对收到的信息及时进行处理，具体操作步骤如下：

（1）进入“我的淘宝”页面并登录，单击“账号管理”按钮，进入“账号管理”页面；单击“网站提醒设置”链接，打开“消息订阅”页面，如图9－2所示。可以看到，信息内容分卖家提醒、买家提醒、评价提

醒、投诉举报提醒、社区提醒、退款提醒等 6 个部分。获得消息的方式有电子邮件、站内信、旺旺、手机等 4 种，如图 9－2 所示。

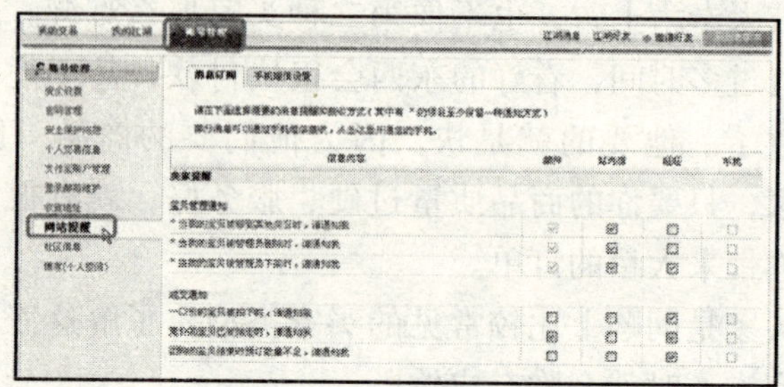

图 9－2 “账号管理”页面

（2）在“消息订阅”页面，卖家根据需要，在相应的复选框内打钩。例如，“成交通知”选项栏设置为“一口价的宝贝已售出时，请通知我”，可以选择邮件和旺旺两种方式，如图 9－3 所示。

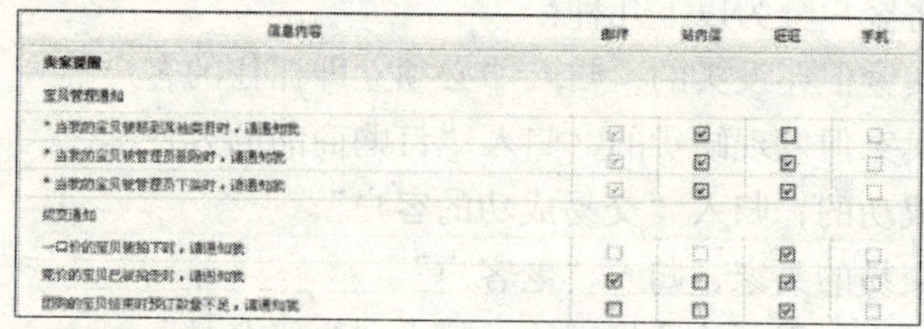

图 9－3 消息订阅

（3）单击页面最底部的“保存”按钮。这样网站提醒设置就完成了。设置阿里旺旺提醒后，卖家会在第一时间了解店铺的情况。

如果对于所有消息都用几种方式提醒，会造成重复劳动。卖家一般应选择旺旺方式，在第一时间得到提醒，及时处理。对于非常重要的提醒，卖家还应该有选择地选择邮件、站内信或手机等方式，但不要选择全部。

9.2.4 派发红包邀请买家

“红包”是支付宝为卖家提供的一项增值服务，是送给买家用于支付宝的虚拟优惠券。发送红包的资金将从支付宝账户中等额冻结，如在有效期内红包未被使用，冻结资金将解冻。卖家通过给买家派发“红包”可以吸引更多的买家，卖家发送“红包”具体操作步骤如下：

（1）登录淘宝网，单击“支付宝”超链接，进入支付宝登录窗口，如图9-4所示。

（2）依次输入账户登录账户名（E-mail地址或手机号）、登录密码，单击“登录”按钮，打开“我的支付宝”首页，如图9-5所示。

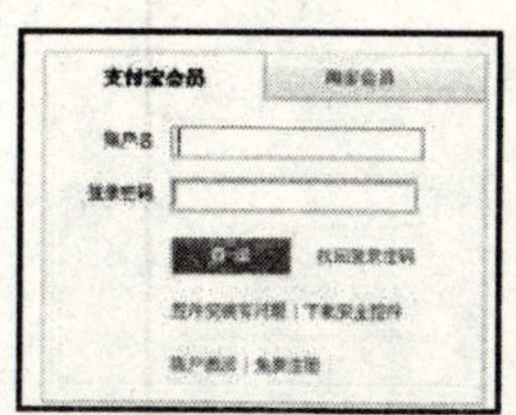

图9-4　支付宝登录窗口

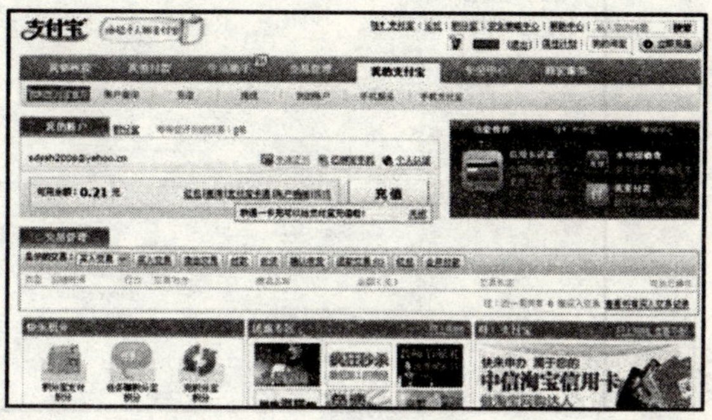

图9-5　“我的支付宝”首页

（3）单击“交易管理”超链接，进入交易管理页面。单击“红包管理”按钮，进入如图9-6所示的红包管理页面。

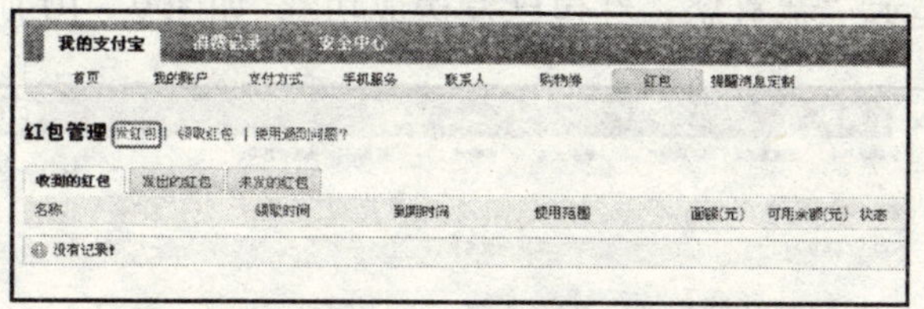

图9-6　红包管理页面

（4）单击“发红包”超链接，进入发红包页面，如图9-7所示。

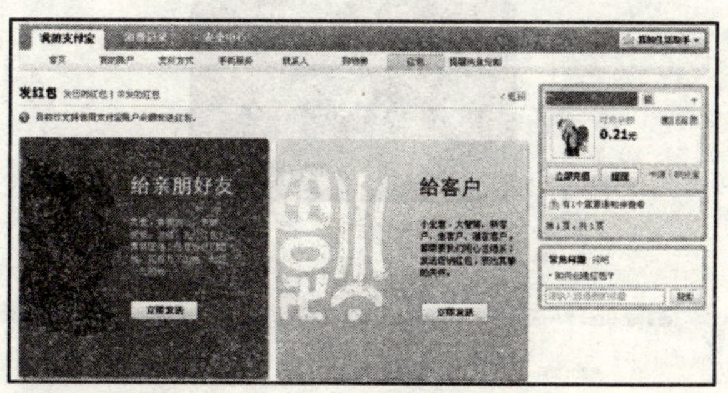

图9-7　发红包页面

(5) 选择要发送的对象，填写红包信息，如图 9－8 所示。

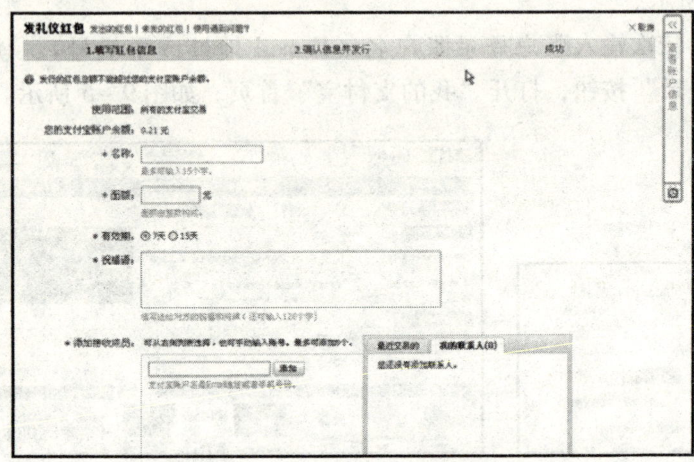

图 9－8 填写红包信息

(6) 单击“下一步”按钮，进入确认红包信息页面，红包样式如图 9－9所示。以上信息若确认无误，输入支付密码，单击“确认发送”按钮后，系统会提示“恭喜您，红包已发送成功”，如图 9－10 所示。

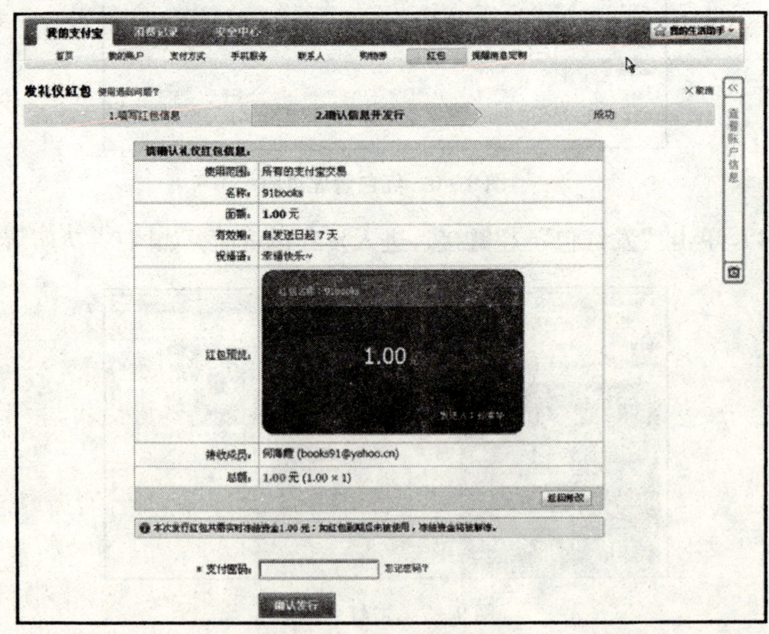

图 9－9 确认发送红包

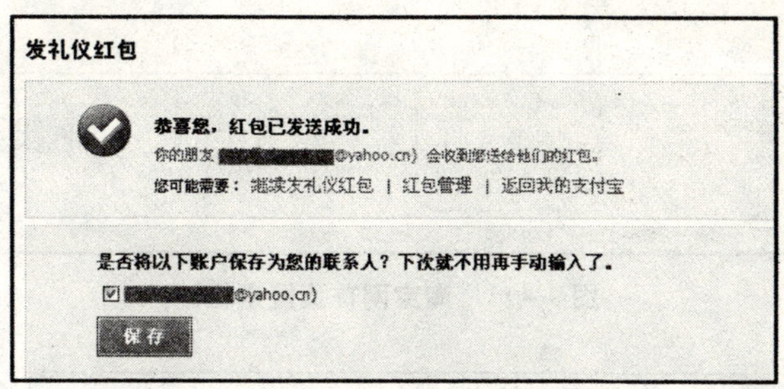

图 9－10　红包信息保存成功

9.3　关注同行店铺

淘宝网就像一个大集市，几乎所有种类的商品都有销售，竞争异常激烈。卖家要想从事独一无二的商品销售，几乎不可能，所以应关注同行店铺，从竞争对手那里学习经验并发现商机。

9.3.1　确定关注对象

如果你是一个刚开店不久的卖家，你可能会为卖什么东西犯愁，这时怎么办呢？除了朋友的推荐，同行竞争对手的商品也非常值得我们关注和借鉴。

与实体店铺相比，网店更容易查看对方卖些什么产品，什么产品比较畅销，而近期的流行趋势又是什么。关注这些方面就可以为你指明方向，从而让你发现商机，因为有市场的产品才可能有买家。

关注同行店铺的方法很简单，在淘宝首页的搜索页面选择“搜索店铺”，你只要输入你关注的类别，比如“手机店”，然后点击搜索即可搜索到同类的很多店铺，这时你可以关注信用等级比较高的店铺。具体操作步骤如下：

（1）进入淘宝网，在搜索栏中选择“店铺”，输入店铺类型，比如“男装”，如图 9－11 所示。

（2）单击“搜索”按钮，可以搜索出有关的男装店铺，如图 9－12

所示。

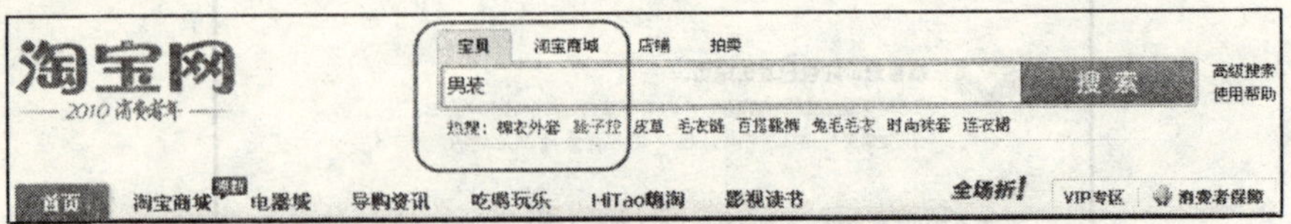

图 9－11 淘宝网首页搜索栏

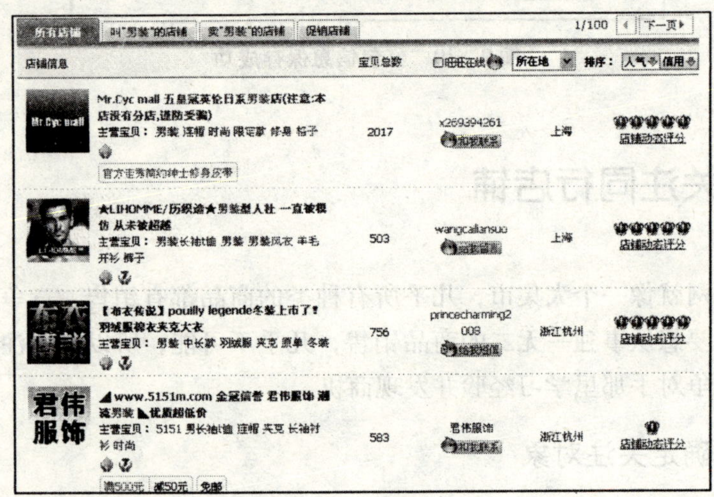

图 9－12 男装店铺

9.3.2 收藏竞争对手店铺

单击店铺店标下面的“收藏”按钮，了解买家收藏哪些宝贝，因为买家如果收藏的话，说明这些宝贝肯定是急需的。卖家最好收藏一些竞争对手的店铺，收藏店铺具体操作步骤如下：

（1）进入淘宝网首页，在搜索栏中输入店铺类型搜索，搜索竞争对手的店铺，单击店标、店名或会员名，打开需要收藏的店铺，如图9－13所示。

（2）单击“收藏本店铺”超链接，弹出“填写收藏信息”页面，在“个性标签”文本框中填写好店铺类别后，单击“确定”按钮，系统会显示“收藏成功”字样。可以通过编辑“标签”，定义一个或几个关键字用来描述、区分已收藏店铺，帮助卖家更好地分类。如图 9－14 所示。

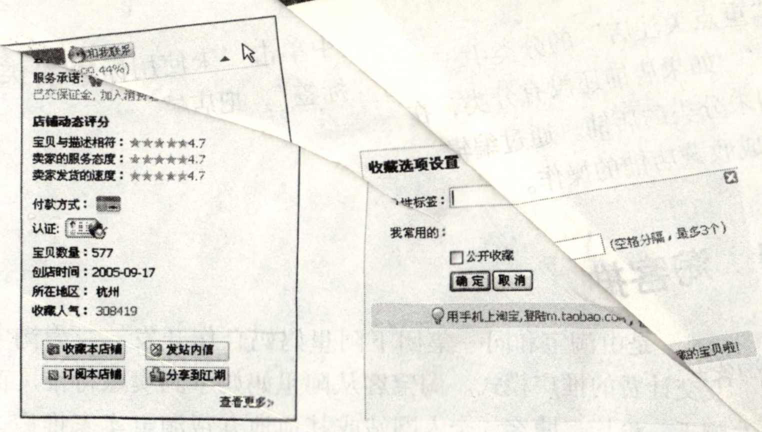

图9－13 服饰店铺　　图9－14 填写标签

如果卖家收藏了很多的店铺，应该对这些店铺进行分类，便于查找和管理。店铺分类管理的操作步骤如下：

（1）进入收藏夹页面，单击已收藏店铺下方的“编辑”超链接，出现如图9－15所示的填写标签页面。

（2）在“标签”栏中输入分类名称，比如“重点关注店”，单击“确定”按钮。刷新页面，分类名称及该类店铺数量就会出现在左侧的“标签”区中，如图9－16所示。在“标签”区单击“重点关注店”，即可看到所有重点关注的店铺。

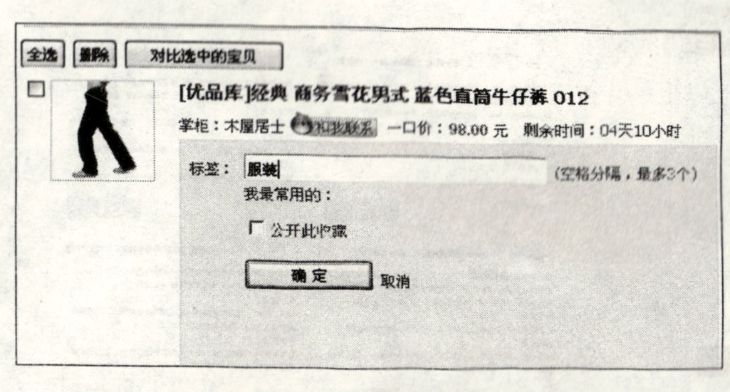

图9－15 填写标签页面

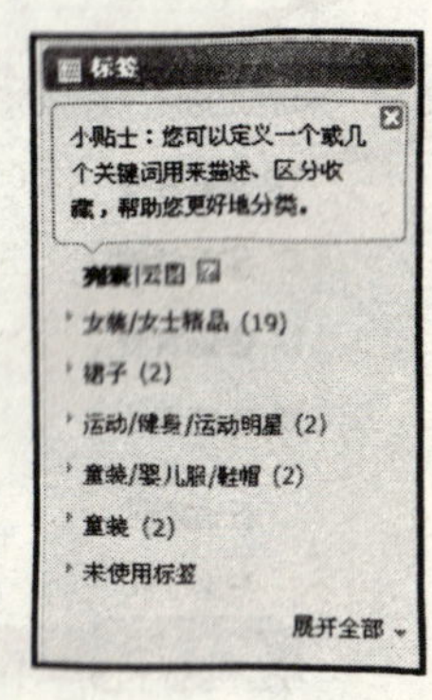

图9－16 “标签”区

（3）也可以使用上述方法，通过编辑店铺下方的“标签”把店铺移到

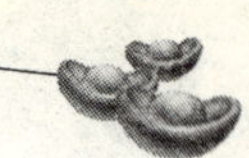

“重点关注店”的分类中。签”区中单击“未使用……可以找

如果店铺还没有分类……下方的“标签”，把……移到相关分类中，到未分类的店铺。通……完成收藏店铺的操作……

9.4 淘客……

“淘客……”是由淘宝和同一集团下阿里妈妈合作开发，专为淘宝卖家打造按成交计费的推广模式。淘宝客从阿里妈妈拿到卖家待推广商品的链接，在聊天、论坛、博客、个人网站或其他地方帮淘宝卖家推广，商品买家通过推广的链接进入完成交易后，淘宝客会拿到该卖家发布推广商品时承诺的一定比例的佣金。

9.4.1 参加淘客推广

只要你喜欢上网聊天、经常混论坛、有自己的博客、或者个人网站，就可以通过帮淘宝卖家推广商品赚取佣金了。只要轻松几步，就能赚取佣金，具体操作步骤如下：

（1）登录我的淘宝，在“我是卖家”栏下的“营销中心”单击“我要推广”超链接，如图9－17所示。

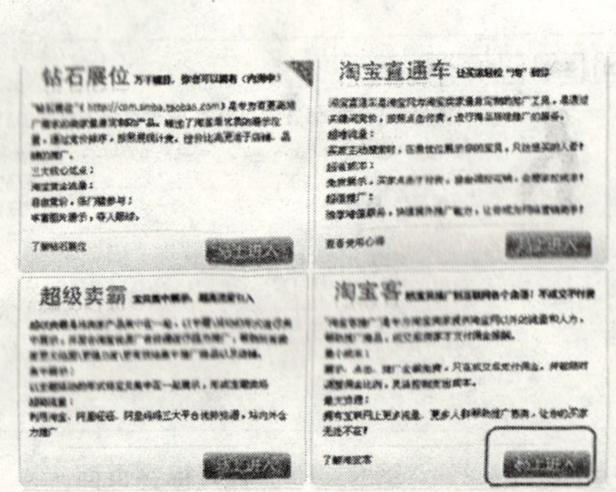

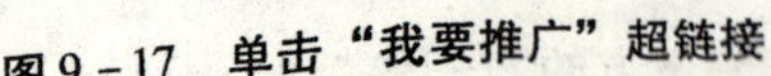

图9－17 单击“我要推广”超链接

图9－18 单击“马上进入”按钮

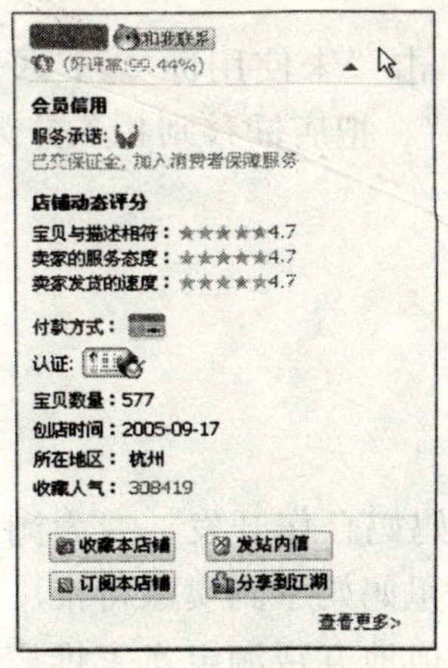

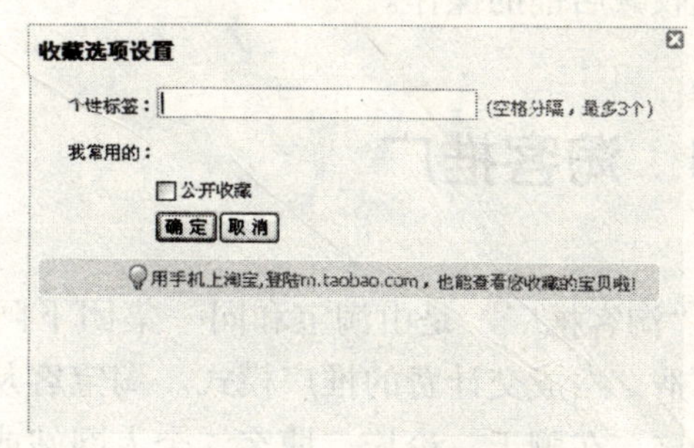

图9－13 服饰店铺　　图9－14 填写标签

如果卖家收藏了很多的店铺，应该对这些店铺进行分类，便于查找和管理。店铺分类管理的操作步骤如下：

(1) 进入收藏夹页面，单击已收藏店铺下方的“编辑”超链接，出现如图9－15所示的填写标签页面。

(2) 在“标签”栏中输入分类名称，比如“重点关注店”，单击“确定”按钮。刷新页面，分类名称及该类店铺数量就会出现在左侧的“标签”区中，如图9－16所示。在“标签”区单击“重点关注店”，即可看到所有重点关注的店铺。

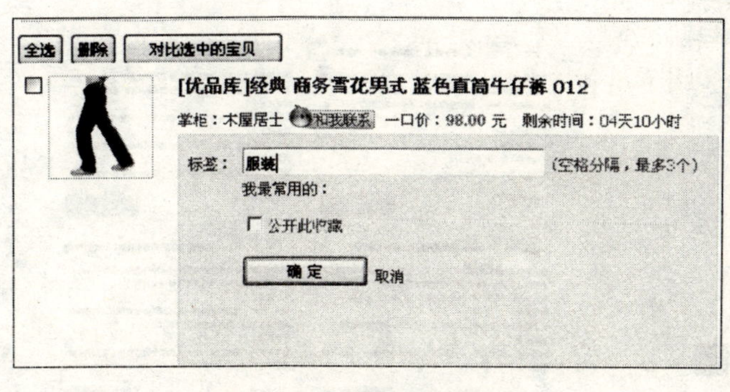

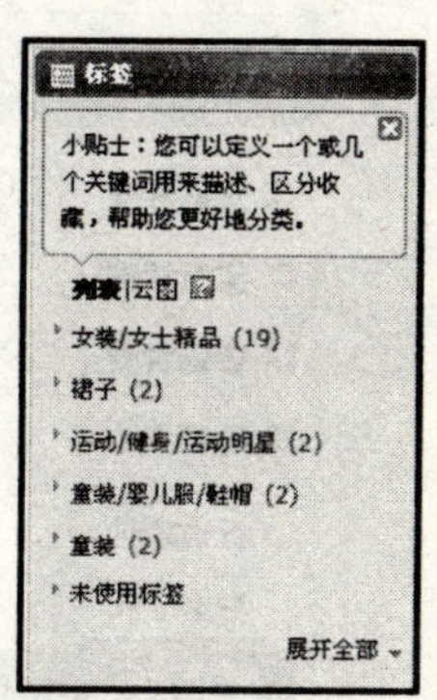

图9－15 填写标签页面　　图9－16 “标签”区

(3) 也可以使用上述方法，通过编辑店铺下方的“标签”把店铺移到

“重点关注店”的分类中。

如果店铺还没有分类，在“标签”区中单击“未使用标签”，可以找到未分类的店铺。通过编辑店铺下方的“标签”，把店铺移到相关分类中，完成收藏店铺的操作。

9.4 淘客推广

“淘客推广”是由淘宝和同一集团下阿里妈妈合作开发，专为淘宝卖家打造，按成交计费的推广模式。淘宝客从阿里妈妈拿到卖家待推广商品的链接，在聊天、论坛、博客、个人网站或其他地方帮淘宝卖家推广，商品买家通过推广的链接进入完成交易后，淘宝客会拿到该卖家发布推广商品时承诺的一定比例的佣金。

9.4.1 参加淘客推广

只要你喜欢上网聊天、经常混论坛、有自己的博客、或者个人网站，就可以通过帮淘宝卖家推广商品赚取佣金了。只要轻松几步，就能赚取佣金，具体操作步骤如下：

（1）登录我的淘宝，在“我是卖家”栏下的“营销中心”单击“我要推广”超链接，如图9－17所示。

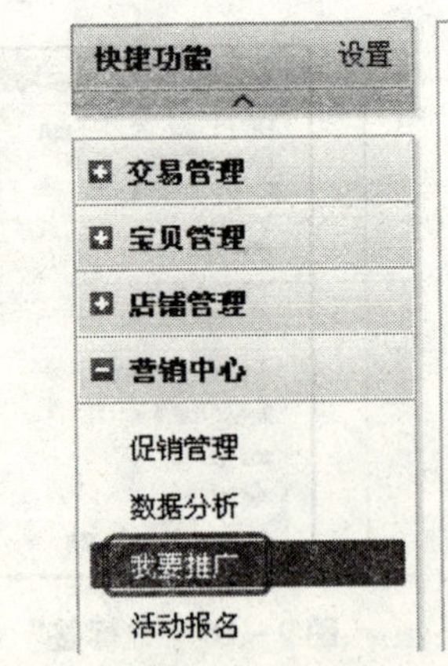

图9－17 单击“我要推广”超链接

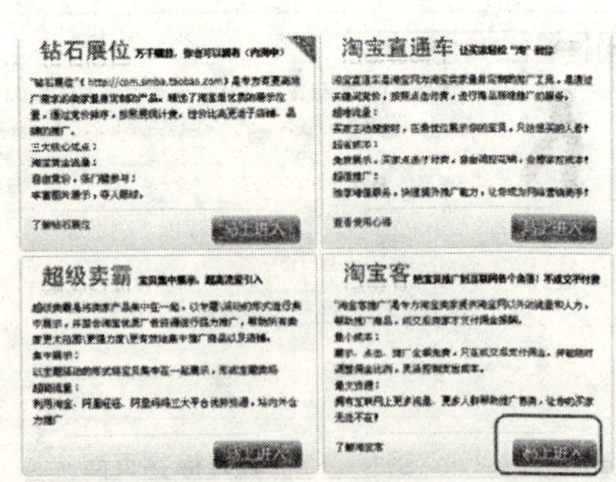

图9－18 单击“马上进入”按钮

（2）进入我要推广页面，单击淘宝客推广中的“马上进入”按钮，如图9－18所示。

（3）打开如图9－19所示的淘宝联盟页面。

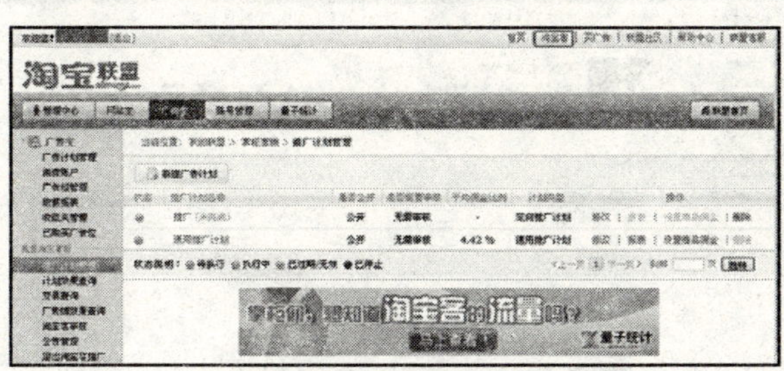

图9－19　淘宝联盟页面

（4）单击“淘宝客”超链接，进入淘宝客页面，单击左侧的“商品推广”超链接，如图9－20所示。

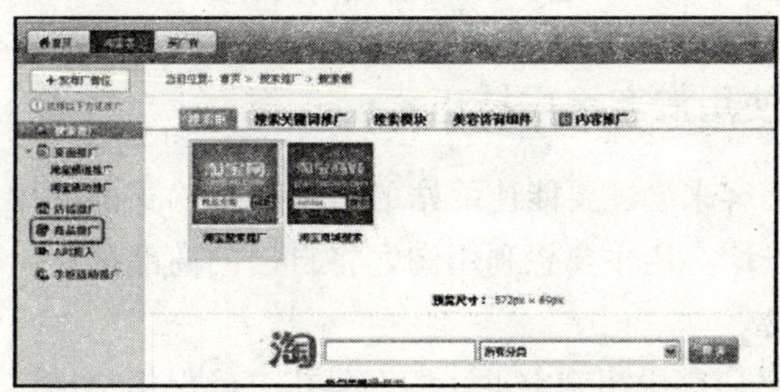

图9－20　单击“商品推广”按钮

（5）选择需要推广的商品类别页面，如图9－21所示。

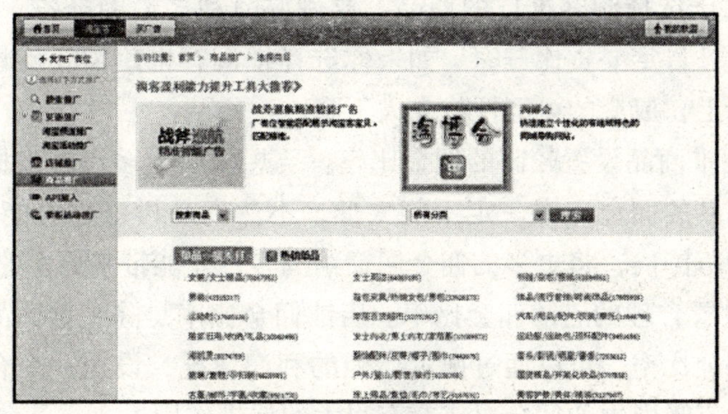

图9－21　选择商品类别

(6) 选择需要推广的商品后，单击“推广此产品”按钮，进入“获取代码”页面，如图 9－22 所示。

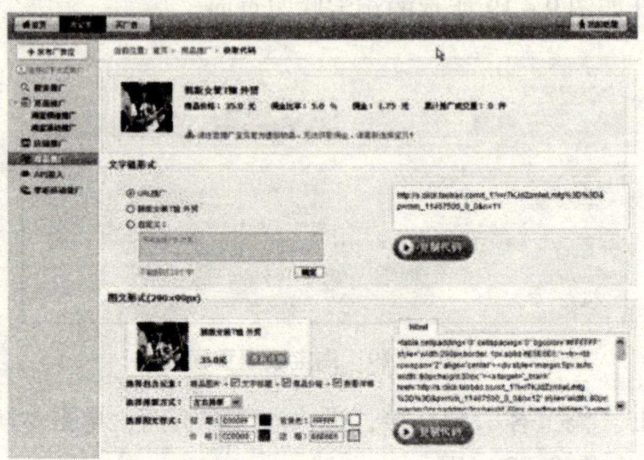

图 9－22 获取推广代码

9.4.2 卖家使用淘客推广技巧

不仅要让访客来，还要能让网站的访客产生购买的欲望，这样才能算是成功的营销推广。店主要想利用淘客将自己的商品推广出去，应该注意以下几个方面：

(1) 将自己店铺中招牌宝贝让淘客推广，确保提交推广的宝贝一定要有成交记录和好评，这样，淘客把顾客领过来，才有可能成交，而淘客也愿意挑选这样的宝贝进行推广。

(2) 对于选择淘客推广的商品，要做好薄利多销的准备。众所周知，顾客买东西，肯定要货比三家。如果你选择把淘客推广需要支付的佣金转嫁到顾客身上，成交的可能性将大大下降。

(3) 主推商品设置较高的佣金比率。要想吸引更多淘客来推广你的商品，主推商品的佣金比率一定不能太低，不然商品再好也可能会被淹没。在能接受的范围内，将更多的佣金回馈给淘客，才能带来更多的成交。

(4) 设置合理的店铺佣金比率。店铺佣金比率是除主推商品外其他商品统一的佣金比率。可以通过衡量店铺的利润情况，设定一个合理的店铺佣金比率，有吸引力的佣金对成交有很大的促进作用。

（5）提交淘客推广的宝贝，要选择价格适中的，大多数淘客不会选择价格上万元甚至几十万元的商品去推广，当然价格在1元以下的宝贝一般也没有淘客去推广，这样成交率太低。

（6）在提交推广商品到阿里妈妈时，注意提交的图片要美观清晰，商品名称要简洁、有吸引力。淘客推广，大多数选择图片推广，如果图片模糊不清，推广的效果肯定差。

（7）在宝贝质量、宝贝价格、宝贝佣金三者之间找到一个合适的平衡点，促成良性循环。只有在这三者之间找到一个合适的平衡点，才能让你的宝贝推广出去，而一旦你的宝贝有推广出去的记录时，将促成更多的淘客推广。大多数淘客在推广时，都愿意挑选有推广成功记录的宝贝推广，因为这样可以保证商品较受欢迎，还可以保证店主对淘客诚信。

（8）不要认为佣金越高就越有人推广。估计只有新做淘客的人会选择这样的宝贝。只要稍加分析，就会发现佣金高只有两种可能，要么宝贝质量不好，进价很低；要么就是比其他店铺同类宝贝卖价高，也就是前面说的把佣金转嫁给顾客。这样的宝贝基本不能成交，那么谁会去推广呢？

（9）调整推广心态

即使暂时因为支付给淘宝客佣金而少赚了一部分，但从长远利益来看也是值得的。淘宝客带来的绝不仅仅是一个简单的买家，而是这个买家身后千千万万更多的买家和口碑。只有淘宝客和掌柜相互合作，互相信赖，才能达到双赢的目的。

（10）挖掘潜在淘宝客

你身边的朋友、店铺的每一个买家都可能是潜在的优秀淘宝客，尤其是体验过你店铺好商品、好服务的买家，对你来说就是最佳的资源。

第10章 宣传，让网店名扬天下

越来越多的人选择在淘宝开店，实现自己的创业梦想。网上开店不是一件轻松的事情，甚至可以说是一门大学问。开网店和实体店一样需要宣传推广。网店的宣传推广与实体店的广告有很大不同。在淘宝网上宣传不仅需要技巧，还需要卖家全面深入地了解淘宝网这个平台，最大限度地利用淘宝网提供的宣传工具，让自己的网店脱颖而出。

10.1 店铺内宣传技巧

当消费客浏览卖家店铺时，并不意味着消费者一定会购买，更不意味着消费者以后一定会再次光临。简单地说，浏览量并不等于交易量，交易具有不确定性。这时就需要店主在店铺的角落挖掘商机，留住顾客了。

10.1.1 充分利用店铺留言

店铺留言位于店铺页面的底部，它除了用于买家与卖家进行交流外，还有发布信息、补充店铺介绍的作用。优惠信息、店主联系方式、购买宝贝的注意事项都可以写在店铺留言里。

单击店铺下方的“管理店铺全部帖子”文字链接，进入“留言管理”页面，如图10-1所示。在这个页面可以对店铺留言进行管理，如发布留言、回复买家的留言、删除留言等。

在店铺留言中，通过买家和卖家的一问一答，无形中会起到宣传店铺

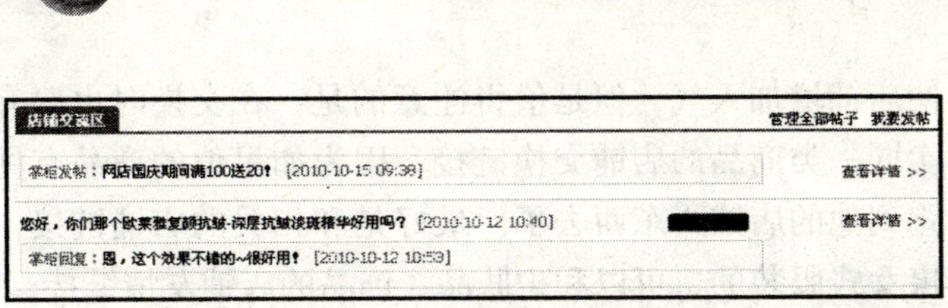

图 10－1 留言管理

的作用。留言越多，表明店铺越受关注。但也有些对店铺不利的留言，这类留言应及时删除，比如一些恶意同行的恶作剧等。

10.1.2 利用友情链接

友情链接是指在自己的网店中，放一个链接到对方网店；同时对方的网店也放一个链接，指向自己的网店。

淘宝店的友情链接位于左侧分类最下方。可以使得买家从合作网店中发现自己的网店，达到互相推广的目的，带来更多的流量。如图 10－2 所示友情链接。

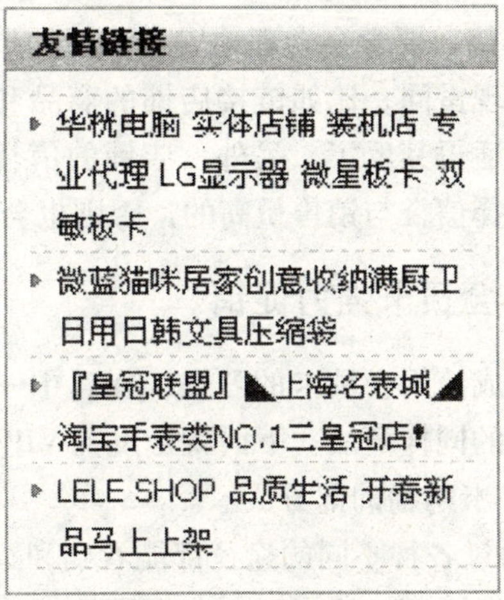

图 10－2 友情链接

淘宝友情链接，是淘宝店铺的一个推广功能。很多的卖家都不太在意这个小小的友情链接；有的则不会很好地使用，殊不知如果能够合理地使用友情链接，将会给店铺带来很高的浏览量。友情链接的使用技巧如下：

（1）和朋友交换链接。如果有在淘宝开店的朋友，互相交换一下链

接，可以使店铺增加人气，但是值得注意的是，在交换时也要有目标，最好不要和卖同一类商品的店铺交换链接，因为如果他的商品有优势，你的客户就会跑到他的店铺买东西去了。最好是和相关的店铺链接，比如你的店铺是销售女式服装的，可以和护肤品、饰品的店铺友情链接。

（2）争取和信用高的店铺做链接。一般情况下，做到这一点也是有难度的。但是，凡事也不是绝对的，尤其是一些新手卖家，要学会虚心请教。

（3）与同级别交换链接。比如和自己差不多的店铺，即便是不认识，相互交换一下链接，于人于己也是有好处的。

（4）与新手的店铺交换链接。因为一般情况下，新手卖家想加入你的链接有两种可能：一方面，是你的信誉高，可以共享客户；另一方面，是他们发自内心地崇拜你的店铺，能够看出你的优势。这对于一个卖家来说不会有什么损失，有的时候反而会促进自己店铺的成交量。

（5）与合作伙伴交换链接。在选择你合作伙伴的店铺时，要选择那些志同道合的，有买卖可以大家做的。

（6）淘宝友情链接，要学会合理地安排，比如皇冠级别的多少，普通店铺多少，千万别出现雷同，比如链接店铺的商品和你的款式一样，但却比你便宜很多，这就适得其反了。另外，店铺的信誉也是非常重要的，卖家在选择时一定要选择信誉与销售量高的，否则也会带来负面影响。

10.1.3 设置 VIP 会员卡强力促销

许多消费者已形成使用会员卡的习惯，在看中一件商品后，会尝试搜索是否有支持 VIP 卡的同样商品。下面就是设置 VIP 卡的好处：

- 吸引使用 VIP 卡购物的部分买家。
- 让买家能够通过各种不同的途径都能看到和买到你的商品。淘宝首页有专门的 VIP 卡搜索通道，让买家朋友们更好地找到你，买家搜索的时候可以勾选“VIP 搜索”复选框。
- 提高商品的曝光率，获得更多参加淘宝活动的机会。

作为卖家，设置 VIP 会员卡的具体操作步骤如下：

（1）首先登录我的淘宝，在“出售中的宝贝”中，勾选要参加促销的宝贝，单击“设置促销”按钮，如图 10－3 所示。

图 10－3 勾选促销宝贝

（2）进入设置促销页面，选中“支持淘宝会员卡”选项，对不同级别的贵宾卡设置折扣，如图 10－4 所示。

（3）单击“保存”按钮，宝贝在各个相关页面都会附上支持淘宝 VIP 的图标，如图 10－5 所示。

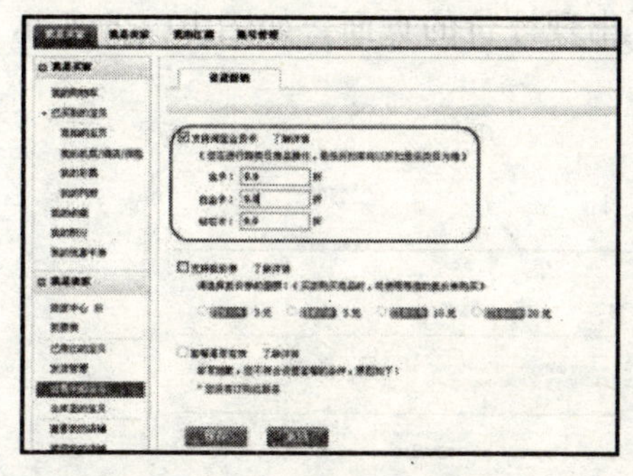

图 10－4 支持淘宝会员卡

图 10－5 支持淘宝会员卡

10.1.4 灵活运用信用评价，免费做广告

淘宝网会员在淘宝个人交易平台使用支付宝服务成功完成每一笔交易订单后，双方均有权对对方交易的情况做出相关评价。

买家可以针对订单中每项买到的宝贝进行好、中、差评；卖家可以针对订单中每项卖出的宝贝给买家进行好、中、差评，这些评价统称为信用

评价。

利用给买家的信用评价，也可以宣传展示店铺及商品。本节将讲述如何给买家评价，及如何在评价中做广告，具体操作步骤如下：

（1）在阿里旺旺操作界面中单击“卖出宝贝”按钮，如图 10－6 所示。

（2）在打开的“已卖出的宝贝”页面，找到需要给买家评价的交易，单击“评价”超链接，如图 10－7 所示。

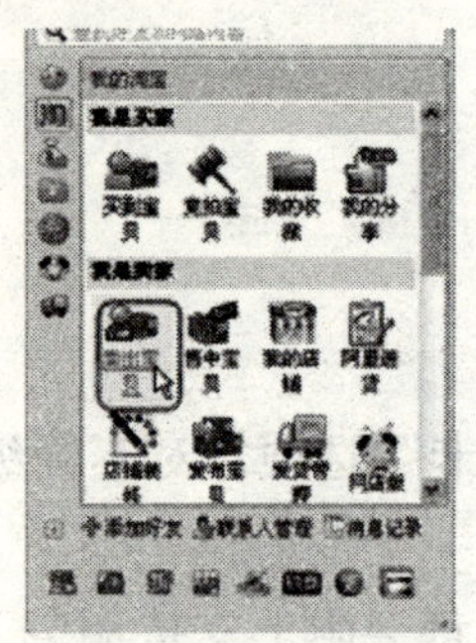

图 10－6 卖出宝贝

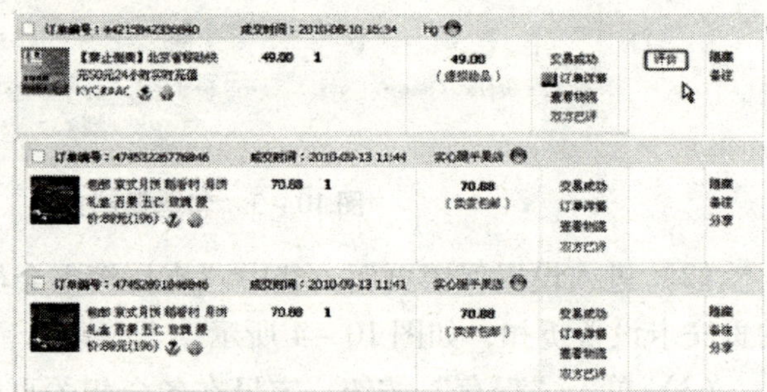

图 10－7 单击“评价”超链接

（3）单击“评价”超链接，即可出现评价的页面，如图 10－8 所示，有好评、中评和差评三个等级。

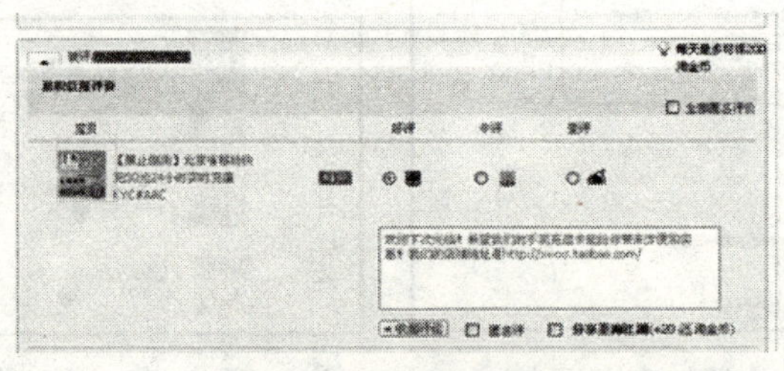

图 10－8 给买家评价

（4）评价后单击“确认提交”按钮，即可提示评价成功，如图 10－9 所示。

（5）成功评价后，在来自卖家的评价页面中就可以看到刚才的评价了。

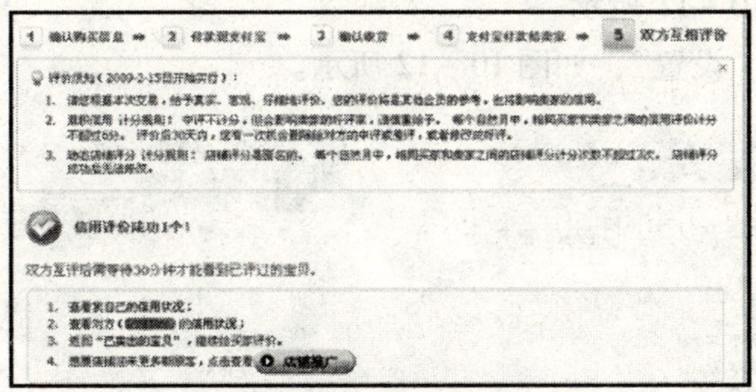

图10-9　成功评价

10.1.5　利用旺旺个性签名宣传店铺

在淘宝开店的卖家，每天首先要做的事情就是登录阿里旺旺，与买家交流，进行交易管理。登录阿里旺旺后，在操作界面中就可以看到联系人及其自定义状态信息，如图10-10所示。

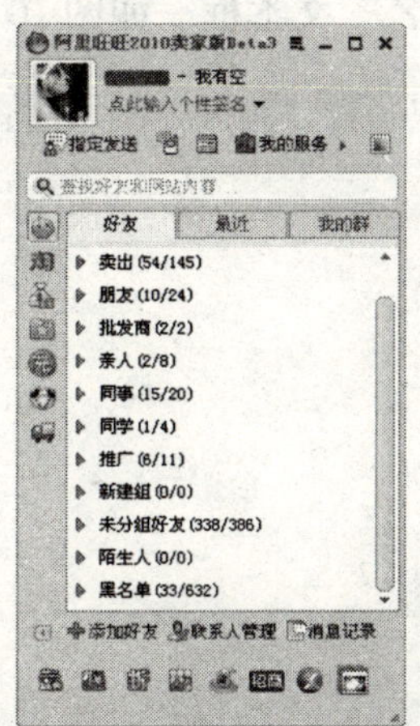

图10-10　阿里旺旺操作界面

现在在淘宝上开店的人是越来越多，而阿里旺旺则是与买家直接交流的工具，利用旺旺也能给自己的店铺做个小广告。要设置滚动的自定义状态广告，就要先设置好两条或两条以上的信息。使用阿里旺旺设置滚动自定义状态广告具体操作步骤如下：

（1）在阿里旺旺操作界面中单击"点此输入个性签名"状态信息旁的

下三角，如图 10－11 所示。

（2）选择“设置”，如图 10－12 所示。

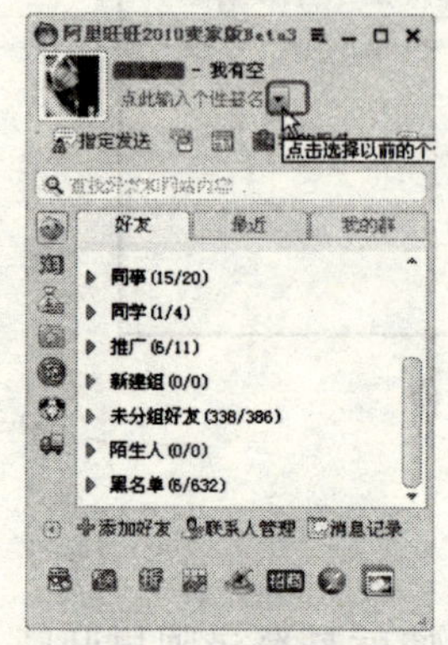

图 10－11 状态信息菜单

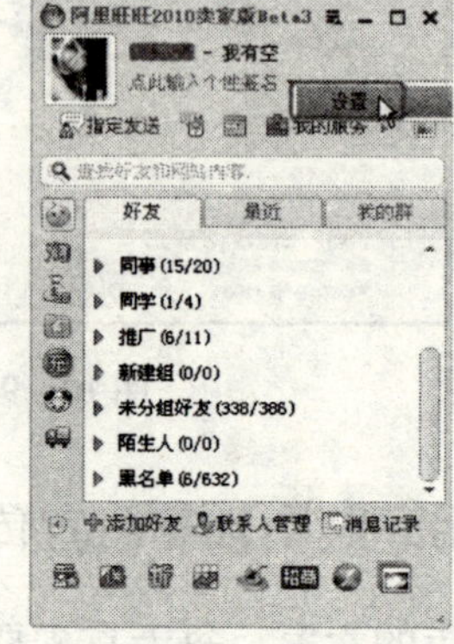

图 10－12 选择“设置”

（3）进入“系统设置”对话框，选择左侧的个性设置下的“个性签名”，在右侧出现“个性签名”文本框，如图 10－13 所示。

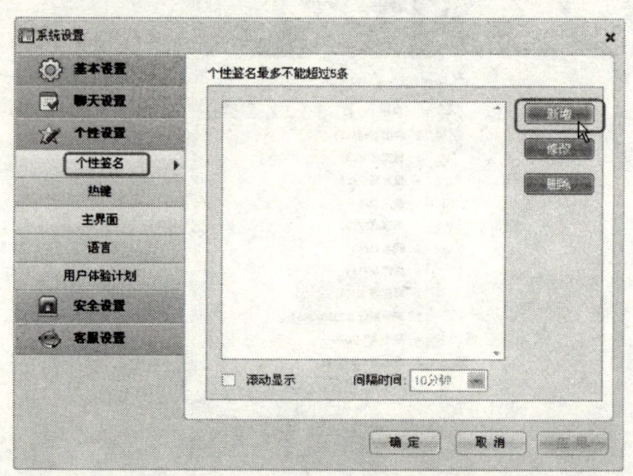

图 10－13 “系统设置”对话框

（4）单击“新增”按钮，打开“新增个性签名”对话框，在对话框中输入想要显示的签名文字，如图 10－14 所示。

（5）单击底部的“保存”按钮，“系统设置”对话框中将显示刚才设置的签名，如图 10－15 所示。

（6）按照同样的方法，再次单击“新增”按钮，添加完签名信息后，

还可以单击对话框右边的“修改”、“删除”按钮修改或删除签名信息，如图 10－16 所示。

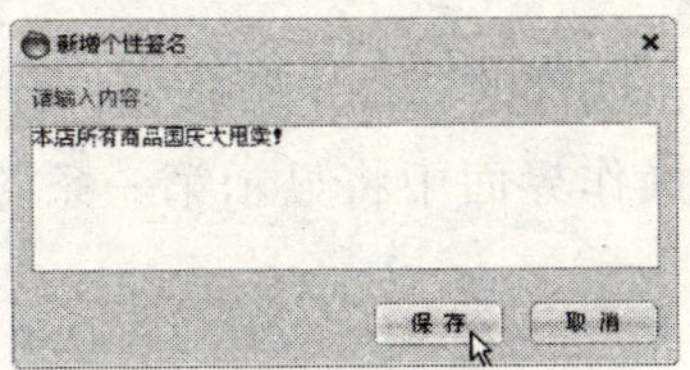

图 10－14　个性签名

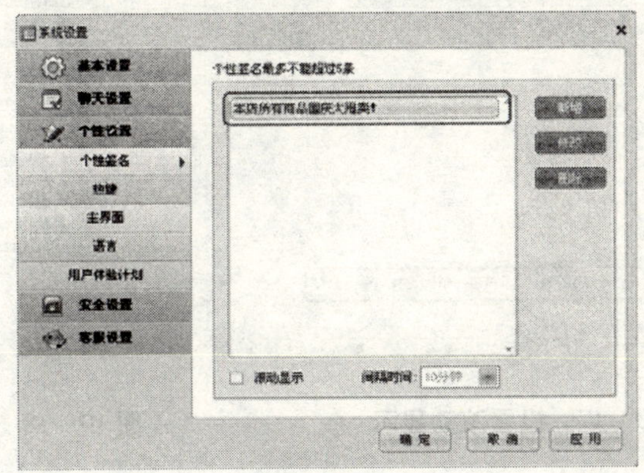

图 10－15　添加个性签名后

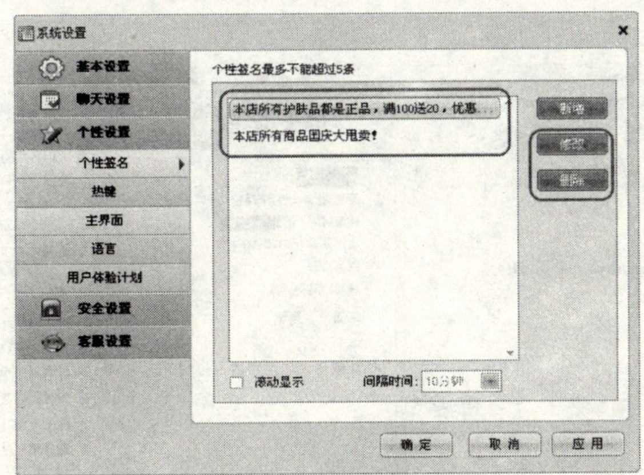

图 10－16　修改、删除签名信息

（7）当添加了两条以上的签名信息后，勾选“滚动显示”前的复选框，在“时间”后面的下拉菜单中选择滚动显示的时间间隔，如图 10－17 所示。

（8）设置完后，单击底部的“确定”按钮，自定义状态信息即可设置完成。随后在阿里旺旺操作界面中将显示第一条签名信息，如图 10－18 所示。

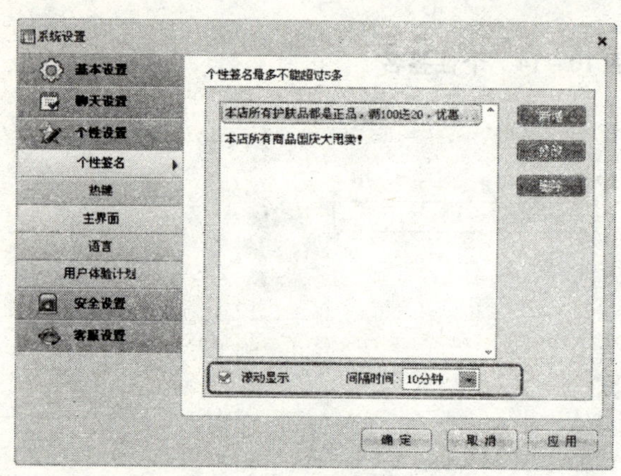

图 10－17　设置滚动显示

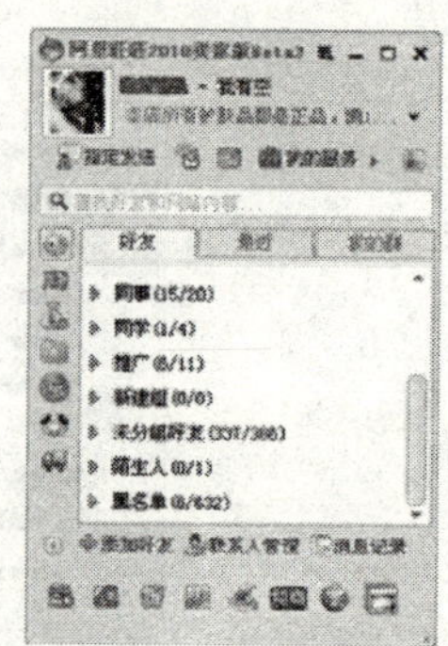

图 10－18　显示签名信息

（9）设置好的签名信息还可以显示在与买家聊天对话框中，只要打开聊天对话框，买家就能看到卖家的签名信息，如图 10－19 所示。

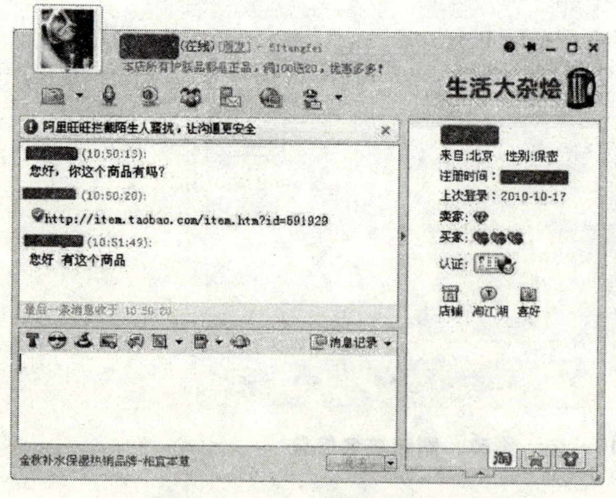

图 10－19　聊天对话框

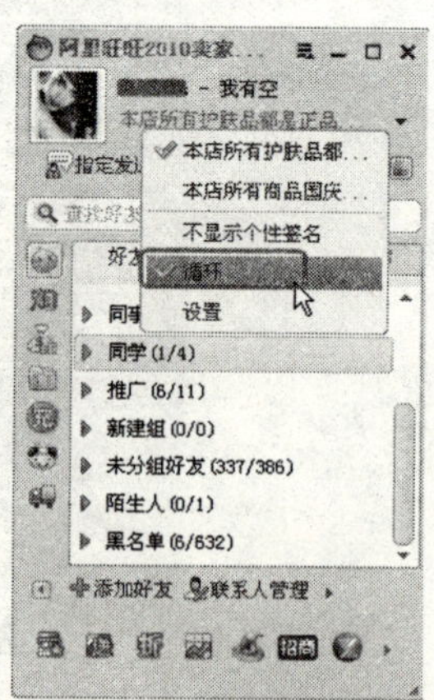

图 10－20　选择“循环”

（10）登录旺旺，可以直接设置滚动显示签名信息，方法是单击阿里旺旺操作界面中的下拉菜单，选择“循环”，如图10－20所示。

10.2 社区内宣传

淘宝网社区其实是一个论坛，卖家在这里畅谈生意经，买家在这里学习网上购物，论坛人气很旺。尽管淘宝规定发帖的内容不能发布广告，但是社区里有论坛推荐位，而且发高质量的帖子有助于树立自我形象，从而宣传店铺。

10.2.1 淘宝社区宣传

要宣传店铺，可以借助淘宝社区，多逛社区、多发帖，使自己成为社区名人。当你在社区的知名度高了，其他淘友也就会读你的帖子，并关注你的店铺；随着店铺知名度的提高，交易量也会有所提高。在淘宝社区发帖宣传具体操作步骤如下：

（1）首先进入淘宝社区首页 http：//bbs. taobao. com/，在导航栏中可以根据需要选择相应的社区，如图10－21所示。

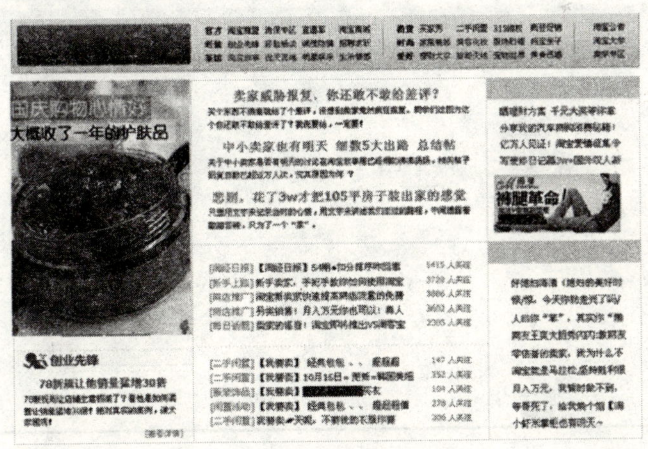

图10－21 进入淘宝社区首页

（2）单击导航中的“服装鞋帽”文字超链接，进入服装鞋帽页面，单

击右边的按钮，如图 10－22 所示。

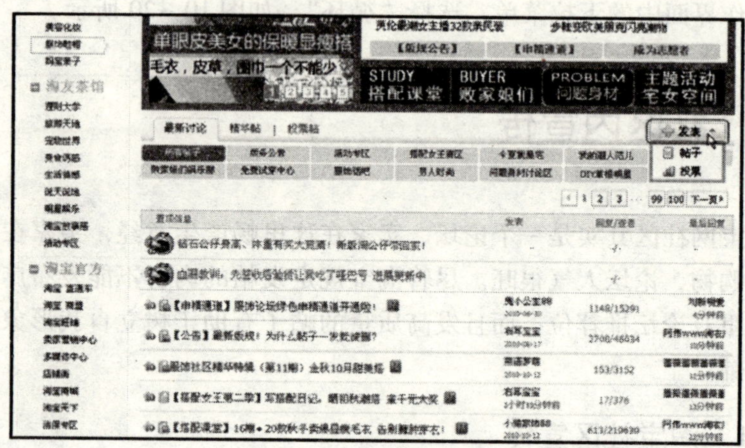

图 10－22 淘宝社区页面

（3）进入帖子发表页面，在“帖子标题”栏中输入帖子的主题，在“发表版面”下拉菜单中选择帖子的分类，如果不想分类或没有合适的主题，可以选择“不分版”，在“内容正文”中输入帖子的内容，如图 10－23所示。

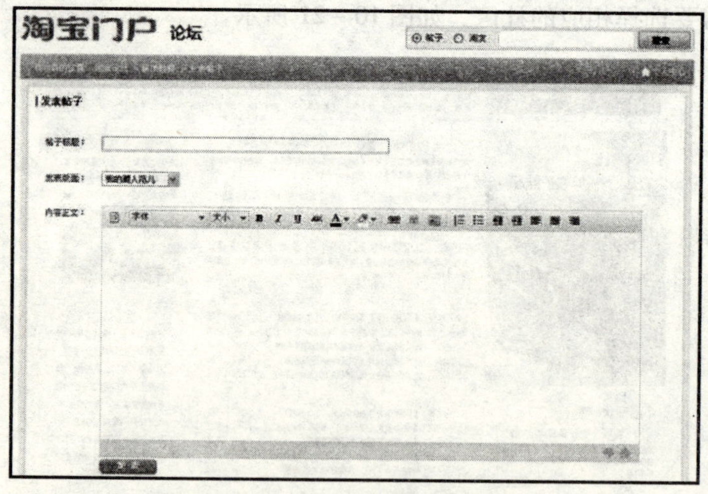

图 10－23 发表帖子页面

（4）填写完帖子内容后，单击“发表”按钮，即可成功发表帖子。

现在很多人都很迷茫，怎样才能写出好帖呢？下面介绍如何利用淘宝社区推广增加店铺流量以及提高销量的方法：

1. 写该论坛大家都关心的帖子，流量必大。

在淘宝论坛，可以写一些卖家心得、什么产品好销，也可以写一些人人关心的重大新闻或奇闻轶事。帖子最好是原创，不过开始的时候可以到各种论坛学习，有好的帖子借来一用，也未尝不可。如在经验畅谈区里，要写经验帖；在服饰鞋帽论坛区里要写服饰帖，多参加活动帖，会很容易被管理员关注到。

2. 写与自己业务相关的帖子，效果必好。

一是与自己业务相关的事自己熟悉，写起来行云流水，可读性强；二是与自己业务相关的帖子，必然引来需要自己业务的人观看，即使看客不多，但质量很好，说不定能很快达成业务。

3. 注意文笔。

现代人喜欢文笔好的帖子，不过帖子要有实际内容，不能仅仅用标题吸引别人的眼球，那样的话别人可能不会回你的帖。适当地加入调侃，让你的帖子诙谐生动，不只是死板的教科书。

4. 注意帖子的关键词。

在互联网上，关键词几乎决定了商品的曝光率，大论坛的帖子常常被搜索引擎检索到。你的帖子最好让人们轻易搜索到，并且标题里应包含与产品相关的重点关键词。注意：关键词不要只出现在标题上，同时也要出现在内容中，不然有些高级的搜索引擎是不收的。

5. 要让回帖者有话可说。

优秀的文学作品，总能给人很长时间的回味，很多人会把感慨和心得写下来，给别人看，给自己总结。优秀的帖子同样如此，这样有感而发，自自然然，回帖者如云，还怕流量不高吗？否则，就是再好的帖子，也会很快就找不到踪影。

10.2.2　支付宝社区宣传

支付宝社区也渐渐成为店铺推广和宣传的好地方，在支付宝社区进行宣传的具体操作步骤如下：

（1）首先进入支付宝社区页面 http：//club. alipay. com/，如图 10 – 24

所示。

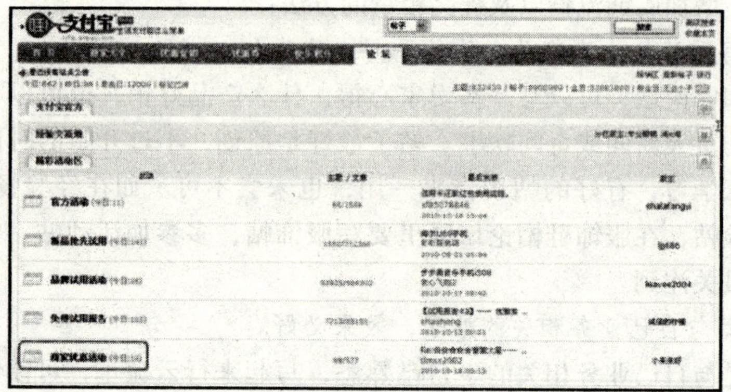

图 10－24　进入支付宝社区页面

（2）选择其中的一个栏目“商家优惠活动”，进入商家优惠活动信息页面，如图 10－25 所示,，可以看到很多商家的促销优惠活动。

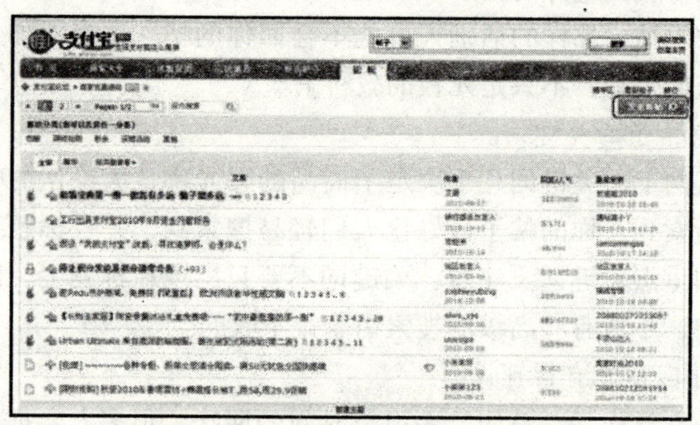

图 10－25　进入商家优惠活动信息页面

（3）单击“发表新帖”按钮，进入发表新帖页面，可以发表商品和店铺的促销信息。

10.3　在淘宝网上宣传

在淘宝网平台也可以花费一定的费用推广自己的网店。下面讲述在淘

宝网中宣传与推广网店的方法。

10.3.1　参加消费者保障服务

淘宝网提供了“消费者保障服务”，使用该服务，既可保障买家的利益，又可以提高卖家店铺的诚信。加入“消保”，不但能提高买家心理上的认可度，同时也会提高店铺的竞争力，当然最为关键的还是自己的商品要足够好，服务态度要让顾客满意，让顾客感觉出他们不仅能买到物美价廉的商品，更能得到贴心的服务，真正做到使顾客开心而来，满意而去。

申请加入消费者保障服务的具体操作步骤如下：

（1）首先登录我的淘宝，单击左侧的“消费者保障服务”文字链接，如图 10－26 所示。

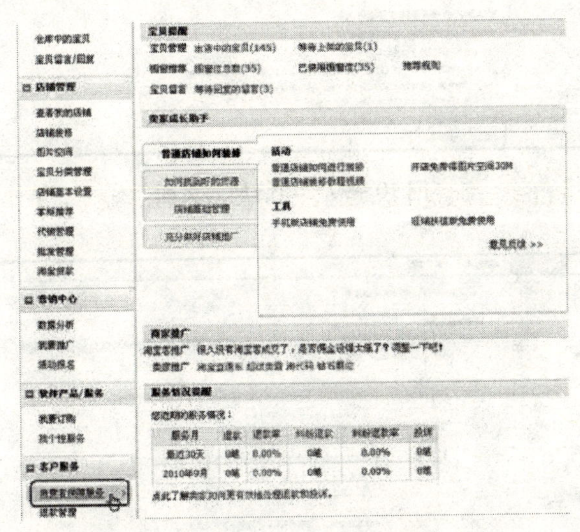

图 10－26　单击“消费者保障服务”

（2）进入申请加入页面，如图 10－27 所示。在申请加入之前请先确认自己是否符合加入消费者保障服务的条件。

（3）如果符合申请要求，单击“申请加入”按钮，进入选择服务页面，如图 10－28 所示。

（4）勾选相关服务前的复选框后，单击“下一步”按钮，进入阅读协议页面，如图 10－29 所示。

（5）阅读后单击“同意，下一步”，即可看到申请成功，等待审核通

过页面，如图 10－30 所示。

（6）审核被通过后，单击“我的淘宝”下的“消费者保障服务”文字链接，在进入的页面中可以看到“提交保证金”提示，如图 10－31 所示。

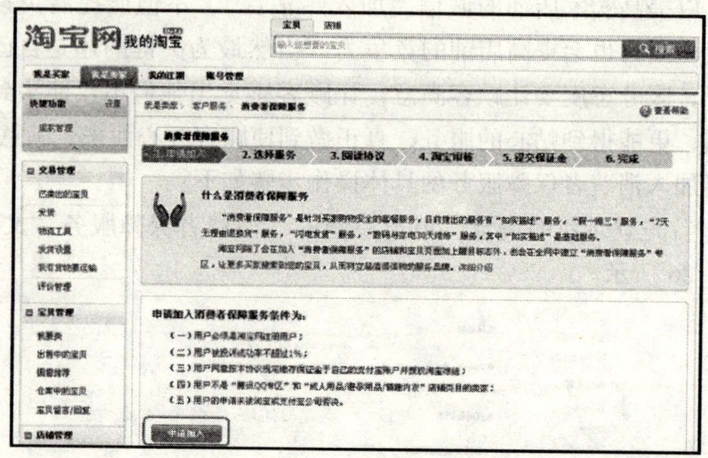

图 10－27　申请加入页面

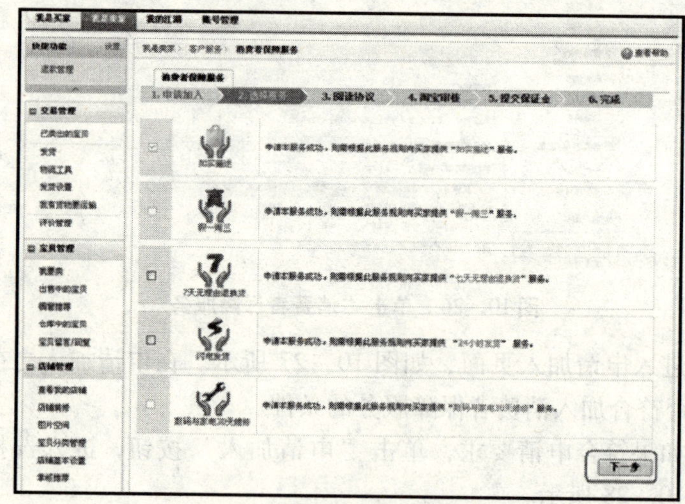

图 10－28　选择服务页面

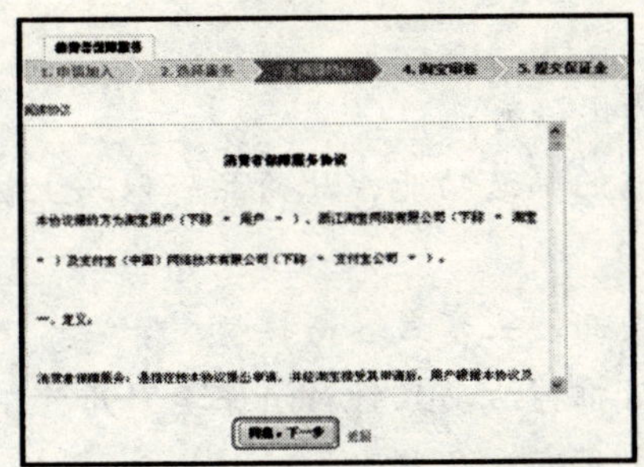

图 10－29　阅读协议页面

图 10－30　申请成功

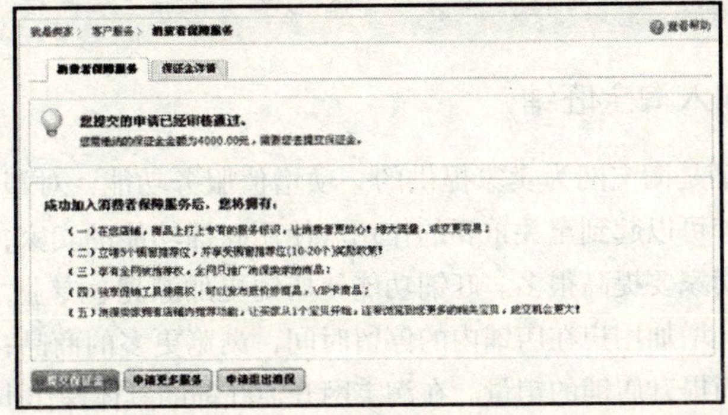

图 10－31　“提交保证金”提示

（7）单击“提交保证金”按钮，可以在支付宝登录密码输入框中输入密码，并单击“提交保证金”。此时，支付宝上的这部分资金将被冻结，作为“消费者保障服务”的保证金，如图 10－32 所示。

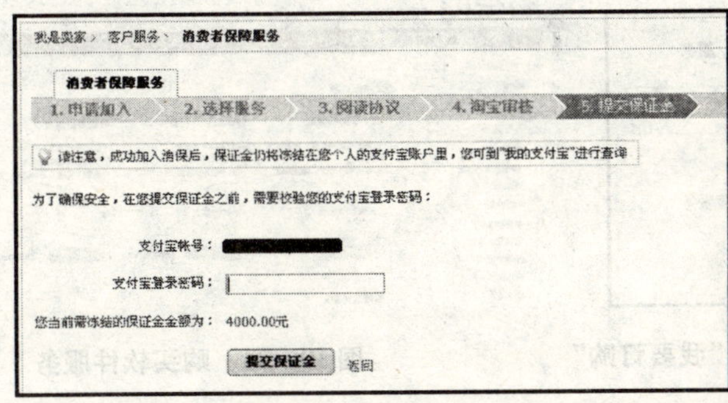

图 10－32　提交保证金

小提示

加入“消费者保障服务”可以带来的优势有：

- 在商品上加注特殊标记，并有独立的筛选功能，让商品可以马上被买家找到。
- 拥有相关服务标记的商品，可信度高，买家更容易接受。
- 为提高交易质量，淘宝网单品单店推荐活动只针对消保卖家开放。
- 淘宝网橱窗推荐位规则针对消保卖家有更多奖励。
- 淘宝网抵价券促销活动只针对消保卖家开放。
- 淘宝网其他服务优惠活动也会优先针对消保卖家开放。

10.3.2 加入淘宝旺铺

淘宝旺铺是淘宝网为卖家提供的一项增值服务功能，对塑造店铺形象，打造店铺品牌可以起到至关重要的作用。使用旺铺功能的卖家，商品平均浏览量比普通卖家要提高很多。旺铺功能使店铺更加漂亮、专业，同时提升商品的访问率；增加用户在店铺内的停留时间，浏览更多的商品；增加店铺的访问量，从而提升店铺的销量。在淘宝网开通旺铺的具体操作步骤如下：

（1）登录我的淘宝页面，在“我是卖家”栏中单击“软件产品/服务”下面的“我要订购”文字链接，如图 10－33 所示。

（2）进入“软件服务订购中心”页面，单击“购买软件服务”，在页面中单击“淘宝旺铺”下的“立即订购”按钮，如图 10－34 所示。

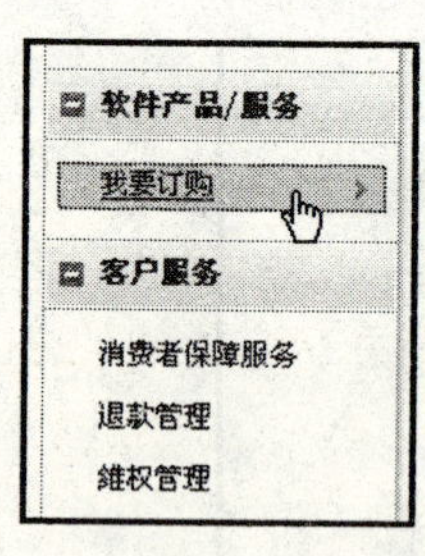

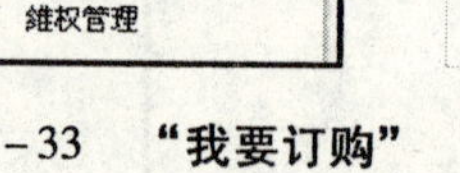

图 10－33 “我要订购”

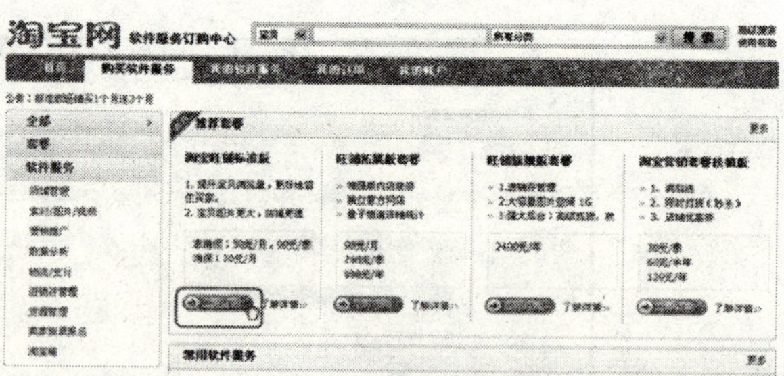

图 10－34 购买软件服务

（3）进入购买淘宝旺铺页面，选择购买类型和期限，然后单击底部的“付款”按钮，如图 10－35 所示。

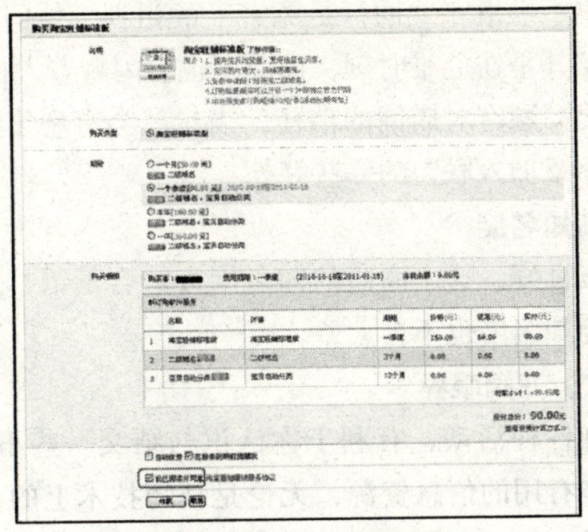

图 10－35 购买淘宝旺铺

（4）此时显示订购服务所需金额，如图 10－36 所示，单击“去支付宝付款”按钮，完成付款后即可成功开通旺铺。

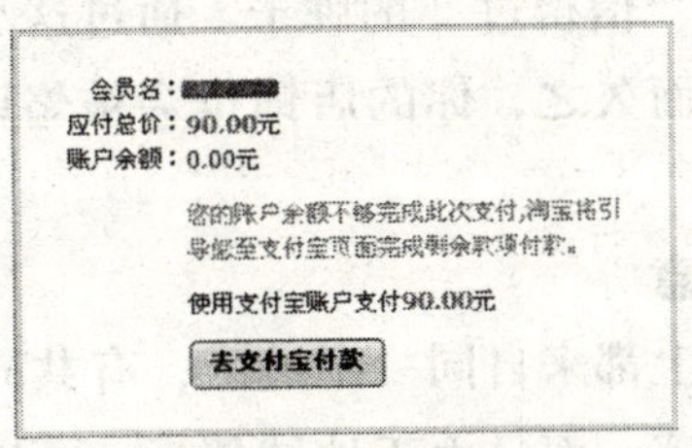

图 10－36 确认并付款

10.3.3 加入淘宝商盟

在传统经济下，个体开店往往是以分散的、孤立的、互不联系的个体户形式存在，其情形类似一麻袋土豆——彼此相近却缺少联系。传统的商人联盟或者俱乐部，商人们考虑的是参加者的销售量、企业规模、拥有多少社会资源等因素。而淘宝网商往往是个人卖家或者夫妻店，他们缺乏资金、没有太多人脉关系和社会资源。想进入传统的商会，可能性几乎为零。

而淘宝商盟是由淘宝卖家申请、组盟、最终形成一批中小卖家自发组成的民间卖家联盟组织，这里没有贵贱之分，只有共同的价值观——在这个联盟里，商人们最看重的是诚信，诚信前所未有地成了商业中最值钱的

宝贝。商人之间也不再恪守“同行是冤家”的祖训，他们乐于相互分享经验、诚心互助，尤其是在危难时刻，商业中也会闪耀着人性的光辉。

加入商盟能提高顾客对店铺的信任，当然就会有利于生意，还能宣传店铺。下面就来介绍加入联盟的一些好处：

一、能够提高知名度

如果商盟发展良好，这个商盟的知名度肯定会不错，这样作为商盟内部成员，你的店铺知名度也不会太差。

二、广交朋友，开阔眼界

商盟经常举办各种活动，有利于你认识与结交一些不同行业的朋友，可以直接获取更多有用的信息资源，无论是技巧技术上的，还是经营管理方面的，这里面的商机、窍门、经验都会让你受益匪浅。

三、提高店铺的诚信度

提升自己店铺的诚信度，店铺标志/论坛头像旁边的商盟标志就等于是给你的店铺挂了一个“信得过”的牌子。通过这小小的标志，你的顾客会感受到你的诚信。久而久之，你的店铺也会被烙印上一个“实力卖家”的标记。

四、商盟内带来生意

商盟中的卖家基本上都来自同一个地区，有共同的地域文化、相近的价值观以及良好的认同感，而且由于地域邻近，可以省下不少物流费。所以商盟成员之间更容易产生合作愿望，达成交易的过程更顺畅。如果你在商盟内部活跃度高的话（常聊天，勤发帖子，善交朋友），当然也会带来更多的生意。

五、商盟荣誉感

能加入商盟，本身就代表一份荣耀与认可，当你通过商盟的层层考验和各种规则的约束，最终加入商盟，那种责任感和荣誉感便会油然而生。通过大家的努力，商盟知名度、销售排名上去了，就会感到由衷的自豪。

六、品牌意识感

加入商盟其实就是共同打造一个品牌，只有联合经营，标准化、规模化发展才能带来更多的效益，加入商盟就是为了借用团体的力量发展生意，大家一起打造自己的品牌，这样才会有效果。

七、盟员推荐位

商盟可起到免费宣传店铺的作用，商盟有专门的首页推荐位。加入商盟成为正式会员后，可以在首页上推荐你的宝贝，而商盟成员中也会加上你的店铺，这两者都可以直接或者间接地给店铺增加浏览量。另外，通过商盟不定期在淘宝网上举行各类买卖活动，能提高商品的成交率。淘宝网商盟的许多活动都是以各个地区商盟的名义发起的，有的活动只有商盟的会员们才可以参加。如图 10－37 所示在商盟首页推荐店铺。

图 10－37　在商盟首页推荐店铺

10.3.4　加入淘宝直通车

淘宝直通车是淘宝网为卖家量身定做的推广工具，让卖家方便地在淘宝网和雅虎搜索上推广自己的宝贝。淘宝直通车具有广告位极佳、广告针对性强和按效果付费三大优势。

当买家在淘宝网或雅虎搜索产品时，参加直通车的宝贝会第一时间出现在买家面前。按照效果付费的方式，卖家只需少量投入就可获得巨大的流量。卖家推广的商品不仅会出现在淘宝网搜索结果页面下方，还会在雅虎中国搜索结果前面 4 条或者最后 2 条的黄金位置出现。如图 10－38 所示为在搜索页面的下方展示的直通车。

很多卖家苦于对淘宝直通车的使用不得要领，花了很多资金，但推广效果不理想。学会了淘宝直通车的操作方法并不一定能用好直通车，直通

车使用技巧也是十分重要的。下面的介绍能帮助你更快、更好地掌握淘宝直通车的设置方法和使用技巧。俗话说："细节决定成败"，这些小的方法和技巧可以让你的推广事半功倍。

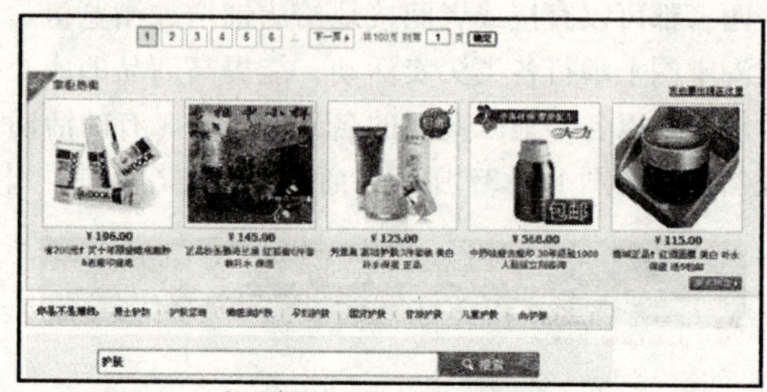

图 10－38　直通车推广

一、选择最具优势的商品

选择店铺卖的最好的，成交记录最多的商品来推广，相比其他店铺要有自己的优势；成交记录越多，商品的人气越高，越容易成交。

二、学会分析关键词

在关键词的使用上也要讲究方式、方法，一般情况下有以下几种方法：

（1）品牌组合法："品牌名称" + "产品名称" 的方法。

（2）相近词组合法："产品名称" + "效果" 的方法。如男士时尚休闲毛衣特卖等。

（3）卖点组合法："卖点" + "产品名称" 或 "卖点" + "效果" 的方法。如时尚好评、修身特价、衬衫热卖等。这个方法可以组合出非常多的关键词，而且最重要的是有非常多的组合是别人没有用过的，但是针对性非常强。然后，将每一个关键词进行竞价分析，如果竞价的关键词的排位价格接近，就去选择一个对你最有利的排位就对了。

三、关键词的筛选

直通车搜索的原则是当卖家设置的关键词和买家搜索的词完全一样时，才会展示宝贝的广告。所以说，给宝贝设置关键词至关重要，会直接影响到推广效果。组合出来一大堆的关键词，就要对此进行筛选了，这里有两个重要的法则：

（1）太宽泛的关键词不用。

（2）与产品不符的关键词不用。

四、推广的商品数量

刚做直通车时，大部分人要么不舍得花钱，一次推广一两个；要么就是不太懂得花钱，认为数量多就流量多，于是拼命地推广商品。加入直通车到底要推广多少商品呢？每次推广2~3个商品就够了。为什么这么说呢？每次推广2~3个商品，把这几个商品推广出去后，由于淘宝网搜索时基本上是按流量和信用人气来排名的，这几个商品通过直通车推出流量和人气后，搜索时这几个商品就会排在前面，已经有了一个很好的广告位置，不必再推广了，然后马上更换另外的商品推广，这样既省钱又有效果，何乐而不为呢！

五、宝贝标题重在突出产品的卖点

宝贝标题重在突出产品的卖点，标题设置的要求是：卖点明确、简练直接、优势突出。

首先，淘宝直通车标题设置时要将最重要的卖点在标题里突出，并确保表达清楚。

其次，要将标题中文字的信息点归类，并注意断句，让买家能轻松读懂。

再次，不要给非大众化商品的标题中加入专业型号。

最后，数字尽量使用阿拉伯数字，同时避免使用特殊符号。

10.3.5　设置旺铺“满就送”

满就送就是满就减，满就送礼，满就送积分或满就免邮费。基于旺铺，给卖家提供一个店铺营销平台，通过这个营销平台可以给卖家更多的流量。把更多流量转化成有价值的流量，让更多进店的人购买。通过满就送，提高店铺交易额。

对于卖家来讲，可以在适当让利的条件下让自己店铺商品批量销售；对于买家来讲，可以在批量购买某个店铺的商品时获得更多的优惠。它是促成批量买卖最终达到双赢的一种活动。

如图10-39所示设置了“满就送”的店铺，商品的销售量大大增加了。

设置“满就送”的具体操作步骤如下：

（1）登录“我的淘宝”，在“我是卖家”下面，单击“营销中心”下面的“促销管理”文字链接，进入如图 10－40 所示的促销管理页面。

（2）选择“满就送”，单击“马上订购”按钮，如图 10－41 所示。

图 10－39 设置了满就送的店铺

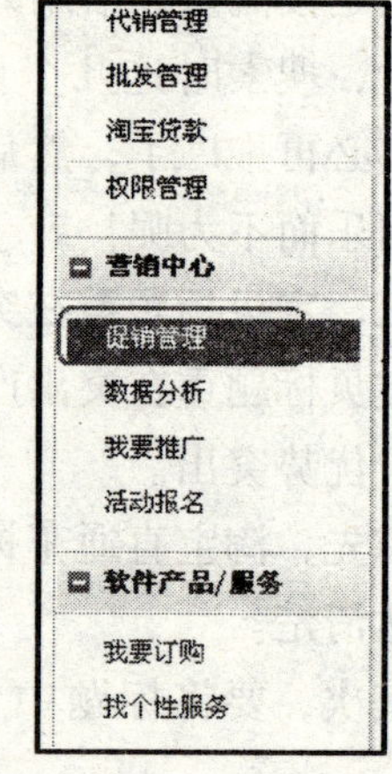

图 10－40 单击“促销管理”

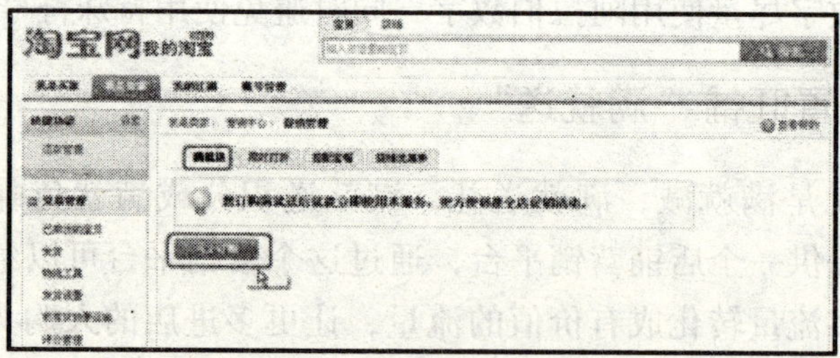

图 10－41 单击“马上订购”按钮

（3）进入如图 10－42 所示的“选购软件服务”页面，在“满就送”后面单击“立即订购”按钮。

（4）进入如图 10－43 所示的“购买店铺营销工具（满就减、送服务）”页面，在这个页面中显示了购买类型和购买期限，并显示了购买的

图 10-42　单击“立即订购”按钮

详细信息，勾选“我已阅读并同意”复选框。

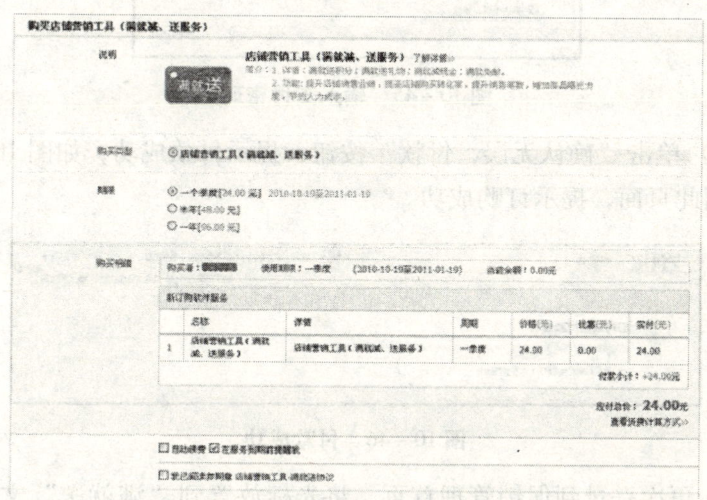

图 10-43　购买“满就送”

（5）单击“付款”按钮，弹出如图 10-44 所示页面“付款信息”页面。

（6）单击“去支付宝付款”按钮，弹出如图 10-45 所示的页面。在“请输入支付宝账户的支付密码”文本框中输入支付宝密码。

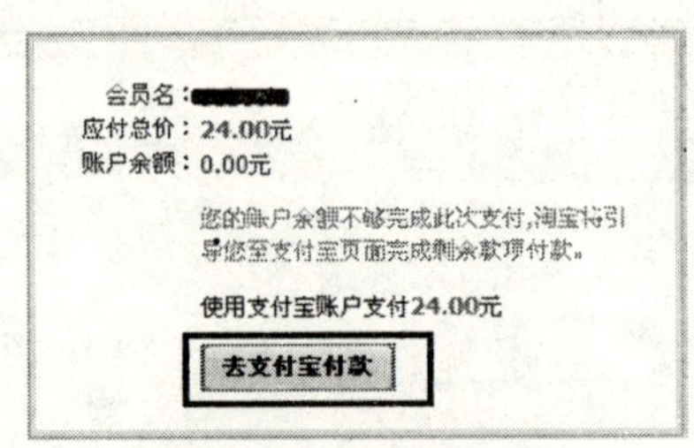

图 10－44　付款信息

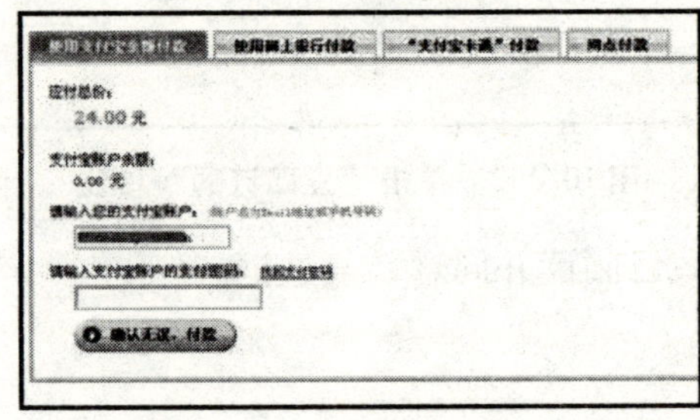

图 10－45　输入支付密码

（7）单击“确认无误，付款”按钮，提示付款成功，如图 10－46 所示。关闭此页面，提示订购成功。

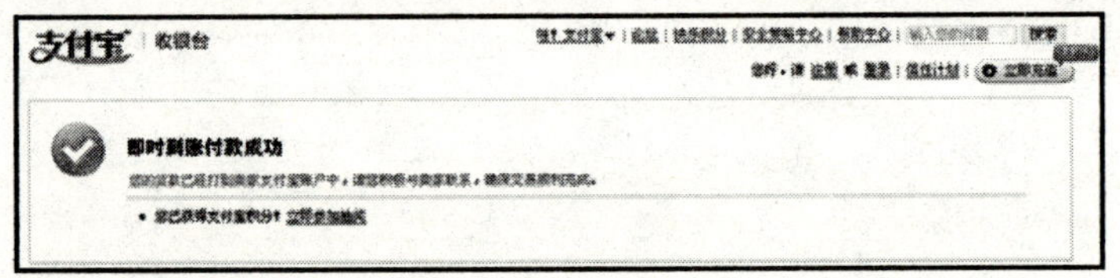

图 10－46　付款成功

（8）再次登录到促销管理首页，将光标放置到“满就送”文字链接，进入“满就送”的设置页面，如图 10－47 所示。

（9）单击“完成设置”按钮，“满就送”设置成功，如图 10－48 所示。

（10）单击底部右侧的“拷贝代码”文字链接，将代码粘贴到店铺公告里，如图 10－49 所示。

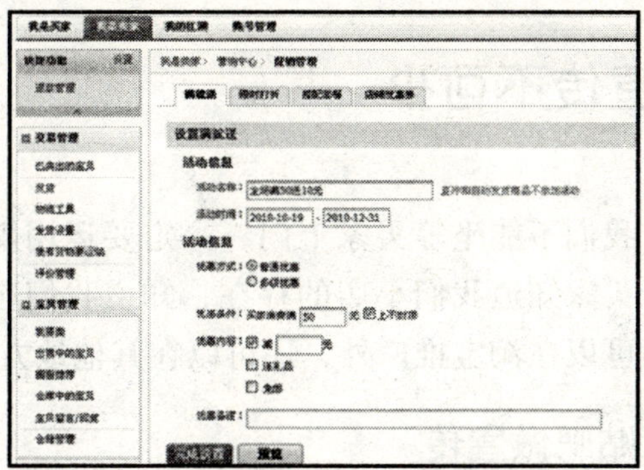

图 10－47　设置"满就送"

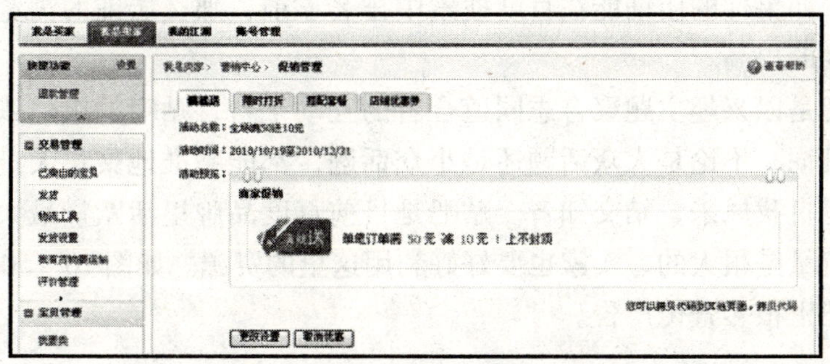

图 10－48　"满就送"设置成功

图 10－49　粘贴"满就送"代码后的效果

10.4 站外宣传不可少

网店开业后，我们不能坐等买家上门，一定要运用媒介，有计划地进行网店宣传，要让买家知道我们小店的存在，知道我们店铺的商品。要做网店的推广，除了可以在淘宝推广外，还可以在其他地方进行推广。

10.4.1 在百度贴吧做宣传

百度是全球最大的中文搜索引擎，对互联网有点了解的人都知道百度的魅力。如果你的店铺能在百度搜索中排名靠前，那么店铺的浏览量会有很大程度的提高。

贴吧是以兴趣主题聚合志同道合者的互动平台，贴吧的组建依靠搜索引擎关键词，不论是大众话题还是小众话题，都能精准地聚集大批同好网友，展示自我风采，结交知音。贴吧是目前百度品牌里活跃量最大的一个地方。流量是很大的，卖家也要好好利用这里的资源。如图 10 - 50 所示的百度贴吧里很多宣传广告。

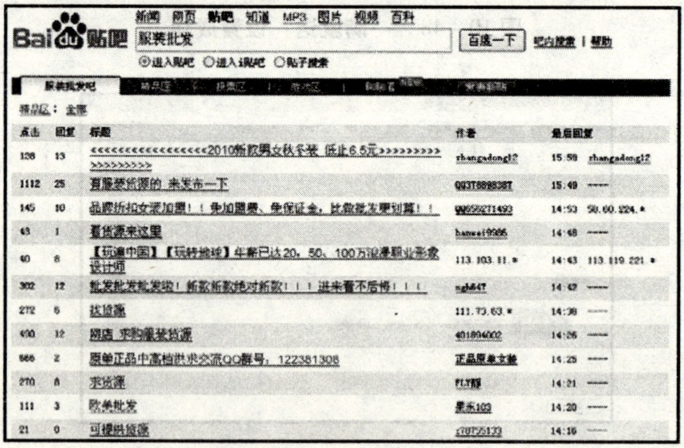

图 10 - 50 百度贴吧宣传

10.4.2　利用QQ巧做宣传

上网的人对QQ肯定不会陌生，QQ也是一个很好的宣传途径，QQ上加了好多的同学朋友，聊天的同时宣传一下网店，既增进了感情又宣传了网店，一举两得。另外，还可以多加几个QQ群，群里的人气可是很旺的，在群里聊天的同时介绍一下网店，会大大提高网店的浏览量。

除此之外，还可以充分利用QQ空间。先好好地装扮一下自己的QQ空间，把商品图片传到QQ相册里面，这样当别人访问自己的QQ空间的时候，看到QQ相册里有那么好看的东西，就会对卖家的商品感兴趣。另外制作一个包含有网店商品的动态签名档，传到QQ相册里，把这个签名档设置为QQ空间的签名档，这样当卖家在别人的QQ空间留言或回复留言的时候，别人就会第一眼看到该签名档，同时也会看到小店的宝贝。如图10－51所示利用QQ推广店铺。

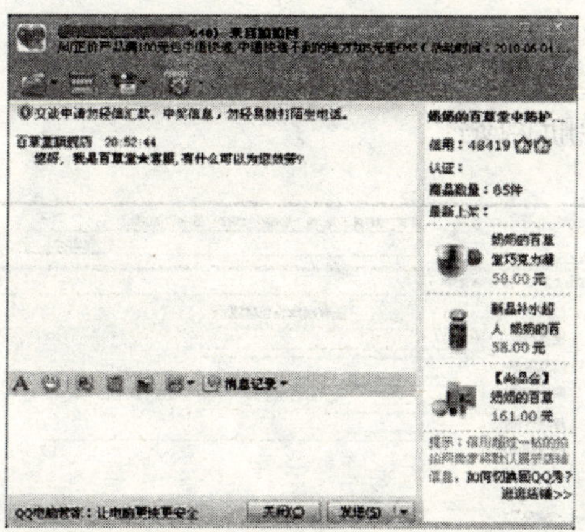

图10－51　利用QQ推广店铺

10.4.3　登录搜索引擎

利用搜索引擎来宣传推广网店也是一种非常好的办法，因为现在很多买家，是用搜索引擎来查找自己所要的东西的。所以卖家要学会利用搜索引擎来宣传自己的店铺。现在有很多搜索引擎可以免费登录，注册时要注意写好关键词，以便别人能通过关键词来找到店铺。

到新浪、搜狐、百度、谷歌、雅虎等一些大的搜索引擎网站去登录一下，会给你带来意想不到的效果。如图 10－52 所示百度搜索引擎登录。

从目前的发展趋势来看，搜索引擎在网络营销中非常重要，并且受到越来越多商家的认可，搜索引擎营销的方式也在不断发展演变，因此应根据环境的变化选择搜索引擎营销的合适方式。

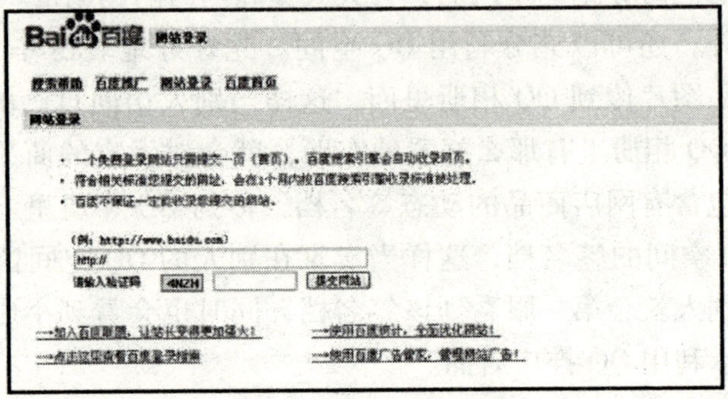

图 10－52　百度搜索引擎登录

10.4.4　登录导航网站

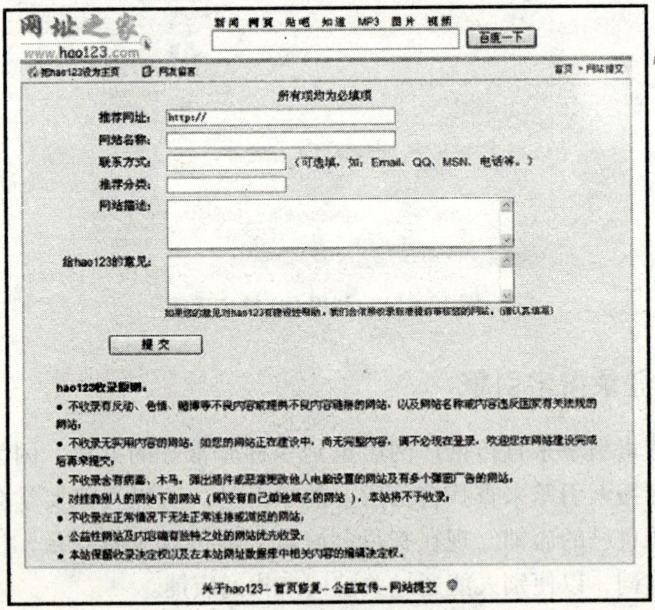

图 10－53　登录在网址之家网站

现在国内有大量的网址导航类站点，如 http：//www. hao123. com/、http：//www. 265. com/等。在这些网址导航类做链接，也能带来大量的流量，不过现在想登录 hao123 这种流量特别大的站点并不是件容易事。如图 10－53 所示将店铺登录在网址之家 hao123 上。

10. 4. 5　通过博客推广

在博客发布自己的生活经历、工作经历和某些热门话题的评论等信息的同时，还可附带宣传商家，如商品品牌等。如果作者是在某领域有一定影响力的人物，所发布的文章更容易引起关注，吸引大量潜在顾客浏览，通过个人博客文章内容为读者提供了解商家的机会。用博客来推广店铺首要条件是具有良好的写作能力。如图 10－54 所示是通过博客推广店铺。

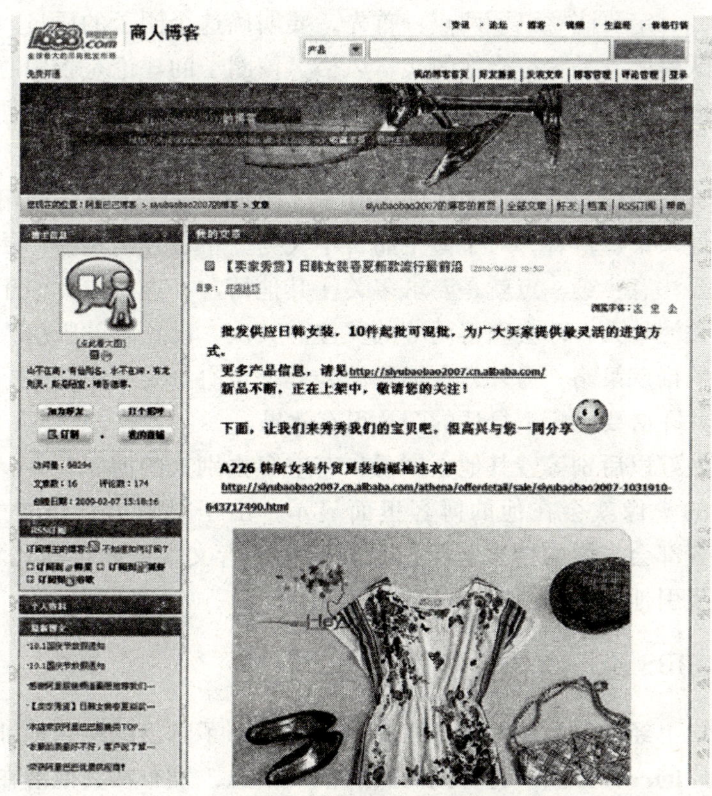

图 10－54　通过博客推广店铺

首先大家会关心用哪家的博客，因为现在做博客的网站确实不少，博客是越多越好，只要你有时间，能把各家的博客都利用起来是最好了。没时间的可以少选几个，但是新浪、百度和阿里巴巴的是不能少的，原因是新浪的博客浏览量最大，许多明星都在上面开博，人气很高；百度是全球最大的中文搜索引擎，大部分人上网都习惯用百度搜索东西；阿里巴巴是最大的电子商务网站，里面有很多商人采购。

第二个问题就是博客内容写什么？写博客要想浏览量高就别只写自己的一些东西，里面写点时事点评，明星的花边新闻等，会很受大家欢迎。利用博客推广自己的店铺要巧妙，尽量别生硬地做广告，最好是软文广告加上店铺的网址。许多读者看到就会忍不住地想去点开，这样我们对店铺推广的目的也就达到了。

第三、加入圈子有效推广。加入圈子和加 QQ 群一样，也比较普遍。加圈子时，一定要注意以下两点：首先，要明确这个圈子的质量。可以从圈子的活跃程度，是否符合你的文章风格，该圈子的评论是否用心等方面综合考虑以确定是否加入。其次，加入一个圈子后，要和圈主建立起良好的关系，这很有助于博主成功推广博文。

第四、利用微博，提高关注度。时下微博越来越火，充分利用其便利性和广泛性来推广博客，对于博主而言不失为一个极佳的选择。使用微博有三点需要注意：第一点就是要求多关注其他博友，这一点类似于博主间的互访。关注他人，才会赢得同等的关注。其次，设置一款吸引人的头像也是很好的推广策略。另外，在标题的处理上也有必要下番功夫，简明概括的标题并在必要时配上合适的图片很有效果。

博客做好以后别等着其他人来看，有空多去别人的博客转转，只要你点进去你的头像就会在他的博客里面显示，出于对陌生拜访者的好奇，80%的作者都会来你的博客看看，最好能在作者文章下面再写几句留言，这样更会吸引他进你的博客浏览。

10.4.6 BBS 论坛宣传

在论坛上经常看到很多用户在签名处都留下了自己的网店地址，这也是网店推广的一种方法。将有关的网店推广信息，发布在其他潜在用户可能访问的网店论坛上。利用用户在这些网店获取信息的机会，实现网店推

广的目的。如图10－55所示在论坛上推广自己店铺的产品。

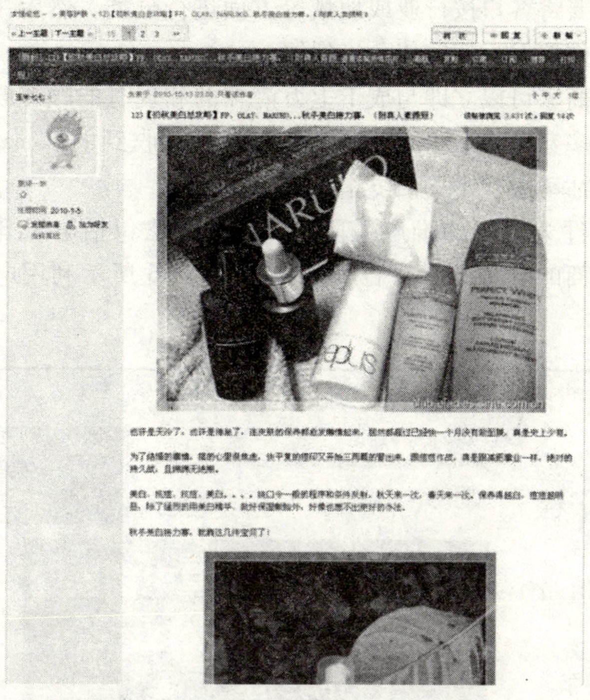

图10－55 在论坛上推广自己店铺的产品

除淘宝以外还有一些其他的可以提供交易信息的平台，也就是各个论坛的自由交易版块。通过这些平台可以让更多的人了解你的商品。要想到各论坛发帖，就得先到各大网站进行注册，到论坛熟悉情况，了解相关规定，看帖发帖，积累积分。看得差不多了，积累分数也够了，就可以发帖推广自己的商品了。各大论坛都会有一些可以发布信息的平台，如天涯、搜狐、网易、新浪等。

10.4.7 电子邮件推广

相比其他网络营销手法，电子邮件营销速度非常快。搜索引擎优化需要几个月，甚至几年的努力，才能充分发挥效果。博客营销更是需要时间，以及大量的文章。而电子邮件营销只要有邮件数据库在手，发送邮件后几小时之内就会看到效果，产生订单。

E-mail 营销具有很强的定向性，可以针对特定的人群发送特定的邮件。首先，根据需要将客户按行业或地域等方面进行分类。然后，针对目标客户进行电子邮件群发，使宣传一步到位。

因特网使商家可以立即与成千上万潜在的和现有的顾客取得联系。研究表明，绝大多数互联网用户在 24 小时内会对收到的 E-mail 做出回复，而在直接邮寄活动中，平均回复率不到 2%。

以电子邮件为主要的推广手段，常用的方法包括电子刊物、会员通讯、专业服务商的电子邮件广告等。如图 10－56 所示利用电子邮件推广商品。

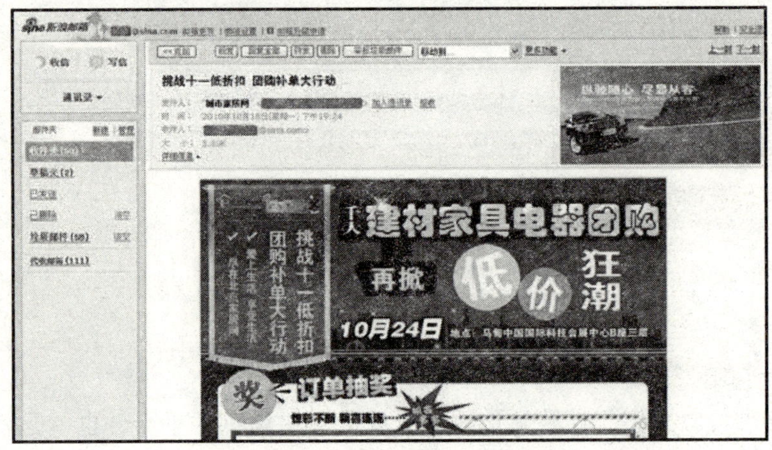

图 10－56 利用电子邮件推广商品

10.4.8 投放网络广告

网络广告是指运用专业的广告横幅、文本链接、多媒体的方法，在互联网刊登或发布广告，通过网络传递到互联网用户的一种高科技广告运作方式。在网络经济的今天，网络广告已经被更多企业或商家所重视。如今只要登录到各大网站，就会看到各式各样的网络广告。如图 10－57 所示的店铺在网上做的广告。

网络广告的投放，宜选择目前知名度比较高的网站，关于如何选择网络广告，可以参考以下几条建议：

第一，网页上方比下方效果好。

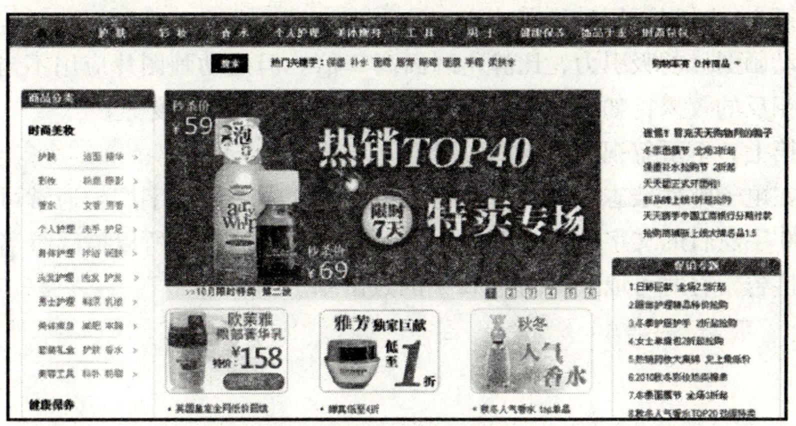

图 10－57　网络广告

统计表明，很多人不愿意通过拖动滚动条来获取内容，因而放在网页上方和网页下方的广告所能获得的点击率是不同的。放在网页上方的广告点击率通常可达到3.5% ~4%。

第二，面积越大越好。

通常网络广告的标准大小有468×60、150×68和88×31三种常用规格。显而易见，一个大的广告图形更容易吸引用户的注意，因此，不同面积的横幅，价格也会有所不同。

第三，经常更换广告图片。

研究表明，当同一个图片放置一段时间以后，点击率开始下降。而当更换图片以后，点击率又会增加。所以保持新鲜感是吸引访客的一个好办法。

第四，采用合适的广告语。

广告中使用的文字必须能够引起访客的好奇和兴趣，可以是招迎式的，如“最后机会”、“免费”、“赠送”之类的词语，这种看起来落入俗套的词语，有时候却能够起到明显的效果。

第五，使广告靠近网站最主要内容。

通常综合网站都会有“最新消息”，或者发布网站自身新闻的位置，这往往是一个网站中最吸引人的部分，广告如果放在这个位置附近，会吸引更多人的注意。

第六，适当运用动画图片。

动画图片的吸引力，比静止画面高 3 倍。但是动画图片应用不当，会引起相反的效果，如太过花俏或文件过大影响了下载速度等。

第七，不可忽视纯文字的作用。

在电子邮件杂志中可以选择纯文字广告，由于纯文字广告通常可以包含 100 字左右的文字内容，而且几乎不影响下载速度，所以措辞得当的纯文字广告，有时可以获得高达 12% 的点击率。

第11章 建立完善的物流渠道

开店指导

对于网店经营者来说，邮寄商品是很重要的一个环节。有很多店主都说“成也物流，败也物流”，此话虽有一些片面，但还是有一定道理的。只要经营网店生意，就离不开包装和邮寄商品，虽说每次不多，但是聚沙成塔的力量一定不要轻视。“动动脑子，省省银子”，每次省一点，日复一日，年复一年，时间一久，就能省出一笔不小的财富来。

11.1 选择合适的送货方式

物流成本是影响网店竞争力的重要因素，网上生意的成败有相当一部分是由物流决定的，作为网店的经营者应该高度重视。网上交易发送货物需要通过物流来完成，物流大体可分为邮政、快递公司、物流托运等三种。

11.1.1 邮政业务

几乎每个卖家都有使用邮局发货的经历，有的卖家认为邮局平邮价格一点也不便宜；有的卖家就认为邮局平邮真的非常便宜，而且商品的安全指数也高。事实上，在邮局发货有很多小窍门，如果店主掌握了，就可以省下不少钱；如果没有学会，可能真的比快递还贵。下面介绍几种常见的邮政业务：

一、平邮

平邮是比较常见的一种邮寄方式。由于平邮的价格便宜，所以一般不

急需、追求经济实惠的买家都会选择它。平邮是去邮局发的，发的时候要向邮局买张绿色的平邮单。邮局的包装材料比较好，但是价格比较贵，如果卖的东西可以赚很多钱，当然无所谓。反之，则可以自备剪刀、胶带制作一个包装材料，同时能够不超过500克的东西，尽量不让它超过。

邮资包括以下几项：

（1）挂号费：3元，全国统一，一定收取。

（2）保价费：可以选择不保价，不保价的包裹不收取保价费。

（3）回执费：可以不要回执服务，不用回执的包裹不收取回执费。

（4）资费：视距离远近每千克资费不同。商品包装的包裹纸箱、布袋、包装胶带等，邮局的纸箱、布袋等是要收费的。也可以自己找纸箱，缝制布袋进行包装，但是必须符合规定。

（5）持续时间：视距离远近一般5～30天不等，速度比较慢。

（6）安全保障：每个包裹都有单号，可根据单号查询投递状况。如果邮寄时进行保价，在包裹丢失后可以按保价金额进行赔偿；如果邮寄时没有进行保价，在包裹丢失后最高不超过邮费的两倍进行赔偿。

二、快递包裹

快递包裹是中国邮政为适应社会经济发展，满足用户需求，于2001年8月1日在全国范围内开办的一项新业务，它以快于普通包裹的速度、低于特快专递包裹的资费，为物品运输提供了一种全新的选择。但是，卖家最好别发快递包裹，速度并不比平邮快，价格却比平邮贵得多。

三、EMS

EMS就是邮政特快专递服务，是中国邮政的一个服务产品，主要是采取空运方式，加快投递速度。一般来说，根据地区远近，1～4天到达。安全可靠，送货上门，寄达时间比前两种方式都要快，运费也是这三种方式里最高的，这比较适合顾客对于收到商品有较高的时间要求或是国际商务的派送。

EMS业务在海关、航空等部门均享有优先处理权，它以高速度、高质量为用户传递国际与国内紧急信函、文件资料、金融票据、商品货样等各类文件资料和物品。

EMS适用范围为中国内地地区，按中国邮政EMS快递标准执行，即包裹重量在500克以内收20元，超过部分每递增500克按所在地区的不同收费标准也有所不同。

优点：时间快，可以上网查询，送货上门，安全有保障。

缺点：收费贵，部分地区邮局人员派送物件前不先打电话联系收件人，有可能导致收件人不在指定地点，而耽误时间。

四、e 邮宝

“e 邮宝”是中国速递服务公司与支付宝最新打造的一款国内经济型速递业务，专为中国个人电子商务所设计，采用全程陆运模式，其价格较普通 EMS 有大幅度下降，大致为 EMS 的一半，但其享有的中转环境和服务与 EMS 几乎完全相同，而且一些空运中的禁运品将可能被 e 邮宝所接受。e 邮宝的发货地目前已开通九大省市，送达区域覆盖全国。双方合作之后，目前阿里巴巴和淘宝以及外部千余家网店用户可轻松选用 EMS 标准服务（简称 e－EMS）和 e 邮宝作为物流形式。

优点：便宜，到达国内任何范围，运输时间快，只比 EMS 慢一天左右，可以邮寄航空禁寄品，派送上门，网上下定单，由邮局工作人员上门取件。

缺点：部分地区还没有开通此项业务。如果需要邮寄到别的快递公司到不了的地区，强烈推荐使用 e 邮宝。

11.1.2　快递公司

在网上开店的卖家，一定都与快递公司打过交道，而且有很大一部分网店店家在用这种运输方式。市场上主要的快递公司有顺丰快递、宅急送、圆通快递、申通快递、全一快递、中通快递等。那么怎样选择快递公司，下面有几项需要卖家注意的：

（1）安全度：无论用什么运输方式，都要考虑安全方面的问题。因为不管是买方或是卖方，都希望通过一种很安全的运输方式把货送到手上。安全性不能保障的话，那么一连串的问题都将困扰着你，所以在选择快递公司的时候，一定要选择一个安全性较高的公司进行合作！

（2）诚信度：选择诚信度高的快递公司，能够让你更有安全的保障，能让买卖双方都放心使用。选择快递公司的时候，首先可以在网上先看看网民的评价。

（3）价格：对于卖家来说，找到一家合适的快递公司也不容易。价格

如果比较便宜的话，将给你省下一笔不小的开支，特别是新开店的卖家。但是不要一味地追求价格低廉的快递公司，至少要在安全和诚信的基础之上进行选择。如果前面两点都无法保障的话，那么仅仅价格便宜也是起不了作用的。

所以一定要多试用几家快递公司，多打几次交道，才能看出来到底哪家的服务好，价格更便宜，这样才能让店铺的利润更为可观。

小提示

普通快递公司可供选择的多达数十家，最常用的有顺丰、申通、圆通、中通、韵达、天天、宅急送、中诚等。下面介绍些快递公司和邮局对比的优势：

- 上门取货随叫随到，而且比邮局下班晚。
- 速度一般都和 EMS 差不多甚至比 EMS 快。
- 一般是 1 千克起步而不是 EMS 的 500 克。
- 快递对于检查比较松，一般不需要检查。
- 寄的次数越多就越能砍价。
- 服务态度比邮局好，业务员和公司都能提供比较好的服务。
- 单子、包装不用钱。

11.1.3 货运业务

如果店主们要发出的宝贝数量比较多，重量比较大，平邮或特快专递会非常贵，这时店主不妨考虑使用客车运输商品。买家如果离卖家不远，可以使用短途客车托运货物，但是这种客车一般会要求寄送方先付运费。店主一定要及时通知收货方收货，并且在货物上写好电话和姓名。在托运前必须将货物的包装和标记严格按照合同中有关条款、国际货协和议定书中的条款办理。

一、汽车托运

运费可以到付，也可以现付。货物到了之后可能会再向收货方收 1 ~ 2 元的卸货费。一般的汽车托运不需要保价，当然，有条件的话最好是保价，一般是千分之四的保价费。收货人的电话最好能写两个：一个是手机，一个是固定电话，确保能接到电话通知。

二、铁路托运

铁路托运一般价格低，速度快，但是只能到达火车到达的地方。火车站都有价格表。包装得好，他们一般不打开检查，现在一般还会贴上“小心轻放”字样。一般需要拿传真件和身份证提货，运费得现付，不太方便。

三、物流公司

物流公司如佳吉、华宇等，他们的发货方式和其他托运站不太一样。托运站一般是点对点的，但物流公司不同，他们可以转到一个城市中的几个点，只要你方便，只是速度很慢，中转次数很多，要求货品和包装完好，而且货物上车下仓库很多次，容易造成破损。

11.2 如何包装商品

当买家拿到商品时最先看到的是包装，所以要给买家留一个非常好的印象，减少他们挑毛病的机会，那就首先包装好商品。美观大方、细致入微的包装不但能够保护商品安全到达，而且能够赢得买家的信任，赢得顾客的心。下面介绍一下常见的商品包装方法：

11.2.1 服饰类商品

服饰类商品因为一般不存在被压坏的问题，所以只要防水就行，可以采用自制布袋或者加厚塑料袋包装。但是鞋类物品就要注意包装的问题，要使用防压防水的包装，所以多采用盒子的包装，其中能放入一些气泡膜或者泡沫防压。如图11－1所示为纸箱和泡沫包装。

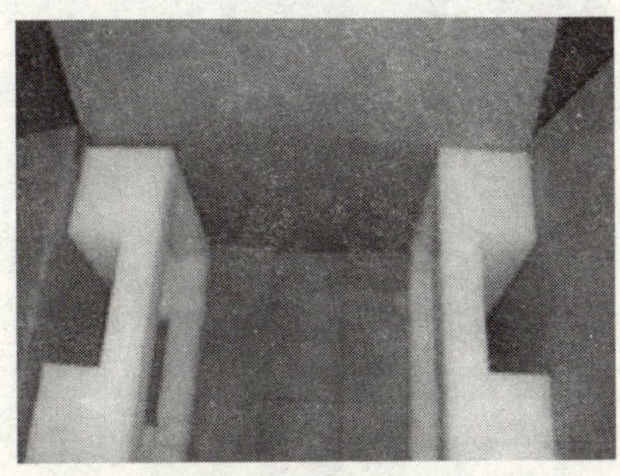

图11－1 纸箱和泡沫包装

（1）自制布袋。可以废物利用，把家里不用的床单、被套、窗帘、衣服等根据邮寄物品的大小自己缝制布袋，可以缝两层，这样比较结实。也可以到专门卖布的市场买白布，自己剪裁缝制或者请裁缝帮忙缝制，费用都不是很贵，真正经济实惠。不过在衣服的外面一定要多套几层塑料带，因为布袋不防水。

（2）纸箱。纸箱的优点是比较结实，衣服放在里面比较安全，损坏可能性不是很大。不过，衣服外面最好用塑料袋包好，再放入纸箱，纸箱选择3层的就可以了。

（3）快递专用加厚塑料袋。这个可以在网上买到，价格不贵，普通大小的一个袋几毛钱不等，特点是防水、防辐射，用来邮寄纺织品确实是个不错的选择，经济实惠，方便安全。

小提示

服饰类物品由于款式颜色繁多，发货前要特别注意发出的是正确的物品，质量检查也非常重要。服饰类物品的质量问题主要有破洞，开线，污点等，这些问题都比较细小，所以对发货前的质量检查要求比较高，质检人员需要特别仔细小心地检查每一件物品。除了保证质量外，碰到购买多件物品的买家，要确认所有的物品都放入包裹中，不要遗漏了任何物品。

11.2.2 首饰类商品

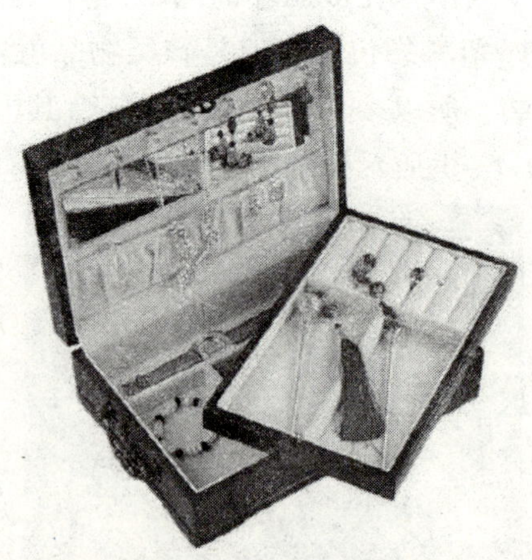

图11－2 首饰盒

首饰类商品一定要用包装盒、包装袋或纸箱来包装。可以去当地的饰品包装盒、包装袋批发市场看看，或在淘宝上批发。使用纸箱包装时一定要有填充物，这样才能把首饰固定在纸箱里。还可以附上一些祝福形式的小卡片，有时还可以写一些关于此饰品的说明和传说，让一个小小的饰品显得更有故事和内涵。如图 11－2 所示木制的首饰盒，结实耐用。

11.2.3 化妆品、香水、护肤品

化妆品大部分是霜状、乳状或水质，多为玻璃瓶包装。玻璃的稳定性比塑料好，化妆品不易变质，但这一类货物邮局查得最严，因为它在物流运输途中经常渗漏，所以除了包装结实、确保不易破碎外，防止渗漏也是很重要的一环。

化妆品中邮寄最方便的就属于那些袋装的面膜了，可以不用箱子，在外面包裹上几层塑料，用胶带牢牢地扎上几圈，一般就没什么问题了，然后放入信封。但是注意信封的边角，还有封口的地方一定要用胶带再贴一下，因为在邮寄过程中，最容易破损的就是这些地方。

但化妆品基本上是些瓶瓶罐罐，这就要费一番心思了。瓶瓶罐罐中又要分非液体的和液体的。

非液体的简单些，没有渗漏之虑。一般就用报纸加一些泡沫、海绵用纸箱包装起来，以防在运输过程中，装化妆品的盒子因挤压变形，给买家留下不好的印象。

如果是液体，而且又是装在玻璃瓶里的话，还得加上一个防护措施，就是用塑料薄膜，可以用家里的保鲜膜包上几层。同时还要用多一点海绵和胶带纸固定瓶身，不过，如果不是玻璃瓶的话，这一步可以省略。这样的话，随你怎么把宝贝颠来倒去，也没什么问题了。

邮寄的是礼品盒包装的化妆品时，要注意的是礼盒要保护好，因为买家买这种化妆品的话，一般是要送人的，如果礼盒损坏，送出去显得太寒碜了，买家肯定不会再光顾你的店了。

11.2.4 食品

易碎食品、罐装食物宜用纸盒或纸箱包装，让买家看着放心，吃着也放心。在邮寄食品之前一定要确认买家的具体位置、联系方式，了解运送

到达所需的时间。因为食品有保质期，而且还与温度和包装等因素有关，为防止食品运送时间过长导致变质，一般来说，运送食品最好使用快递。

11.2.5 易碎商品

易碎品包装一直是一个难点，特别是易碎品的运输包装。为了保证这些产品在流通过程中不被损坏，通常按照一定的技术方法，对这些产品进行缓冲包装。外包装是保护易碎品免受损坏的有效方法，通常要求易碎品外包装应具有一定的抗压强度和抗戳穿强度，可以保护易碎品在正常的运输条件下完好无损。

最典型和最常用的易碎品外包装是瓦楞纸箱。部分大而重的易碎品采用蜂窝纸板包装箱，部分较轻或本身抗压强度较高的产品如玻璃空罐等采用厚的纸箱包装。

如果有易碎品标签就贴上，箱子四周写上易碎物品勿压、勿摔，以提醒在装卸货过程中避免损坏。如图 11－3 所示为易碎品标签。

图 11－3　易碎品标签

11.3 如何计算运输费用

卖家在发布商品时就要填写运费价格，但是一些新卖家不知道具体的运费价格。如果运费填写低了，自己就亏了；如果运费填写得高，有些买家认为卖家故意多收几元的快递费用，从而对卖家产生不好的负面印象，可能会因此失去一些潜在买家。下面讲述如何查询快递价格、平邮价格，

以便提前知道运费价格，方便设置合适的运费。

11.3.1 计算淘宝推荐物流价格

使用“运费/时效查看器”可以快速查询各快递公司的运费，具体操作步骤如下：

(1) 在阿里旺旺操作界面中单击“发货管理”按钮，如图11－4所示。

(2) 选择页面左侧的“物流工具”，进入“运费/时效查看器”页面，如图11－5所示。

图11－4 单击“发货管理”

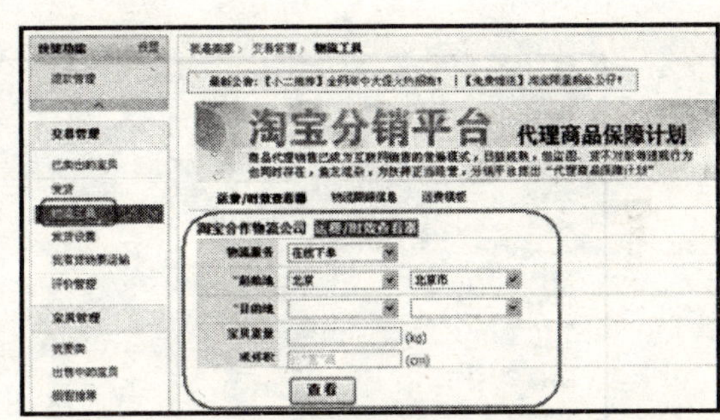

图11－5 单击“运费/时效查看器”链接

(3) 进入“运费/时效查看器”页面，在“起始地”和“目的地”的下拉菜单中选择地址，并且填写上“宝贝重量”和“宝贝体积”，如图11－6所示。

(4) 单击“查看”按钮，在打开的页面中可以显示查询到的各个推荐物流价格，如图11－7所示。卖家可以进行比较，选择最优惠的物流公司，以节约运输成本。

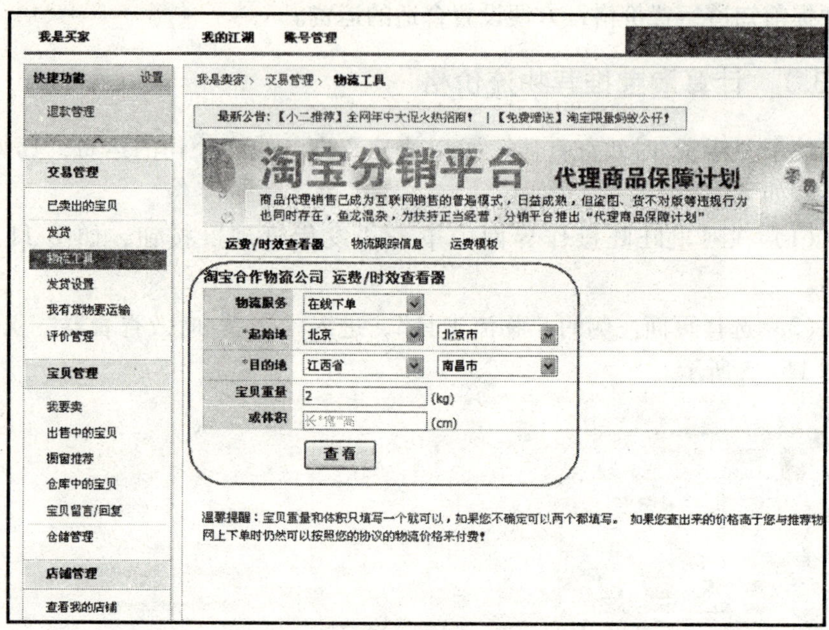

图 11－6 “运费/时效查看器”页面

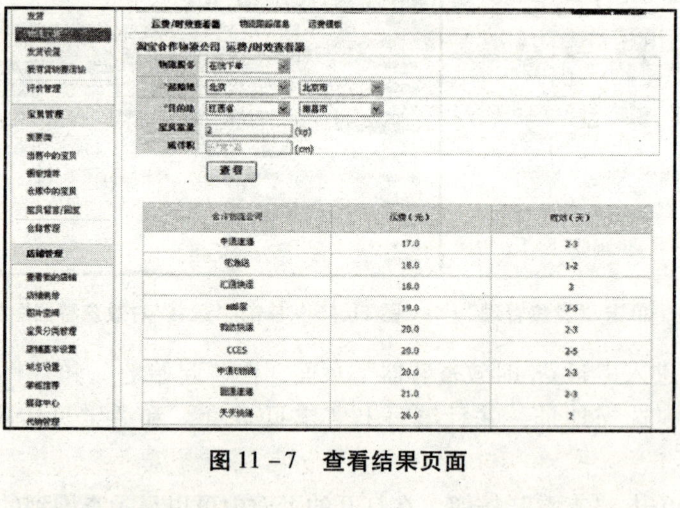

图 11－7 查看结果页面

13.3.2 计算邮局平邮价格

有些快递不到的地方，买家要求采用邮局的平邮方式。当买家问你平

邮实际运费是多少时你怎么回答他？下面告诉大家一个可以查询邮政包裹运费的方法，具体操作步骤如下：

（1）在浏览器地址中输入 http：//www. chinapost. gov. cn/，进入国家邮政局网站的主页，单击“便民服务”菜单下的“邮政普通包裹资费查询”链接，如图 11－8 所示。

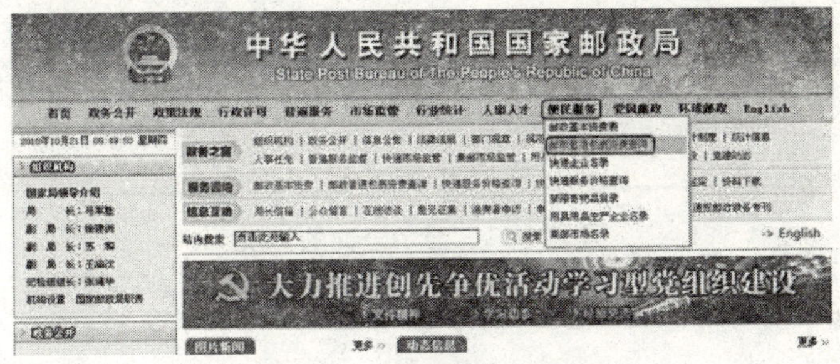

图 11－8　国家邮政局主页

（2）进入“邮政局普通包裹资费查询”页面，选择地名查询，输入地名查询，也可以按邮编查询，如图 11－9 所示。

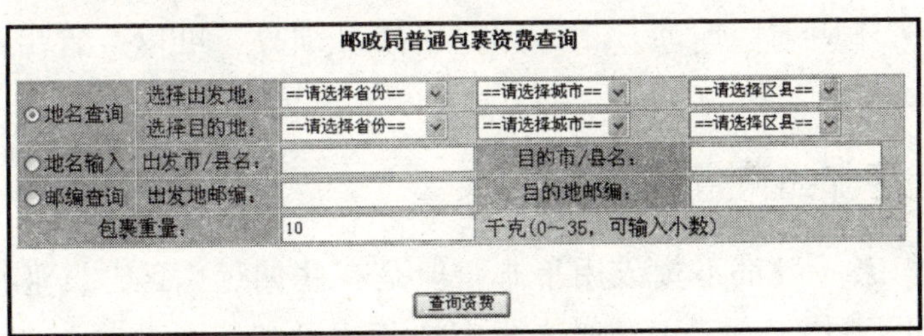

邮政局普通包裹资费查询

⊙地名查询	选择出发地：	==请选择省份==	==请选择城市==	==请选择区县==
	选择目的地：	==请选择省份==	==请选择城市==	==请选择区县==
○地名输入	出发市/县名：		目的市/县名：	
○邮编查询	出发地邮编：		目的地邮编：	
包裹重量：		10	千克（0～35，可输入小数）	

查询资费

图 11－9　资费查询页面

（3）如果查询北京到广州的普通包裹费用，输入地址和重量信息，然后单击“查询资费”按钮，即可查询，如图 11－10 所示。

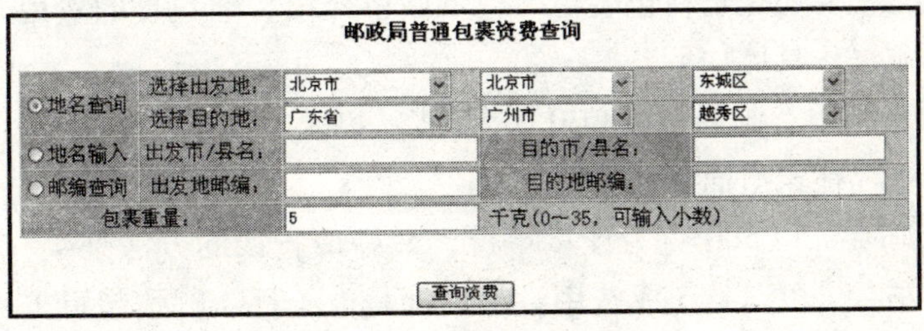

邮政局普通包裹资费查询

⊙地名查询	选择出发地：	北京市	北京市	东城区
	选择目的地：	广东省	广州市	越秀区
○地名输入	出发市/县名：		目的市/县名：	
○邮编查询	出发地邮编：		目的地邮编：	
包裹重量：		5	千克（0～35，可输入小数）	

查询资费

图 11－10　填写运输信息

(4) 接着打开“普通包裹资费查询结果”，显示查询的结果，如图11－11所示。

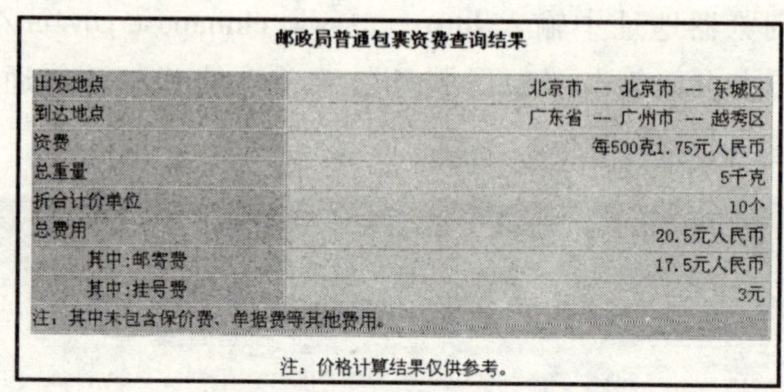

邮政局普通包裹资费查询结果

出发地点	北京市 -- 北京市 -- 东城区
到达地点	广东省 -- 广州市 -- 越秀区
资费	每500克1.75元人民币
总重量	5千克
折合计价单位	10个
总费用	20.5元人民币
其中:邮寄费	17.5元人民币
其中:挂号费	3元
注，其中未包含保价费、单据费等其他费用。	

注：价格计算结果仅供参考。

图11－11　显示查询的结果

11.4　降低物流成本

生意好的卖家，一个月的物流费用保守的估计，都得花上几千元，相当于一个实体店铺门面的月租了。如果精打细算，可以节省出不少物流费用。

11.4.1　平邮如何省钱

广大卖家一般都不赞成用平邮，但是有些偏远山区，普通快递到不了，而EMS费用又很贵，这时向顾客推荐用平邮，可以省去许多的邮寄费。经常看到有淘友说发平邮的价格居然比快递还贵，那是因为你发的是邮政快递，不是普通包裹的平邮。

普通包裹用的是绿色邮单，寄达时间约需7～15天。普通包裹的邮费并不算贵，主要还是贵在包装箱上。下面将介绍普通包裹的费用并总结平邮省钱的方法，具体如下：

(1) 包裹单：邮局包裹单0.5元/张，网上0.25元左右就能购买到，不妨买一些存在家里面。

(2) 邮费：以500克为计算单位，最好最省钱的方法是买打折邮票，大概7折左右，可以省3成费用。邮局都是电子秤，哪怕超重1克，都要

多收一份费用，建议自备小秤，有时候超重一点点的话自己拿出来点填充物即可解决。

(3) 打包费：某些邮局对自带包裹箱的顾客收取 1 ~ 2 元不等的打包费。如果要省下来，最简单的方法是自带封箱胶，自己封。封箱胶成本很低，每次一两分钱，几乎可以忽略不计。

(4) 包裹箱：邮局里卖的包裹箱最低都要 2 元。有条件的卖家可以联络卖鞋或卖电脑的朋友。因为鞋盒和电脑配件的盒子绝对是很好的包裹箱材料。实在不行网上购买也可，网上 12 号纸箱 0.25 元即可买到。

(5) 附加费用：有挂号费、保价费、回执费。其中挂号费是必收的，无法节省；而回执费 3 元，是用于收件人确认收到邮件，由收件人填写，邮局投递回送给寄件人的，这是没有必要的；还有一项就是保价费，用于万一此包裹丢失，邮局可以照全价赔偿，保价费是保价金额的 1%，这一项可以根据需要来选择，贵重物品建议保价。

小提示

省钱小招：

第 1 招：包裹单自行购买，网上到处都是，0.25 元以下。

第 2 招：自己打包，每单可以节约 1 ~ 2 元。

第 3 招：自备纸箱，每单可以节约 1.2 ~ 5 元不等，视情况而定。

第 4 招：自贴邮票，每单可以节约 2 ~ 10 元不等，视情况而定。

11.4.2　如何和快递公司讲价

对于广大网上开店的店主而言，价格可以说是影响商品竞争力的主要因素。与实体店不同的是，网上所出售商品的价格不仅仅是指商品本身的售价，还有运输商品所需要的费用——包括包装、运输、保价等方面的费用。新开店的小卖家一个月下来就那几单寥若晨星的快递商品，当然快递价格也很难降下来。下面介绍一些降低快递费用的妙招，希望对新卖家有所帮助：

● 多找几个快递公司，货比三家。不同的快递公司到相同的地方收费不一样，建议索取快递公司报价单，发货之前相互比较一下，做到价比三家，选择价格最低的快递公司。

• 要直接找快递业务员砍价，不要找接电话的客服人员砍价。

• 可以跟快递业务员说：你每个月都有很多快递要发，这样那个业务员以为有大客户了，就会把价格降低。

• 跟业务员说有很多快递公司价格比他们低，最好是举出哪些公司来，就算是没有，也要说得跟真的一样，让他也降低到人家那个价格。

• 假设快递公司的价格原来是 16 元，想砍到 12 元，不要直接就说12 元，要心狠一点，说到 10 元左右，那么他想抬价也不好意思抬那么高，可能最终的结果是大家互相退一步，达到 12 元左右的价格。

• 利用网络在网上下订单可以降低快递费用。

11.5 如何避免物流纠纷

作为新手卖家，除了保证商品质量外，拼的就是服务和价格。无论售前还是售后，卖家都应该做到对买家热情相待，但也不能保证将货交给快递公司后就不会有什么事情发生，因此，卖家能做的就只有尽量避免。

11.5.1 采取防止货物丢失的措施

要想彻底防止货物丢失几乎是不太可能的，只能从各个细节入手，将这种倒霉的事情发生的几率降到最低。细节决定成败，在邮寄宝贝的时候要特别注意以下细节：

一、选择正规快递公司

在选择快递公司的时候，一定不要只图价格便宜。要选择正规，网点遍布全国的大公司，这样的公司邮件收发量比较大，收发比较及时，邮件不容易丢失；而且管理正规，每个部门分工有序，不会出现因为公司混乱而造成的包裹丢失。正规公司的运输工具也正规，使用封闭式汽车的丢失率一般情况下会小于自行车或是摩托车的丢失率。

二、选择包裹单上条码清晰的快递公司

包裹单上的条码就是电脑识别的包裹编号，只有编号清楚包裹才不容易搞乱、搞丢。

三、包裹上的邮寄地址一定要写清楚

有些掌柜很潇洒，喜欢用连笔来书写邮寄地址，这会造成投递员误读，送错地址，所以还是用正楷书写地址比较好。

四、贵重物品要进行保价运输

有的掌柜可能认为将贵重物品交给大的快递公司就可以高枕无忧了，其实不然，没有人能保证大的快递公司就一定不会丢失包裹；所以邮寄贵重物品时，一定要进行保价，以免造成不必要的损失。

五、包装要结实

有些掌柜在邮寄宝贝的时候，为了降低成本或是图省事，包装打得非常不结实，轻轻一碰就开，甚至宝贝也有可能从里边掉出来。有些快递公司邮递人员自律性不是很高，看到东西掉出来往往抵制不住诱惑，将东西据为己有。所以卖家邮寄时一定要将宝贝牢牢包好，不给这些馋嘴猫有可乘之机。

六、提前提醒买家

寄出包裹后要及时提醒买家在签收的时候要小心验货，如果出现商品被偷梁换柱或被损坏的现象，签收人要及时向快递公司进行投诉，并拒绝签收，同时与店主取得联系。

防范的细节还有很多，就不一一列举了。只要买方和卖方都加倍小心，相信出现错误的机会就会减少很多。一定要用防御的手段将所有不利因素扼杀在摇篮里，避免不幸事情的发生。

11.5.2　买家签收注意事项

目前淘宝的新买家太多，也有很多没有签收验货的经验，在收货后造成很多纠纷，因此，买家签收时需注意如下事项：

（1）确定自己提供的收货地址本人能够亲自签收货物，注意单位地址与家庭住址要区分开。

（2）确认自己提供的收货地址是否会有保安、门卫、前台签收。

（3）快递将送达前，做好本人能签收的准备，最好签收人或委托签收人能当着送件员现场验货。

（4）代别人签收快递：签收时首先要注意货物外包装是否有破损、重复包装痕迹，然后再核对内件货物。有条件的可以对包装有问题的货物先

确认重量。对签收快递包裹有怀疑且送件快递员不愿意配合的，应拒收。

（5）本人签收快递：签收时同样先注意外部包装完整情况，然后签名前可以与送件员要求验货，发现货物有问题直接拒收。

（6）所有快递公司的免费派送次数是两次正常派送，对于所有送一次就拒绝派送的快递包裹完全可以投诉。

11.5.3 物流纠纷的解决办法

物流纠纷大家都会遇到，那么物流出现问题后，怎样才能得到一个双方都满意的解决办法呢？

（1）首先要注意心态问题，经常发货，出现问题在所难免，因此，要有这个心理准备。出现问题也没什么大不了的，解决问题就是了。好多卖家不能以一个平和的心态来对待问题，买家跟卖家是平等的，同样卖家跟物流也是平等的，如果老觉得物流公司矮我们一等，用这样的态度解决问题会有什么好结果呢？

（2）第二注意买家方面。一般买家都会问几天能收到货，现在的快递基本上全国范围内是2~4天到货；偏远一点的要4~5天；同城的是今天发明天到。可以这样回答买家：一般是3~5个工作日收到，因为快递周末派件都不是很积极。给自己最大的余地，不要把自己逼得一点点意外的时间都没有，那就太被动了，要知道快递晚点的可能性很大。时间说长点，一是给买家一个心理准备；二是晚到的话自己也不至于太被动；三要是提前到的话买家会很高兴。

（3）第三注意物流方面，跟物流方面谈好出现问题后怎么解决，遵循平等合作的原则。晚到的情况怎么解决、磕碰碎裂的情况怎么解决、态度不好怎么解决，如果都达成文字协议更好，这样一旦出现问题可按协议来办。

让你的业务员帮忙，因为业务员比较熟悉公司具体运作，而且他们自己的公司到底哪个方面出问题，他们也比较容易知道内情，方便追回货物。

（4）建议向买家提供两种以上解决方案（退款或重寄等）供选择，这样可以有效改善买家的感受和提高解决问题的效率。

第 12 章　皇冠卖家速成秘籍

开店指导

客户服务是项烦琐又艰巨，同时又需要讲究技巧的工作。处理好客户关系，才会有回头客，才会有客人介绍新客人，才能树立良好的口碑。在网上开店，客户服务是最后的一环，也是最能带来回头客的一环，因此，下面介绍怎么做好自己网店的客户服务。

12.1　售前为客户提供导购

售前沟通是买家和卖家之间的纽带，其作用至关重要。卖家应和潜在顾客互相信任并坦诚相待。当顾客知道卖家随时等着给他们服务，就没理由不信任卖家。因此，卖家必须创造信任的环境并确保买卖双方都站在同一阵线上，清楚最终目标是为顾客满足其需求提供支持。潜在顾客明白自己的需求，也会愿意在双赢的基础上与卖家通力合作来满足自己的要求。

12.1.1　主动客观地向客户介绍商品

在介绍商品的时候，必须针对商品本身的特点及缺点，客观地向买家解释并做推荐。所以，要让买家了解商品的缺点，并努力让他知道商品的优点。

怎样得知商品的优点与问题呢？以下是一些信息来源的渠道，要随时记得掌握。

- 向本店的资深人员询问。

- 向厂商、批发商的营业人员询问。
- 阅读报纸、专业杂志。
- 参观展示会、工厂。
- 利用电视、杂志等媒体收集资料信息。
- 亲自试穿、试吃、试用。

我们在介绍商品的时候，虽然商品缺点本来是应该尽量避免触及的，但如果因此而造成事实后买家抱怨，那样反而会失去信用，得到差评也就在所难免。在淘宝里卖家因为商品质量问题得到差评，有些是特价商品造成的。所以，在卖这类商品时首先要坦诚地让买家了解到商品的缺点，努力让买家知道商品的其他优点，先说缺点再说优点，这样会更容易被买家接受。在介绍商品时切莫夸大其词，介绍与事实不符，最后失去信用也失去买家。介绍自己产品时，可以强调一下："东西虽然是次了些，但是功能全，或者说，这件商品拥有其他产品没有的特色"等，这样介绍反而会收到完全不同的效果。

12.1.2 打消买家疑虑，促成交易

网店本身就是一种非面对面的销售，顾客在购买前，对卖家的信誉度、对宝贝的质量、对售后服务自然会有所顾虑，那我们就要通过语言技巧去沟通。

他们担心的问题可能是客观存在的，也可能只是心理作用。这时，卖家应该采取主动，发现买家的疑问，打消买家的疑虑。在交易过程中，消除买家的疑虑非常重要，只有当买家对你的商品或服务完全相信，没有任何疑虑时，沟通才算是成功的。聪明的卖家都知道，如果不能够从根本上消除买家的顾虑，交易就很难成功。每个买家的顾虑不太一样，但总体有以下两点：

（1）怕不是正品：向买家保证是正品，间接地指出并非商场的才是正品，商场的门面、代理费、店员工资等费用加在一起要贵出很多，而网店不需要这些费用，所以价格才会低很多，但绝对是正品。

我们可以这样回答："您这个问题问得非常好，我们以前也有许多老顾客有这样的顾虑。不过我可以负责任地告诉您，不管是正价还是促销的商品，其实质量完全是一样的，比如这款特价的，质量保证都是一样的，

而价格却要低很多，所以现在买这款商品真的非常划算。您完全可以放心选购。”

(2) 怕商品尺码不合适：向买家承诺，不合适可几天内退换。如可以这样回答：“本店为品牌专卖店，收到货七天内可无条件退换，但要保证包装、标牌齐全、商品没有任何损坏，不影响下次销售。另外没有质量问题的退换，邮费由买家承担”。关于退货条件一定要写清楚，以免后继发生纠纷，导致中差评，一般买家都只是想得到心理上的保险，不会轻易退货的。

从某种意义上来说，消除买家顾虑的过程也是帮助买家恢复信心的过程。因为当他们犹豫是否购买你的商品时，他们的信心出现动摇也是正常的。这时如果能及时地帮助他们消除顾虑，也就帮助他们强化了自己的信心和勇气。

12.1.3 及时回复买家留言，认真对待客户

众所周知，在现今竞争激烈的网络销售市场里，卖家们除了要提供优质的产品外，更应该提高服务的质量，争取更多的回头客才能让你走得更远。在回复买家提出的问题时，及时回复是至关重要的。

一般买家买东西都喜欢找在线的卖家，如果买家发过去的信息半天无人理睬，会让人觉得这个卖家很没有礼貌，也有种被冷落的感觉。网上卖家成千上万，有的是选择，不及时回复，就很容易流失客户。

所以要重视每个客户，每个旺旺留言。一般如果离开电脑，都要改变旺旺状态，并且设置旺旺自动回复向来客道歉。如果很忙，也要设置自动回复，请买家稍等会儿，并很快回复，请他谅解。一般客户都会谅解的，你尊重别人，别人才会尊重你。

还有把商品介绍写详细，也会减轻自己的工作量，如产品质量、规格、功能、产品用法、适用范围、保养、使用方法、注意事项、邮费及售后服务等。如果这些全部写详细了，买家就可以直接在介绍里得到答案。一般也不会有那么多的疑问需要你一个一个地解答，也会提高对你的信任度，至少会认为你是个比较用心的卖家。

12.2 与买家沟通的基本技巧

卖家在与买家谈话中，说话要有技巧，沟通要有艺术；良好的沟通可以助你生意兴隆。

12.2.1 使用礼貌有活力的沟通语言

礼貌待客，让买家真正感受到“上帝”的尊重。买家询问时先来一句：“欢迎光临，请多多关照。”或者：“欢迎光临，请问有什么可以帮忙吗?”等诚心的致意，会让人有一种亲切感，并且可以先培养一下感情，这样买家心里抵抗力就会减弱或者消失。

在买家咨询的时候，礼貌用语一定要习惯用上“您好，欢迎光临小店!”、“您”、“您请稍等，我看下库存有没有货”、“不好意思”、“抱歉，请您谅解”等礼貌用语，这样做的效果非常显著。

上面的礼貌热情回答是首要的，在此基础上如果能够巧用旺旺表情，并且用到实处那是非常有用的。聊天工具里面的表情是我们与客户沟通的好帮手，它能很快地制造出轻松的气氛，拉近大家的距离；但有些表情使用不恰当就很容易引起误会，所以有些时候应该避免或谨慎使用。切记不要滥用，否则会适得其反。

(1) 如果第一次和买家交流时，可以使用“害羞”、“鲜花”、“恭喜”、“招财猫”、“吐舌头”、“天使”等表情符号来表达我们的心情。

(2) 如果是老顾客或是比较熟悉的朋友，那么在沟通时就可以随意一点，使用的表情也可以夸张一些，达到轻松交流的目的，使沟通的氛围更加融洽。面对表扬和肯定，就可以使用“加油”、“鬼脸”、“露齿笑”等表情来表示我们的态度。

(3) 还有一些中性的表情，比如“查找”、“算账”、“呼叫”、“享受”等。

(4) 但是，有一些表情非常容易引起情绪波动和误会，所以应避免使用。如“尴尬”、“怀疑”、“皱眉”、“吐”、“鄙视你”、“欠扁”、“大怒”、“单挑”等。

多采用礼貌的态度、谦和的语气，就能顺利地与买家建立起良好的沟通。

12.2.2　遇到问题多检讨自己少责怪对方

遇到问题时，先想想自己有没有做得不对的地方，诚恳地向买家检讨自己的不足，不要上来先指责买家。比如有些内容明明写了可是买家没有看到，这时不要光指责买家不好好看商品说明，而是应该反省自己没有及时提醒买家。

当我们遇到不理解买家想法的时候，不妨多问问买家是怎么想的，然后把自己放在买家的角度去体会他的心情。

12.2.3　表达不同意见时尊重对方立场

少用“我”字，多使用“您”或者“咱们”这样的字眼，让买家感觉我们在全心地为他考虑问题。当买家表达不同的意见时，要力求体谅和理解买家，表现出“我理解您现在的心情，目前…”或者“我也是这么想的，不过…”来表达，这样买家觉得你在尊重他的想法，能够站在他的角度思考问题，同样，他也就会试图站在你的角度来考虑。

12.2.4　认真倾听，再做判断和推荐

有的时候买家常常会用一个没头没尾的问题来开头，比如“我送朋友送哪个好”，或者“这个好不好”。不要着急去回复他的问题，而是先问问买家是什么情况，需要什么样的东西，如果他自己也不是很清楚，就需要你来帮他分析他的情况，然后站在他的角度来帮他推荐。

12.2.5　与买家沟通的禁忌

卖家在与买家沟通时，主要目的是销售商品，不是来参加辩论会的，要知道与买家争辩解决不了任何问题，只会招致买家的反感。

卖家首先要理解买家对商品不同的认识和见解，允许买家有不同的意见；如果刻意地去和买家发生激烈的争论，即使你占了上风，赢得了胜利，把买家驳得哑口无言、无地自容，你高兴了，但你得到的是什么呢?是失去了顾客、丢掉了生意。

一、忌争执

卖家与买家沟通时，要理解并尊重买家的所需与观点，切不可与对方产生争执。与买家针锋相对，把交易变成了辩论，虽然让买家最后哑口无言，赢得了口舌，却最终失去了生意。我们的目的是把宝贝卖出去，而不是逞一时之快，因此要对买家所有的观点表示认同，要学会说是。

二、忌命令

卖家在与买家交谈时，态度要和蔼一点，说话要轻声一点，语气要柔和一点，要采取征询、协商或者请教的口吻与买家交流，切不可采取命令和批评的口吻与买家交谈。

三、忌不了解产品

如果对宝贝的产品性能、功用不了解，对同行价格等相关数据未做调查，临时抱佛脚，一问三不知，这样效果肯定不好。“工欲善其事，必先利其器”，此器既为产品的相关知识如产地、性能、功用、性价比等，也包括和同类产品的对比，竞争对手的情况。

四、忌炫耀

与买家沟通时，要实事求是地介绍自己的商品和店铺。万万不可忘乎所以，得意忘形地自吹自擂，自我炫耀自己的商品。要知道还有比你的商品更好的，况且每个人的品味及审美观都不一样，你认为好的买家未必认为也好。

五、承诺出格

为做成一笔生意，对顾客所有的要求全部一口答应，而到真正履行承诺的时候，却发现自己的能力达不到，或者即便履行了承诺，自己也伤筋动骨。轻诺必寡信，用脑袋管好自己的嘴巴，量力而说。

六、忌批评

买家成千上万、千差万别，他们的知识和见解都不尽相同。在与其沟通时，如果发现他在认识上有不妥的地方，也不要批评和教育他，更不要指责他，说他这也不是、那也不对。要知道，批评与指责解决不了任何问题，只会招致对方的怨恨与反感。与买家交谈要多用感谢词、赞美语；要多言赞美，少说批评；要掌握赞美的尺度和批评的分寸；要巧妙批评，旁敲侧击。

七、忌过分热情

顾客上门，热情似火，问一答十，恨不得把店铺所有的宝贝全部介绍出去，键盘敲得飞快，回过头来，却不知顾客的踪影。服务到位很不错，但过分的热情会给顾客带来购买压力，不给对方考虑的机会，甚至会让顾客对你热情的动机产生怀疑。真正的热情不是话多，而是尊重对方、站在对方角度考虑。

八、忌冷淡

与买家交流，态度一定要热情，语言一定要真诚，言谈举止都要流露出真情实感，要热情奔放、情真意切。在谈话中，冷淡必然带来冷场，冷场必定带来生意泡汤，因此要忌讳冷淡。

卖家在与买家交流中，说话要有技巧，沟通要有艺术；良性的沟通可以使买家买完一次又一次。要知道什么话应该说，什么话不应该讲。不知道所忌，就会造成失败；不知道所宜，就会造成停滞。

12.3 售后服务有绝招

售后服务和商品的质量、信誉同等重要。因为有时信誉不见得是真实的，但是适时的售后服务却是无法做假的。贴心周到的售后服务会给买家带来愉悦的心情，以后会经常来购买你的商品，同时拉进了与买家之间的距离。售后服务增加了与买家交流的机会，增强了信任，这样的话买家很可能会介绍更多的亲朋好友来光顾你的小店。

12.3.1 售后实时跟踪

商品成交后卖家应主动和买家联系，避免已成交的买家由于没有及时联系而流失掉。

（1）发送旺旺信息，再次确认商品详细信息、收货地址和联系方式等，以免发错货，造成不必要的麻烦。

（2）由于网络有时不稳定，有些买家的邮箱不一定能够及时收到邮件。因此如果当买家两天内没有回复邮件，可以主动打电话询问是否收到邮件或者旺旺留言。

(3) 买家付款后要尽快发货并通知买家，货物寄出后要随时跟踪包裹去向，如有意外应尽快查明原因，并和买家解释说明。比如我发过一个快递，在查询包裹时，发现已经两天了运输地点也没变化，赶紧向快递公司询问原因，原来是因为客户所在地区下大雪无法走件，和买家说明情况后买家表示理解，也就避免了差评。

(4) 货到后及时联系对方，首先询问对商品是否满意、有没有破损，如对方回答没有，就请对方确认并评价；如果真的有什么问题，因为卖家是主动询问的，也会缓和一下气氛，更有利于解决问题。因为往往好多事情从情理上来讲，争取主动要比被动更容易占上风，当然遇到胡搅蛮缠的买家则另当别论。

12.3.2 定期联系买家，发展潜在的忠实买家

生意的好坏，主要取决于新顾客的消费和老顾客的重复消费。开发一个新顾客的成本比留住一个老顾客要高 4 倍，所以老顾客的数量决定了生意的好坏，决定了生意的稳定性，因此要发展忠实的买家，留住老顾客。

忠实买家所产生的销售额通常能够达到一定比例。所以对于曾经购买过商品的买家除了做好第一次交易，更要做好后续的维护，让他们成为你的忠实顾客。

定期给买家发送有针对性，买家感兴趣的邮件和旺旺消息，把忠实买家设定为你的 VIP 买家群体，在店铺内制定出相应的优惠政策，比如可以让他们享受新品优惠等等。

对于成功买过店铺商品的买家，如果他介绍自己朋友来买，可以送给他一些小礼物之类的东西，这样特别适合商品有竞争力的店铺，以好货吸引二次购买。

定期回访顾客，用打电话、旺旺或者 E-mail 的方式关心客户，与他们建立起良好的客户关系，同时也可以从他们那里得到很好的意见和建议。

12.3.3 制定退换货制度

退货和换货在交易中经常发生，而退换货服务的好坏直接影响着顾客能否再次购买。

一、先对退换货进行说明

能否方便地退换货，是影响顾客购买动机的最大因素，所以应清楚、

明白地告诉消费者：什么样的条件下可以退货；对于款到发货的情况，退货后多久可以将款退还给用户；往返运费由谁来承担。这些问题不说清楚，往往会让不少顾客犹豫不决，所以，在店铺中最好能有退换货情况的说明。

二、当顾客提出退货时应先了解原因

当买家提出退换货要求的时候，作为卖家，首先要了解顾客为什么要退换货，确定是由谁的原因造成的，也就是责任归属问题。退换货的原因通常有以下几种：

（1）商品的质量问题。

（2）顾客所收到的商品与描述和图片不符。

（3）商品本身没问题，顾客只是想更换商品。

（4）商品运输过程中的磨损。

（5）顾客使用不当，引起商品损坏。

如果是卖家的责任，要勇于承担，同时要尽快同买家达成换货协议，否则容易使买家感到失望而丧失再次购买的欲望；如果是买家的责任问题，一般是不予退换的，但也要向买家详细说明原因，最好能为对方提供相应的弥补建议，切忌在沟通中冷言冷语。

三、界定退换货运费归属问题

通常情况下，运费的归属问题是根据责任的划分来确定的，由于商品的质量问题、运输磨损等引起的退换货要由卖家负责运费；而由于买家的原因，例如想换一种产品或买家使用不当造成的商品损坏引起的退换货则应该由买家负责运输。

12.3.4 维护客户关系

把已有的客户服务好，尽量提供优质服务，替客户着想。随着时间的增长，客户会介绍他周围的人给你，那么循序渐进，也就越做越大。良好的客户关系将会为你带来更多的交易。

一、尊重客户

尊重是一种修养，一种品格。做生意，首先要从尊重开始。无论生意是否成交，与对方交谈一定要注意礼貌，交谈时需顾及对方的感受；完成交易后，千万不要忘记对买家表示感谢。

二、替客户着想

合作的目的是双赢，在与客户沟通的时候应该尽量了解清楚客户的需求，避免将客户不需要的东西卖给他，减少其不必要的开支，相应地也会减少交易纠纷的产生。

三、过硬的售后服务

售后服务和宝贝质量以及卖家信用同等重要，售后服务是留住老用户，吸引新客户的关键。

对于自己出售的商品，卖家需要了解商品的属性，掌握故障的解决方法，如果需要厂家支持，则需要跟厂家商量好技术支持和售后服务的条件，让买家购物没有后顾之忧。

四、管理客户资料

随着开店时间的增加，买家越来越多，需要对客户的资料进行管理。除了需要整理已经成交的买家，对一些意向客户的资料也要进行管理，便于及时跟进，主动与之联系。

需要整理的客户信息包括：交易的时间；客户的阿里旺旺用户名；购买的宝贝名称、规格、价格、数量；客户的联系方式；客户的问题以及客户的聊天特点等。

建立完善的客户资料，在下一次与客户交流的时候能够迅速说出客户信息以及要求，会让客户感觉到掌柜对他很重视，进一步增加买家对卖家及店铺商品的好感，反之买家则会有被怠慢、被轻视的感觉。

对意向客户也要随时保持跟踪，保持联系，不要让自己的客户变成别人的客户，也不能把客户遗忘掉。

五、定期联系客户

老客户的维护成本比新客户的开发成本低很多，和一个新客户谈成一笔交易也许需要几天甚至更长时间，投入的精力也是非常大的；而和一个有过愉快交易的老客户的再次交易可能只需要几分钟。与老客户的这种默契，是建立在卖家的用心服务之上的。

在开发新客户的同时要维护好老客户，他们是掌柜成长道路上的扶持者。所以掌柜们要经常给这些买家一些问候，不要让顾客有被遗忘的感觉，同时也可以让客户记得自己。但是也要注意与客户交往不要太过频繁，或者纯粹广告式的招呼，引起客户的反感就得不偿失了。

12.4　正确处理交易纠纷

开店总是避免不了形形色色的问题，其中纠纷的问题最多。一提到交易纠纷，很多人都会头大，淘宝客服处理周期过长，过于维护买家利益等，让中小卖家害怕“纠纷”这个词。

12.4.1　回应中评和差评

网店经营中，难免碰到一些急躁的顾客，在卖家还没有做出反映之前就产生抱怨，给了个差评。在销售的过程中，如果不能正确处理买家的抱怨，那么将给店铺带来极大的负面影响。因为一个不满意的买家可能会把他的不满意告诉他身边的很多亲朋好友，并且给店铺一个差评，其破坏力是不可低估的。一定要积极地回应买家的抱怨，适当地对买家做出解释，消除买家的不满，让他们传播店铺的好名声，而不是负面的消息。

作为卖家，莫名其妙得到一个差评，不仅扣分还会觉得冤屈。在看到有差评时，要心平气和地分析是什么原因造成的。一般差评有如下几种原因：

一是心急的买家抱怨物流速度慢。

二是对客服人员的服务态度不满意。例如，有些客服人员总是一味地介绍自己的产品，根本不去了解买家的偏好和需求，同时对买家所提出的问题也不能给予满意答复；或在销售的过程中，出现轻视顾客、不信任顾客的现象。

三是买家对产品的质量和性能不满意。出现这种抱怨的原因很可能是因为广告夸大了产品的价值功能，结果当买家见到实际产品时，发现与广告不符，由此产生了不满。

如果是卖家的过错，要想办法去弥补，即使是运输过程出了问题，也不要让买家去完全承担。但是往往也有些人抓住卖家这种心理，利用差评进行要挟，卖家们特别是新手卖家，一定要注意。如果遇到以差评要挟的，一定要找到有力证据，与这样的买家斗争到底，坚决维护自己的利益。

如果卖家在第一时间承担了错误，买家就会感觉到卖家是有责任心的，气就会消下去大半。如果卖家又在第一时间拿出处理问题的方案，大

多数买家就都会用商量的口吻来讨论。

买家中有没有贪小便宜的人呢？当然会有，但一定是极少数。聪明的卖家在遇到差评的时候，首先想到的是：第一，买家的意见里有没有值得自己改进的地方？如果有，早改比晚改好；第二，能不能用这样的机会，向潜在的买家表明自己对待错误的责任和出色的售后服务管理制度。这样做，就会扩大自己的关注度。

一般情况下买家都是很好的，尽量和买家沟通好，如果认为买家提出的问题可以通过换货解决，那就尽量换货；如果买家提出的要求，换货也解决不了，那就退货。

12.4.2 引导买家修改中差评

中差评是开网店不可避免出现的情况，很多中差评都是误会引起的，通常在跟买家沟通后都能得到修改。

如果你是卖家，当你收到中差评时，千万不应盲目抱怨甚至投诉买家。这样只会激怒对方，使问题没有了解决的余地。先冷静客观地分析一下情况，如果自己确实有过错，应诚恳地向买家道歉，承认工作上的过失，达成一致意见后，卖家可以提出自己的要求，如“我有个小小的请求，您能否为我修改一下评价？真的很感谢您为我们提了很好的建议和意见，希望以后多多合作！”通常买家也不会因为一点小事伤了和气，一般都会同意修改评价。如果买家不知道如何修改评价，卖家可以把修改评价的方法告诉买家。

不过，如果买家不愿意对评价进行修改，也要保持理性的态度，有少数几个中差评也是可以理解的。

12.5 网店管理技巧

对于一个网店来说，除了销售外，还需要一支后勤队伍来做支持。在商业竞争中，一个管理有方的销售团队是所向披靡的，因此，对于一个网店经营者来说，销售和管理，两手都要抓。

12.5.1　选择供货商

卖家在选择好自己想出售的商品类别的同时，选择供货商也是关键的问题。下面将介绍如何选择供货商：

一、根据店铺的定位来找供货商

其实，这一点完全适用于每一个新手卖家。各位新手卖家清楚地知道自己小店的定位很重要。要开店，就要先了解自己打算卖的产品，以及这些产品的市场饱和度。只有喜欢你的产品，在给买家介绍的时候才能更热情，更专业，更能感染买家。

二、刚刚开店的卖家

对于刚刚开店的卖家来说，可能一时找不到供货商，这时不妨先将自己的闲置物件拿出来卖。一般来说，两星很容易达到，等有了两星之后再去找供货商，自己有了一些主动权不说，还有更多的供货商愿意和你合作，这样不是一举两得吗？

三、一个钻以上的卖家

对于有了一个钻的卖家来说，可供选择的供应商数量很可观，这时候就要睁大眼睛了，一定要仔细看清楚供货商提出的条件再做定夺。

（1）首先要看供货商的产品质量。这是最重要的，如果产品不好，再好的服务也是空中楼阁。如果供货商有淘宝店铺，看他店铺里买家的评价和好评率就可以了。尤其是看卖家自己面对中差评时的解释及态度，这通常都反应了这个卖家的人品；他怎样对待顾客，就有可能怎样对待你。

（2）供货商能否提供七天无理由退换货服务，这是极其重要的一条。在保证供货商的产品总体质量好的情况下，也要确定一旦有问题产品出现，或者出现大小不合适要换货的情况，能够及时迅速地提供退换货服务。有的供货商会提出比较苛刻的退换货规定，如果是这样的情况，最好要放弃。

四、谨慎选择供货商

从最大的一面来说，就是对自己负责，对买家负责。如果先考察供货商的资质，就不会那么容易受骗。对供货商客服人员的了解与鉴别，也是以后我们能顺利拿下单子的先决条件。

12.5.2 成为进货的业务精英

对于店主来说，进货是一门大学问。进货时，掌握一定的要领，有助于进货的成功。一般来说，进货成功的要领有以下几个方面：

一、了解顾客的需求

顾客的需求可作为决策的向导，进货时可以遵循以下要领：设置工作手册，设立顾客意见簿，有意识地记录顾客对商品的反映，然后将这些意见整理出来；建立缺货登记簿，对顾客需要的、但缺货的商品进行登记，并以此作为进货的依据；应对顾客意见簿进行长期检查，用心聆听顾客们的建设性意见。

这样可以准确预测市场，了解顾客对商品的质量、品种、价格等方面的需求，从而采购到适销的商品，避免积压库存而造成不必要的损失，使经济效益得到提高。

二、进货时机巧把握

对于货源不足、供不应求的商品，应根据市场需求来开辟货源，随时掌握进货情况，随供随进；对季节生产、季节销售的日常用品，应该本着“季初多进，季中少进，季末补进”的方针；新产品要先试销，打开销路后，进货量应从少到多。

三、比较供货商

为了进到价格合理、品质优良的产品，可以让多家供货商提供价格表，以作参考，然后从中挑选合适店铺经营的商品。

四、先进货后付款

进货后再付款可以更多地赚取利息，对中小型店铺还能起到规避风险的作用。

掌握以上各条进货要领，就会进到称心如意的商品。如果再能做到以下几点，就能进一步符合顾客的意愿，满足市场的需要。

五、按不同商品的供求规律进货

对于供求平衡，货源正常的商品，少销少进，多销多进；对于货源时断时续，供不应求的商品，根据市场需求来开辟货源，随时了解供货情况，随时进货；对于采取了促销措施，仍然销量不大的商品，应当少进，甚至不进。

六、注意季节性

新手往往并不知道服装进货时间一般会比市场提前两到三个月，在炎炎夏季时，批发市场的生产厂家们已经在忙着准备秋衫了。如果不明白这个道理，还在大张旗鼓地进夏季尾货，还在为占了厂家清季而处理的便宜货得意时，乐的可是批发商；而你进的货也可能会因转季打折而卖不了好价钱，或需求少而影响到销售不理想，所以看准季节时机慎重进货也是一个方面。

七、掌握进货的数量

进货数量包括多个方面，如进货总额、商品种类数量等。确定进货金额有个比较简单的方法，即把整个店铺的单月经营成本加起来，然后除以利润率，得出的数据就是每月要进货的金额。

进货商品种类第一次应该尽可能多，因为需要给顾客多种选择的机会。当对顾客有了一定了解时，就可以锁定一定种类的产品了，因为资金总是有限的；只有把资金集中投入到有限的种类中，才可能使单个产品进货量大，才能要求批发商给予更低的批发价格。

八、勤进快销

勤进快销是加快资金周转、避免商品积压的先决条件，也是促进网店经营发展的必要措施。店铺经营以投入较少的资金，经营种类齐全的商品，从而加速商品周转，将生意做活。当然，也不是进货越勤越好，需要考虑网店的条件及商品的特点、货源状态、进货方式等多种因素。

九、积累丰富的商品知识

一些店主在进货时通常会一味杀价，而对于其他交易条件从不考虑。这样一来，就会十分容易陷入别人的圈套。倘若供货商知道进货者有这种习惯，一定会有所准备地提高价格，来等待进货人员砍价。因此店主在进货时应该洞悉市场动向，积累丰富的商品知识，这样才不至于被欺骗。

12.5.3　客户档案和会员管理

店主每天需要做的事就是开发新客户、维护老客户，这样，店铺的忠实客户才会越来越多，生意才会越来越好。

对于网店来讲，顾客就是上帝。网店要发展，靠得是顾客的一次次光顾，如何管理好这些顾客自然是经营中的重中之重。

第一招：火眼金睛，筛选出有价值的客户。

管理学上有个知名的“二八”法则，即80%的利润来自20%的客户。对于卖家来讲，一定要有一双火眼金睛，发掘出那些大客户。俗话说，好钢用在刀刃上，作为卖家，当然要把主要的精力用在那些优质的客户身上。比如卖电脑商品，家庭客户可能用上5年，重复购买率很低；而那些单位客户，往往购买金额大，重复购买率高，对价格也不是很敏感。因此，在顾客购买的时候要注意一下对方的收货地址，对于来自一些相关单位的，就要引起高度重视了。可以顺便多问几句，“您是单位购买还是自己用呀”、“你们单位一般用些什么电脑啊”等。对于这些潜在的大客户，要注意搜集相关的信息，做到有备无患。

第二招：及时随访，个性化服务，让新客变成熟客。

有了第一次成交记录，那么下面的工作就是怎么样把新顾客变成老顾客了，良好的服务、及时的随访至关重要。只有那些个性化的随访信息，才会被买家所接受。卖家要记住买家每一次的询问、每次的购买周期、对店铺商品的每一次及时的反馈，同时记得过段时间问问客户，上次买的商品用的怎么样等。

第三招：分级管理，个性化服务，顾客想走都难。

也许大家觉得这么多随访工作，怎么做呀，哪有这么多精力呀！这就需要对客户进行分级管理，分级的标准无非是购买量、购买次数、利润的丰厚程度，还有一点就是不要忘了他的购买潜力！级别越高，当然服务更周到，工作更细致。淘宝高级店铺自带的客户管理系统可以辅助对客户进行分级。不过记得分级也不是固定的，要实行动态管理，定期对客户的级别进行调整。通过分级管理进行个性化服务，让顾客想走都难。

第四招：巧用软件，事半功倍

在如今的信息化时代，适当地选用管理软件帮助网店的管理将会事半功倍。目前，流行于C2C网站的管理软件主要有《网店小秘书》、《网店管家》。而最近淘宝网对高级店铺（钻石级以上）也提供了来自阿里巴巴的客户管理系统，正被一些卖家所采用。

12.5.4 团队合作，做大做强网上生意

当销售规模达到一定程度时，仅凭店主一个人会很吃力，再想扩大经营就会有点力不从心，这时候需要组建一支网络销售团队。根据管理的范围和内容的不同，在专门的网络销售团队中，有客服人员、商品拍照登录

人员、财务统计人员、库房管理人员、采购人员与管理员等。

一、客服人员

客服主要负责与顾客联系、建立客户档案，并进行管理、收发邮件、到账查款、信用评价、给顾客发送促销活动通知等繁琐的日常工作，是网店和顾客间的纽带和桥梁，所以第一个应该增加的职位是客户服务。一般安排一个人专职做就可以了，如果你分类多、交易大，或是还有其他网站的业务，可以安排两三个人分工负责。客服最好是细致、耐心、机灵的女孩，最基本的要求是普通话要标准、打字速度要快，反应灵敏。

为了加强与顾客间的良好关系，保证和拓宽客户群，客服人员最好花一些时间来研究顾客的购物心理，分析他们对服务方面的需求。如果有空余时间可以陪顾客或网友聊聊天，培养潜在的顾客，但一定要注意时间的把握，要在不耽误自己其他工作的前提下适当安排时间。

二、商品拍照登录人员

这个职位是网上生意的“核心技术”，很多卖家都是自己在做。在网店达到一定规模后，可能会有成千上万的商品，就需要一个专人来管理在线商品，而这个人又必须和客服人员分开。店主应该把主要精力放在进货上，至于拍照、描述、登录最好找个有网页设计基础的人来做。第一可以保证页面制作美观专业；第二可以增加推广力度。任何职位工资都要与业绩挂钩，这个职位的提成也可以用网上拍下商品的数量，或商品的浏览量来计算提成等。

三、财务统计人员

统计员是介于会计和库管之间的一个职务，也就是俗称的账房先生。但统计员不是专业的账房先生，要学会使用简单的表格统计店铺每天的收入和支出，做到及时、完整、准确地进行整理汇总，综合分析，建立相应的统计报表。

作为网店卖家，记账方法可以按照非专业要求，但前提是自己一定要能看懂，能够通过相应的统计报表判断出自己劳心劳力的店铺是赚是赔、有无库存积压、有多少资金可以周转和进货，以及还有多少剩余资金可以用来店铺的再发展。作为个人卖家，统计员就需要扮演着兼会计、统计和库管为一身的角色了，不仅要会统计和分析，还要克服账面暂时没有赢利的失望心理，只有拥有信心，我们才能坚持把店铺一直经营下去。

四、库管员

如果商品种类多、数量大，可以请一个专职库管员。库管员是一个较为辛苦的角色，作为库管员，除了要拥有库管员的职业要求外，还必须具有较强的工作责任心和热情的服务态度。必须随时关注店铺的库存余量，确定哪些商品已经缺货，以便将其及时下架，以免给有此商品需要的顾客造成困扰。此外，通过定期盘点库存，并推出相应的促销活动来清仓，还可以快速动销产品，盘活资金。对于服装、食品等时效性较强的商品来说，及时清仓是减少亏损的一种有效方法。

五、采购人员

网店商品的采购一般是店主自己做，也可以让自己的亲戚负责帮忙进货。很多店主都不愿意用外人做采购，第一怕进货时吃回扣；第二怕采购员自己出去单干。不过如果采购量确实很大，自己又没有亲戚可帮，那也可以招聘专门的采购人员，一般可以用下面的两种人。

第一是随遇而安型，这种人一般没什么太大野心，对生活也没有太多要求。这种人可以跟着干很久，一直都是个帮手。缺点是进取心不强，另外可能会贪小便宜吃点回扣，不过只要不太过分完全可以采用。

第二种是豪爽型，这种人可能胸怀大志，野心不小，但是为人正直，性情豪爽。他不会贪朋友的小便宜，而且进取心强，主动性很高。缺点是天下没有不散的宴席，不过也不可能让人家干太久，只要走后不用你的关系与你在同一个平台竞争就不算过分。

六、管理员

在所有的管理人群中，管理员的工作量是最大、最繁杂的，除了每天要回答顾客的提问，及时处理商品的上架和下架外；还要根据不同的交易状态对售出的商品进行分类管理；同时还要制定商品的促销方案以及店铺经营策略等。另外，还必须利用休息时间到论坛上发帖、回帖，做好网店的宣传推广工作，尽一切可能，寻找更多能让别人记住店主、商品和店铺的机会。

要成为一个好老板就要和蔼可亲，只有这样才会得到员工们的支持。首先要把自己摆正位置，在管理的原则上要真正为员工服务，只有这样才会得到员工的认可，才能让他们把公司当成自己的，才能达到赢利赚钱的目的。

第 13 章　学习优秀店铺经验

开店指导

新手开网店，往往很久了都还没有卖出去一件商品。如果想让自己的店铺流量大增，那么天天坐在电脑前等着网上购物的买家青睐你，是远远不够的，店主还要学习优秀店铺的成功经验。本章将介绍典型的优秀网店的特点，以及值得我们学习的各种宝贵经验。通过向偶像店铺学习，以求招揽更多的生意，使网店业绩蒸蒸日上。

13.1　优秀店铺经验技巧

下面介绍一些优秀店铺的经验技巧，学习和借鉴这些成功经验，不仅有助于店主把握大好机遇，少走弯路，将店铺做强、做大，而且有助于店主丰富自己的知识，掌握网上开店的技巧和方法，使自己在强手如林的竞争中脱颖而出。

13.1.1　把网店回头率做到 100% 的秘诀

如果能拥有很多的回头客，那么网店经营起来会轻松很多，怎样才能拥有 100% 的回头客呢？

一、熟悉商品的专业知识

顾客问你商品问题时千万不能都是大概、可能、也许此类的话，这样不但说明自己不专业，同时也给人不信任感。同样的商品，价格可以相差很大，顾客买的放心是最基本的要求。因此，卖家要充分了解自己所经营

的商品，熟悉相关的专业知识。

二、不要对顾客批评、指责或抱怨

如果顾客想砍价，你可千万不要和他抱怨怎么不挣钱，生意怎么难做，那样顾客是很反感的。不要责怪顾客，要试着了解他们、试着明白他们为什么要那样做，这比批评更有益处，也更有意义得多；所以对顾客不要批评、指责或抱怨。

三、紧随评价

当看到新客户第一次收到商品后所做出的评价时，你要紧随他的脚步，细读他的心声，即使是有所抱怨，你也得细嚼慢咽，从中提取有用的信息，这样可以加强你对自己商品缺陷的了解，以便以后可以推荐给顾客更好的商品。

四、赠送小礼物

可以抽出一点利润，为顾客准备一份温馨的小礼物。当顾客收到时，不仅仅是惊喜，更多的还有感动。还可以更直观一些，在店铺分类栏里专起一栏，里面摆满准备赠送的小礼物，让顾客各取所需，因为需要的才是真正好的。当然，还可以在公告里注明赠送神秘小礼物，也是抓住顾客的一种温柔的方法。

五、给老客户优惠

一个顾客如果能成为你的老客户，那肯定是由于在你店里买的商品有所优惠，因为优惠，才会使他买你的商品。所以，你要站在顾客的立场，精打细算，为他们尽量节省每一分钱。你可以推出积分制度，比如说一件衣服可以积 1 分或者 10 分，积累到一定的数字可以换购某件商品，或者可以作为现金来购买本店商品；这样可以让顾客在你店里购物时，多了一个目标，或者多了一份动力。当然，也可以推出折扣制度，比如买几件以上包邮，几件以上八折等，让顾客消费得更高兴，也更信任你。

五、不要在生意好的时候降低服务标准

在很多时候，你也许会在生意好的时候，悄悄地降低商品质量或者服务标准，认为这样一点点的变化顾客无法觉察。如果你这样想，那么顾客的流失将是无法避免的。

六、售后回访

想要留住一个顾客，首先你最好看看该顾客的所有购物记录，从中寻找到他的购买方向和喜好。如果确定他喜欢你店里的东西，那就不要犹豫了，把他列入你的客户表中，定期做个有针对性的回访；或者新货通知；或者活动公告。当然，如果发现并没有再次购买的意图，可以调整一下回访的间隔时间，切记不要太频繁，还有就是一定要用正当手段，不能狂轰滥炸。

七、保证商品质量

当然，无论你用什么办法，其实留住回头客的关键还是你的商品质量要好，这才是重点。诚信经营，让顾客感觉到你的用心，你的顾客想不成为回头客都难。

八、包装要认真

别小看了包装，细心的买家会从包装中看得出店家有没有诚心做这笔生意，看得出店家对自己产品是否珍爱。因此，你不管卖什么都要非常仔细地包装好，打结实了。认真包装这样才能让顾客感觉到你的用心。

九、赞美顾客

如果你想留住顾客的心，那么，就要尊重顾客，让顾客认为自己是个重要的人，满足他的成就感。

“三人行，必有我师。”就是说每个人身上都有他的发光点，我们要发现顾客的优点，适当地赞美他。满足他的成就感，这绝对是一个可以赢得顾客欢心的好方法。

13.1.2　皇冠店铺常见促销策略

近年来，虽然网上商店的数量与日俱增，但许多网店由于缺乏经营意识，最后只是昙花一现。网上商店同传统的商店一样都需要精心打理，因此，制定既适合网店又适合网络环境的促销策略就显得十分必要。

一、限时限量促销商品

限时打折是一种常见的店铺促销工具，卖家可以在自己店铺中选择一定数量的商品，在一定时间内以低于市场价进行促销活动。活动期间，买家可以在商品搜索页面根据“限时打折”这个搜索关键词找到所有正在打折中的商品。如图 13－1 所示限时打折的商品月销售竟然达 1600 多件。

限时促销是一种非常有效的促销手段。但如果不能把握其中的诀窍，不仅不能取得良好的效果，反而会弄巧成拙。那么该如何采取有效的方

式，尽可能地扬长避短，以达到应有的效果呢？

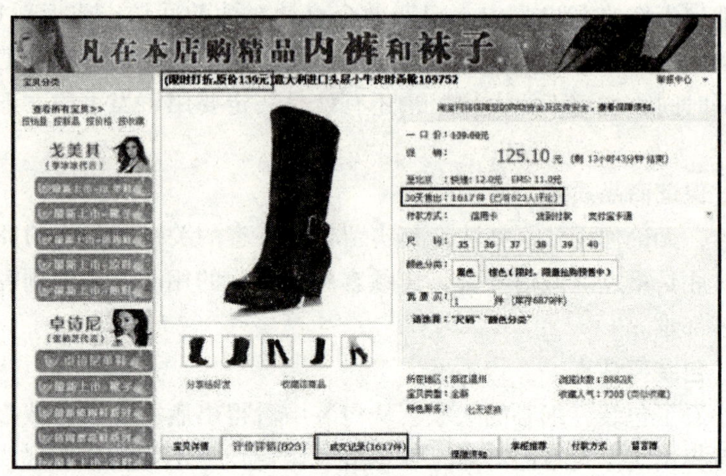

图 13－1 限时打折的商品

第一步：选择商品，哪些商品适合限时促销呢？流行商品、应季商品、大众化商品、单价不高的商品一般都是首选。限时促销商品根据不同的种类最好定为原价的 3～8 折，价格不能太低；太低就有假货、滞销货的嫌疑，会使顾客失望和生疑。

第二步：促销时间，很多限时抢购促销失败都与时机选择不对有关。一般可以选择节假日、周末，特别是有大型促销活动的时候最好，如换季促销、周年庆、黄金消费周等，因为这时网上的人流量大，限时抢购的效果会更好。

二、免邮费

网络购物的邮费问题一直是买家关注的焦点之一。免邮费，一般是说客户在网上购买商品后，由卖家来承担邮寄费用，不需买家掏腰包，这是卖家的促销手段之一。

当前邮寄方式主要分为：邮局（包裹平邮）、物流快递、特快专递等，平邮的价格较低，但周期较长；物流快递价格适中，送货周期在 3～5 天；特快专递的价格昂贵但周期短，因此快递公司是最容易被买家接受的。店主可以根据买家所购买商品的数量来相应地减免邮费，让消费者从心理上觉得就像在家门口买东西一样，不用附加其他的费用。如图 13－2 所示的

店铺采用免邮费促销。

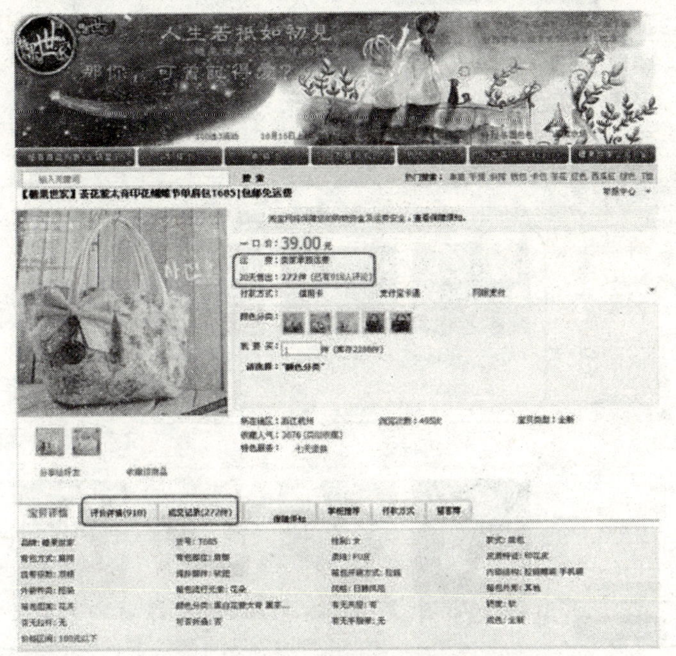

图 13－2　店铺采用免邮费促销

三、赠品促销

所谓赠品，即顾客在购买产品的同时可以得到一份非本产品的赠品。这种模式使顾客购物的同时能够获得回馈，比继续购买奖励更直接简单，这也是各大优秀卖家常用的一种促销手段。如图 13－3 所示赠品促销。

赠品促销的关键在于赠品的选择上，一个得当的赠品，会对商品销售起到积极的促进作用；而不适合的赠品不但使成本上升，利润减少，还会使顾客不满意。

赠品促销有如下的优点：

第一，可以提升品牌和网店的知名度。

第二，鼓励人们经常访问网店以获得更多的优惠信息。

第三，能根据消费者索取赠品的热情程度，总结分析营销效果和产品本身的使用情况等。

选择合适的赠品应注意如下问题：

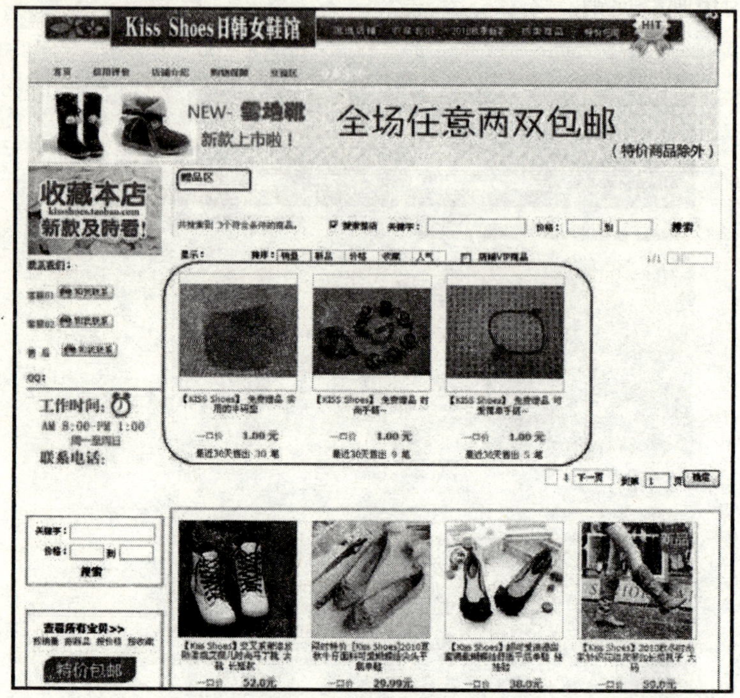

图 13－3 赠品促销

第一，不要选择次品、劣质品，这样做只会适得其反，影响店铺的信用度。

第二，选择适当的能够吸引买家的商品或服务。可以赠送试用装或小样，还可以赠送无形的东西——服务。

第三，注意赠品的预算，赠品要在能接受的预算内，不可过度赠送赠品而加大成本。

四、积分促销

积分促销在网络上的应用比起传统营销方式更简单和易操作。网上积分活动很容易通过编程和数据库等来实现，并且可信度也很高，操作起来相对较为简便。积分促销一般设置价值较高的奖品，消费者可以通过多次购买或多次参加某项活动来增加积分以获得奖品。

积分促销可以增加上网者访问网站和参加某项活动的次数；可以增加上网者对网站的忠诚度；可以提高活动的知名度等。

五、免费试用

所谓免费试用，即是通过将产品或试用装免费赠送给顾客体验试用的一种促销手段。这种模式是把双刃剑，对顾客杀伤力惊人；同时对自身成本压力也非常大。如图 13 –4 所示免费试用促销商品。

图 13 –4　免费试用促销商品

六、发展网络代理商

“网络代理商”顾名思义就是其他卖家经过自己的允许，上传自己的图片，销售价格和自己的一样；等卖出时，其他卖家向自己购买，然后自己在发货人栏写“网络代理商”的地址，收货人写他提供的地址发货；但给“网络代理商”的价格是批发价，这样“网络代理商”就可以有一定的利润可赚。

很多店主认为由于货源、图片都和自己的一样，发展网络代理商会给自己造成竞争，影响自己的生意，其实这是一种错误的观念。

发展“网络代理商”可以通过更多的渠道让店铺的商品跟顾客见面，从而扩大受益面。比如有两个代理商就可以使自己的商品多了两倍和顾客见面的机会。也就会提高自己的商品销售量。这样等于开了多个店，使自己的商品销售量大大增加。如图 13 –5 所示网店发展代理商。

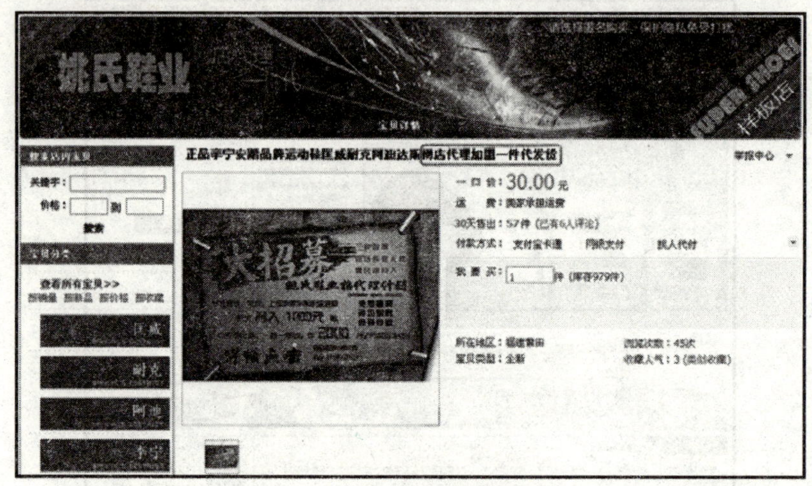

图 13 –5　发展网络代理

七、参加网络团购

所谓网络团购，就是互不认识的消费者，借助互联网的“网聚人的力量”来聚集资金，加大与商家的谈判能力，以求得到最优的价格。尽管网络团购的出现只有短短几年的时间，却已经成为在网民中流行的一种新消费方式。

网络团购将成为商家开启电子商务业务大门的敲门砖。商家在让利消费者的同时，也极为有效地宣传了网上店铺。

网络团购，是一种巧妙地将零售业务往批发业务转化的方式。因为它可以给参加活动的人以更大的优惠让利，所以，在短短的几年里，它就成为了网上贸易中最著名的几个关键词之一。因此，作为网商，一定要好好组织网络团购活动，为自己的发展提供前进的动力。毕竟网络上零售消费者的人数要远远大于批发进货者，因此，如果能够做好团购活动，那么，对于提升网店业绩，将是一剂猛药。如图 13 –6 参加网络团购的商品。

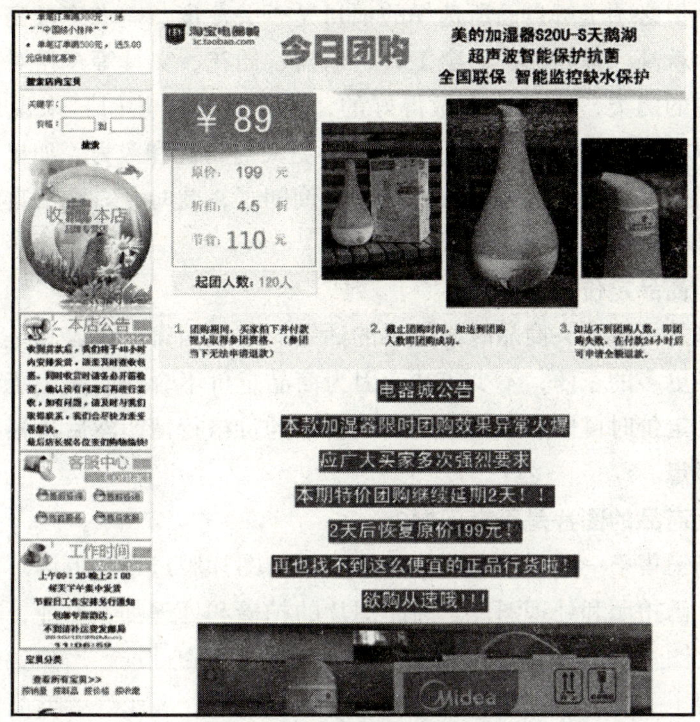

图 13－6　网络团购的商品

以上几种是网上促销活动中比较常见又较重要的方式，其他如节假日的促销、事件促销等都可将以上几种促销方式进行综合应用。但要想使促销活动达到良好的效果，还必须事先进行市场分析，对竞争对手进行分析，这样才能知己知彼，最终取得成功。

13.1.3　网店生意冷清的原因

有的卖家在淘宝发布商品很久了，但是生意一直冷清。这是开店新手经常遇到的问题，甚至一些信用相对较高的卖家也会遇到同样的问题。那么，网店生意冷清的原因是什么呢？问题出在哪里呢？具体来说，需要考虑以下几点：

一、所选项目是否属于冷门，市场需求不大？

网店销售的品种虽然是五花八门、琳琅满目，但比较热门的还属女性用品、化妆品、衣服、数码产品、饰品等。当然并不是叫大家都去经营这

些门类，但必须了解自己所选择的项目是否关注度、需求度较高，较高当然成交率就高。像药品、五金工具、乐器、插花、文具等，相对来说属于需求偏少的门类，虽然也有做得好的，但毕竟较“热门”来说成交率偏低。所以，经营“冷门”项目需要付出更大的耐性和毅力，如果选择了冷门就不用过多烦恼为什么生意清淡少人询问了，此时，需要给自己耐心和时间，理性地度过正常的“萧条”阶段。

二、商品定价是否合理?

价格是买家购买商品时最敏感的话题。一般而言，买家总是希望花最少的钱买更多的东西，不少店铺就因为商品定价不合理而失去了大批的客户。商品定价时可以参照淘宝上其他店铺的价格行情，然后再根据自己的利润来确定。

三、商品的图片是否有问题?

网络销售第一感观就是图片，一幅好的图片胜过千言万语。很多新卖家都是自己拍照和处理图片。商品图片的拍摄和处理都不专业，甚至有的连商品的图片都没有，结果大大影响了买家判断和挑选，当然也就影响商品的销售了。图片的好坏直接关系到交易的成败，一张好的商品图片能向顾客传递很多东西，如该物品的构造、材料、做工、细节，乃至店主对物品的重视程度和诚意等。

四、商品描述文字是否详细全面?

在网上做生意，最重要的是把商品信息准确地传递给买家。如果想长久经营就不能有半点欺骗顾客的想法。商品描述信息必不可少，商品描述是真正展示商品的地方，买家主要是通过商品描述了解商品的。有了好的图片再加上详细的文字描述，买家看了后才会有购买的欲望。商品描述一定要详细，能够全面概括商品的内容与相关属性，最好是能够介绍一些使用方法和注意事项，更加贴心地为买家考虑。

五、在线时间是否没有保障?

生意好坏与旺旺在线时间长短有很大的关系，旺旺保持足够的在线时间是网店成功经营的必备条件。

有很多买家都会看店主是否在线，如果不在线的话，就不会进入该店铺，因为店主不在线就无法对商品进行咨询。

六、销售的商品是否单一？

如果销售的商品过于单一，那么就无法满足顾客的多种需求。比如销售仅限于女装的店铺，生意冷清也就在所难免。对此，卖家可以随着买家询问的需求，不断丰富起其他产品，如包、饰品、围巾、帽子、鞋等关联品种。这也满足了一些顾客一次购买多件商品的需求，既节省时间也节约费用。当产品丰富时，顾客一般会搭配购买，因此在慢慢促进成交数量的同时也加快了店铺信用的增长。

七、是否定期更新？

是不是每天、每时都有新品上架，也就是时刻都有商品下架，这样顾客才能更多地搜索到你的商品。每天要多次关注橱窗推荐，如果每天只关注一两次，那是远远不够的。因为随着店铺的推荐商品不断下架，就需要多次推荐新的商品，只有推荐的商品才更容易被顾客搜索到。

八、商品名称是否吸引人？

商品名称直接关系到买家能否成功搜索到商品。因此商品起名时要注意是否吸引人，要让买家了解到商品的作用、颜色等属性，或者选用其他特定意义的词汇。

九、是否重视店铺的宣传？

在店铺没有开起来之前，店主最关心的问题就是如何把网店尽快开起来，并且装修好。可是一旦店铺开起来之后，多数店主会为店铺流量伤透脑筋。网上开店最怕没人光顾，网店宣传推广也是一个系统工程，应该考虑诸多方面。

十、服务水平是否欠人性化与灵活度？

服务是一门学问，从服务中买家可以感受到店主的性格、态度、品性和专业度。服务要做到恰如其分，不仅仅要有好的态度，而且要熟悉店里的每一件产品。如果卖家都不了解店里的产品，那怎么向买家介绍呢？没有说服力，买家是不可能买的，有说服力才有吸引力。

十一、与买家关系是否友善？

现实生活中一个人的人脉是很重要的，你可以没有钱，但是你有一个良好的人际关系网，本身就是一个无形的庞大的资源。网络也是一样，虽然有的说网络是虚幻的，但是在每个ID的背后都是一个活生生的人，只不过是地域的不同罢了。因此，这就要求我们真心爱护身边的每一个朋友，

每一位顾客。我们不妨和买家多交流，拉近彼此的距离，这样就不仅卖出了商品，还多了许多朋友。

13.2 安全交易，快乐淘宝

随着网络信息技术的发展和电子商务的普及，网上购物与销售给我们带来了实实在在的方便。无论在家里、办公室，还是在旅途中，只要能够上网，我们就可以销售商品或购买宝贝，但是随之而来的诈骗、诚信问题已经成为网上购物发展的一大障碍。如何保证网上交易的安全呢？这是越来越多的人所关心的问题，因此我们要掌握一些基本技巧，要有足够的安全防范意识，这样就不用再为安全问题担心了。

13.2.1 常见骗术大揭秘

随着网店交易的迅猛发展，网络诈骗也随之而来，下面我们总结了网上常见的具有代表性的诈骗形式，以便提醒卖家，谨防上当受骗。

一、不安全的网址不要进入，防止账号被盗

不安全的网址不要进入，更不要输入任何账号和密码。一般骗子会说“我想买你的东西，你的这个商品链接怎么打不开?”，然后发过来一个和淘宝链接类似的网址，如图 13－7 所示。这时，我们注意看上面这个链接的最前面，就会发现在旺旺窗口里面有个橙黄色的“?”，这就表示它是不安全的链接。

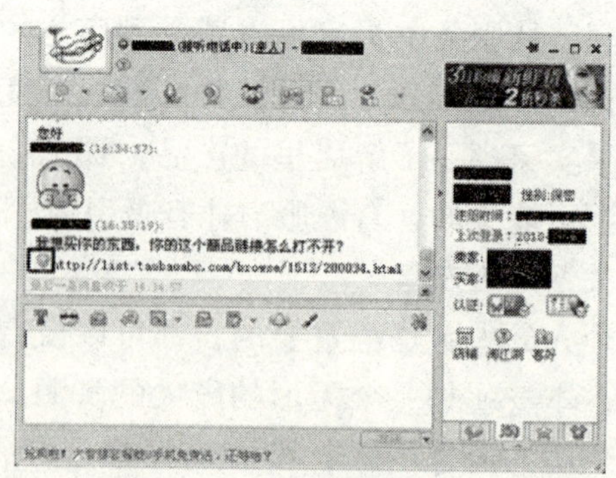

图 13－7 橙黄色的“?”

当把光标移动到这个链接上面时，会有个明显的警告提醒“阿里旺旺无法确定该链接的安全性”，如图 13 – 8 所示。

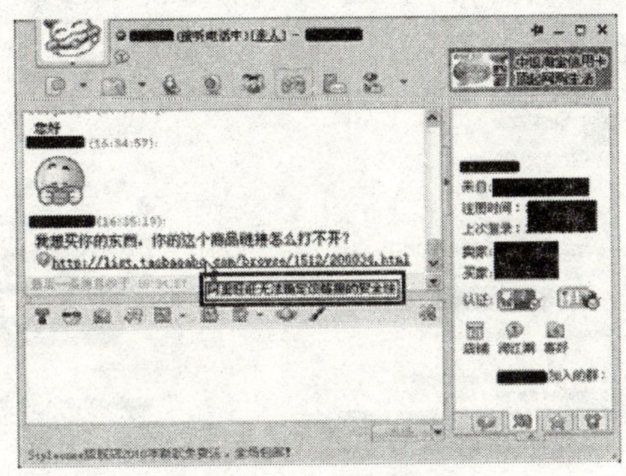

图 13 – 8　警告提醒

如果单击这个链接，会再次弹出一个警告对话框，提醒是否要打开，如图 13 – 9 所示。很多新手根本不看这个警告，照样打开，因而上当受骗。

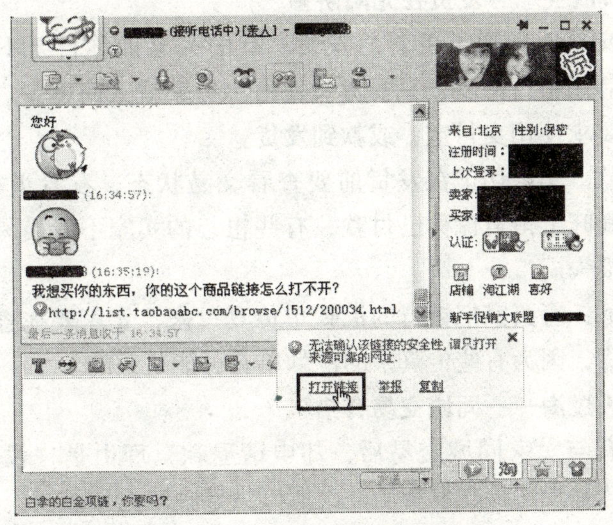

图 13 – 9　提醒是否要打开

单击“打开链接”，打开链接后，会进入一个淘宝会员登录的页面，如图 13 – 10 所示。仔细看上面的链接根本不是淘宝，在这里才是骗子的目的，骗取你的淘宝登录密码。千万不要在这个页面输入账户名和密码，以免账号密码被盗取，造成不必要的损失。

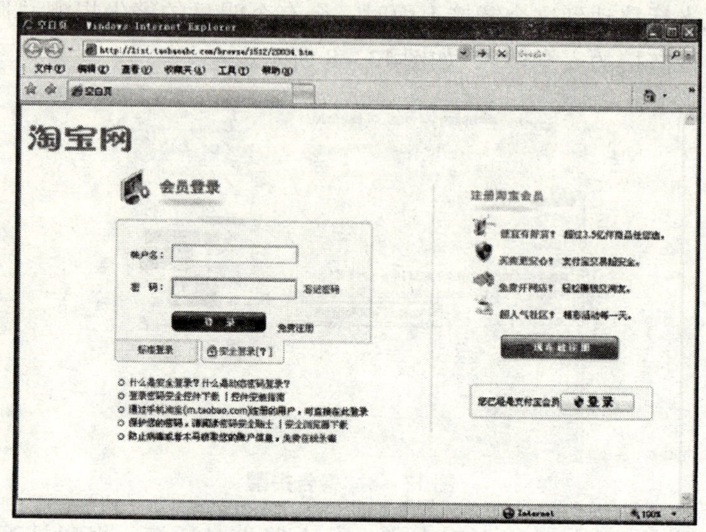

图 13－10　进入非法地址

二、金蝉脱壳——发货在先陷阱多

卖家在交易时，切不可着急发货。有的买家谎称自己不会使用支付宝，收到货后用银行汇款；只要货一发出，买家就人间蒸发。因此，卖家一定要强烈要求使用支付宝，或款到发货。

谎称付款：卖家切记在发货前要查看交易状态，看看买家是否付款。有些买家在旺旺上留言谎称已付款，有些粗心的卖家不看交易状态就轻易相信，造成损失。

真传假汇：有买家把银行的汇款单传真过来，卖家要在查清汇款是否到账后再发货，因为有些传真来的汇款单有可能是假的。

三、瞒天过海——同城交易有猫腻

有的买家与卖家同城交易后，却申请退款，理由是“没有收到货”，这时卖家自然是无法提交发货凭证，所以只好吃哑巴亏。

为了杜绝任何受骗的可能，同城交易时最好让对方写下收据，并防止收到假钞。

四、移花接木——退货之后藏隐患

如果买家要求退货，一定要在收到货后再退款。如先退款，可能就再也见不到你的货了。一定要严格按流程走，收到退货后再退款或换货，为

了防止买家在货物上做手脚，一定要当着快递面拆开，确认货物没问题后，再签字。

五、借刀杀人——木马“钓鱼网站”搞破坏

所谓“钓鱼网站”是一种网络欺诈行为，指不法分子利用各种手段，仿冒真实网站的URL地址以及页面内容，或者利用真实网站服务器程序上的漏洞在站点的某些网页中插入危险的HTML代码，以此来骗取用户银行或信用卡账号、密码等私人资料。在淘宝中用钓鱼网站的骗术有以下几种：

（1）在你购买了商品后，骗子会说你需要在另外一个网站提交一份订单才会给你发货。这时一定要长个心眼，你去他的网站下了这样的订单就等于告诉了骗子你的账号和密码。

（2）骗子拍下卖家的商品后，借口说没有支付宝，不放心和卖家交易，需要卖家在另外一个担保网站下个担保，否则就不予交易，这是骗子盗取账号密码的常用伎俩。记住不要轻易在其他网站提交你的淘宝账户和银行账户的任何信息。

（3）骗子买下宝贝，声称已经付款，让卖家查收邮件看看是否已经付款。一旦店主点击了邮件中的链接，输入账号和密码，账号就有被泄露的危险。

（4）骗子声称已用网上银行转账付款成功，且信誓旦旦地让卖家查询是否到款。此时应注意提防骗子伪造银行页面进行盗号，因此一定要熟悉各类银行网址，谨防被骗。

（5）骗子伪装成买家，给会员发送带有木马病毒的文件。如果点击了，账号密码很可能就会被盗取。因此要警惕接收一切可疑文件，避免电脑被木马、病毒侵袭。

六、中奖信息诈骗

骗子通过QQ、淘宝旺旺等网络聊天工具以及网络在线游戏、电子邮件等途径，向网友群发虚假中奖信息，提示人们登录活动网站主页或拨打咨询热线及时领取奖金。而当你拨打领奖热线后，对方会告知须先交个人所得税或缴纳邮寄费用等款项，致使一些不明真相的网友受骗。

这种类似中奖诈骗的消息太多了，千万不可相信。对于此种类型的无故中奖，只要多想想，多看看就不会那么容易上当了，但事实是不管是在

现实中还是在网络中被骗的比比皆是。在此提醒大家：天下没有免费的午餐，因此要记住不要登录他们的网站，更不要透露个人资料。

13.2.2 网上银行交易防骗技巧

随着网络技术的普及，越来越多的人开始利用网上银行处理个人资产，转账、支付或交易。但是，网络安全性又成了不少人担忧的问题。为尽可能地保障资金安全，避免造成不必要的损失，下面我们总结了一些防范招式，希望能对广大网上银行用户在进行风险防范时有所帮助。

一、核对网址

要开通网上银行功能，通常事先要与银行签订协议。进行网上购物或进入网上银行交易时，应留意核对所登录的网址与协议书中的网址是否相符，不要从来历不明的网页链接访问银行网站。谨防假网站索要账号、密码、支付密码等敏感信息，银行在任何时候都不会通过电子邮件、短信、信函等方式要求客户提供账号、密码、支付密码等信息。

二、安装正版杀毒软件，定时更新

要经常对电脑进行更新，把系统补丁补齐；要安装防火墙和正版杀毒软件；要注意升级查毒，发现了病毒要及时处理，切实做好电脑的安全保护工作。

三、避免在公用电脑登录网上银行

最好不要在公共场所，如网吧、公共图书馆等其他电脑上登录直接输入密码，要时刻提高警惕，防止电脑上有木马程序。上网之后最好清理一下上网记录，不建议使用记住密码。

四、设置安全性高的密码

注意保护好自己的密码，密码设置一定要强，建议数字加字母，增强密码的安全性。旺旺的登录密码、支付宝登录密码、支付密码在设置的时候一定要慎重，最好是三个密码不要一样，增强安全性。密码一定要保护好，账号和密码是绝对私人所有，不要轻易告诉别人。尽量避免在不同的系统使用同一密码，否则密码一旦遗失，后果将不堪设想。

五、管好数字证书

不管是网上银行还是支付宝账号，都有推出安全性能极高的数字证书，这是目前保障账号安全最有力的方式之一。目前银行的数字证书一般

需要花钱购买；支付宝的数字证书只要通过实名认证就可以免费申请。

六、交易明细定期查看

应对网上银行办理的转账和支付等业务做好记录，定期查看“历史交易明细”，定期打印网上银行业务对账单。这样就能做到尽早发现问题，尽早解决问题。

七、及时确认异常状况

如果在陌生的网址上不小心输入了银行卡号和密码，并遇到类似“系统维护”之类的提示，应当立即拨打相关银行的客户服务热线进行确认。万一资料被盗，应立即进行银行卡挂失和修改相关交易密码。

八、运用各项网上银行增值服务

可以申请开通银行的短信服务，无论存取款、转账、刷卡消费，还是投资理财，只要账户资金发生变动，在第一时间就能收到手机短信提醒，以实现对个人账户资金的实时监控。如发现异常，应立即与银行联系，避免损失。

13.3　向优秀网店学习

下面介绍一些在淘宝网上开店成功的案例，希望通过分享这些优秀卖家的生意经和奋斗精神，以帮助更多的人实现网上开店的创业梦想。

13.3.1　数码产品店

数码产品与网上零售具有天然的结合点，消费者均是消费能力较强的年轻人，所以数码产品网上零售得到了飞速发展。对数码产品来说，互联网显然已经成长为一个非常重要的销售渠道。

数码家电类店铺的成功秘诀是什么呢?

一、要有价格优势

大家都知道数码产品的价格是最透明的，在搜索栏里面输入你要搜索的产品名称或型号，直接就可以找到你想要的宝贝，价格还可以从低到高排列。完全一样的东西，当然会买最便宜的。因为数码产品除非是山寨的，只要是正品，绝对是一样的。不像服装，皮包什么的，品牌多，款式

多，材料杂，价格也就高低不一。网上卖数码产品类商品，一定要有价格优势。通过网店买到便宜的行货，还能享受很好的服务，对此很多人都会心动。

二、专业造就成就

数码产品的进入门槛相对较高，需要具备一定的专业知识，在店铺里每款产品的具体介绍，从规格参数到基本功能和高级功能，辨别产品的优劣以及帮助买家排除一些小故障，都要有非常详细的介绍，这些介绍会给人非常踏实的感觉。

三、清晰质感的图片

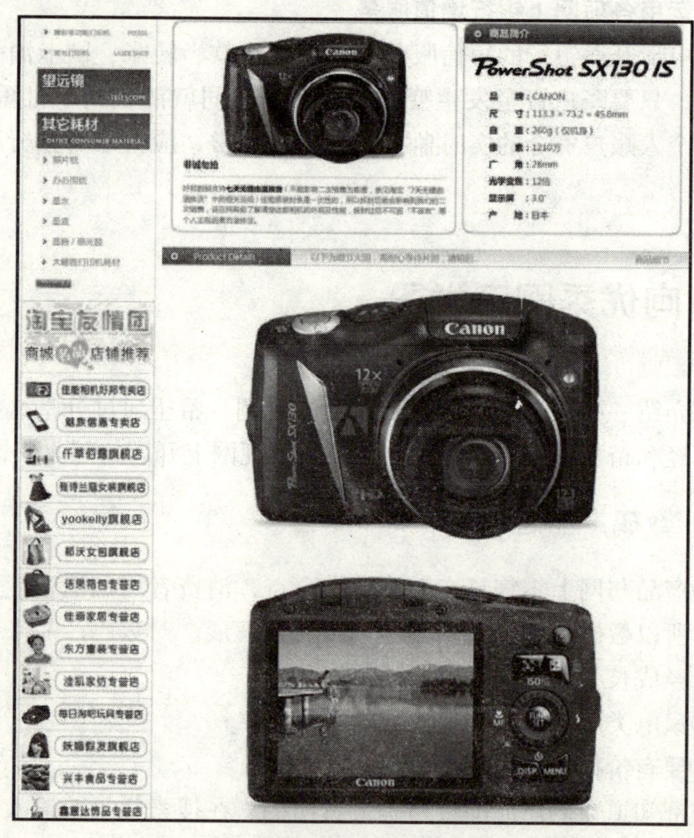

图 13－11 清晰的图片

买家在发生购买行为之前必须受到某种东西的强烈刺激，这个购买行

为才会得以迅速发生。在传统商店的时候，他可以亲自去触摸，去看看效果，而在网上，他所能见到的就只有图片与说明了，因此商品图片一定要清晰、详细，热心的店主还会给买家介绍更详细的内容。如图13－11所示清晰的图片。

四、质量和诚信是网店之本

网上购买数码产品最怕的是买到问题产品，而目前不可否认的是网上数码产品鱼龙混杂。若是质量不好，受影响最大的不是买家而是卖家。买家可能只买一次，以后就再也不买了，而卖家没有生意无异于自寻死路。

诚信相当重要，特别是刚开店时，假如有一个差评，那可能会导致以后的东西都卖不出去。

五、随时关注价格

由于数码类产品价格波动比较大，从厂商拿货后的网上定价，一定要与网下大厂商的价格变动保持一致。从绝对售价上讲，价格还要低出传统店铺2%～10%左右。否则很容易导致产品滞销，令有限的流动资金吃紧。

六、注意售后维修

销售数码、电脑、家电类产品，还要注重返修率，所以在进货时要先与厂商协商返修成本的问题，然后再决定进货的价格。店主还要懂得测试产品的好坏，辨别其质量程度，否则高返修率在吃掉利润的同时，也会对信誉造成不良影响。

13.3.2　珠宝饰品店

珠宝首饰是一种特殊的商品，随着经济的持续快速增长，中国珠宝首饰消费需求越来越大，市场潜力不断扩张。据最新统计数据表明，2010年我国珠宝年销售额将超过2 000亿元，消费能力居世界第三，仅次于美国和日本。中国珠宝首饰行业经过二十年突飞猛进的发展，已经成为继房地产、汽车之后的第三大消费热点产业。

传统的实体店销售能够让顾客和商家直接面对面，并亲眼看到实物，这种真实感和愉悦感是别的方式无法替代的。但是，与传统的实体店铺销售相比，网上销售珠宝的商务模式有着巨大的成本优势。

由于网上开店不存在实体店面成本，也很少有甚至没有库存成本，并且减少了流通环节的一些成本，因此其产品在价格成本上具有一定的优

势，同等品质的钻石比传统店铺的售价要便宜20%～30%左右。

那么，珠宝首饰类店铺的成功秘诀是什么呢？

一、明确的目标

当决定开珠宝饰品店之后，首先要确定走什么样的路线。这类产品种类繁多，总结起来有两大类：一个是大众类，一个是民族特色类。对于民族特色类，一般只有有稳定货源的才会做。

如图13－12所示的店铺是一个专业的珠宝饰品店。种类上包括钻石项链、钻石戒指、钻石耳环、钻石手链、纯银饰品、情侣饰品、男士饰品等，尽量在品种上做到齐全，让买家有足够的挑选余地。

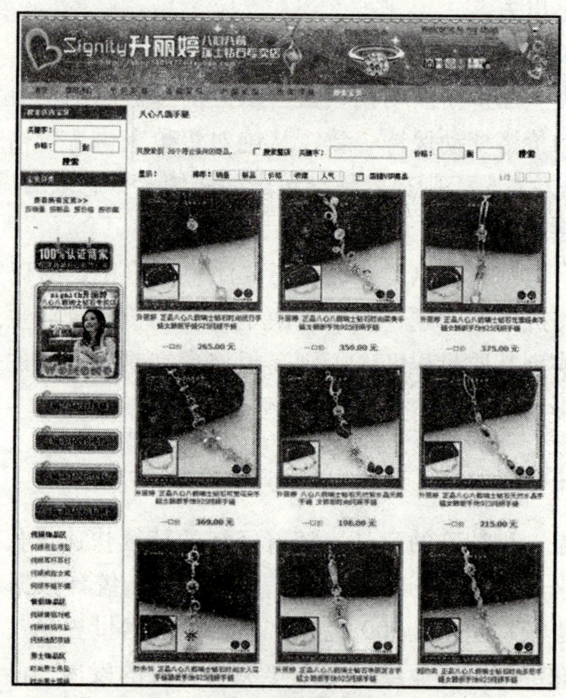

图13－12　专业的珠宝饰品店

二、商品优势

客户来到店铺，能否引起客户购买的欲望，主要依靠产品是否能吸引人。因此，做饰品还要注意流行趋势，以及当前饰品的走势，在款式上先取胜。网上饰品店除了在款式上要有优势，还要在价格上有优势。

三、全面提高服务质量

消费者购买珠宝首饰产品，除了考虑质量和价格因素以外，还会考虑其他方面的因素，其中服务为重中之重。因此，想消费者所想，提供消费者所需的各种服务，是成功的珠宝首饰营销活动的核心所在，优质的服务已成为商家竞争的重要手段。

在现代商品营销活动过程中，消费者除了看重实体产品外，对附加产品也非常看重，而附加产品价值的大小，往往是消费者评价购后感觉，以及是否能给销售带来更多的“回头客”的重要因素。还可以建立消费者档案，以便实施定期回访、资料配送、二次优惠、首饰款式的更新与调换、授予荣誉顾客等，使消费者从心理与实惠上得到真正的满足。

四、利用公众人物，提升珠宝首饰形象

珠宝首饰店在营销活动过程中，可以充分利用公众人物的名人效应，来提升珠宝首饰产品的形象。名人的影响力是无形的，但却能够使特定的产品在公众中产生公众效应和轰动效应。

13.3.3 服装店

通过调查发现，网上购买服装的消费者在网上购买服装的金额占到了全部服装消费额的四分之一，而且随着网购服装经验的增加，网购服装的金额占比逐渐提高。

网上服装市场毛利高，但竞争环境也相当激烈。服装网店比比皆是，如何让你的网店脱颖而出，在竞争中立于不败之地，这需要你在网店的经营管理方面多费心思，多去找些有关网店经营的技巧，真正用心来开网店，用心维系客户。

一、学习服饰知识，锻炼眼光

学点服饰方面的专业知识，比如面料区分、颜色搭配等。开店可以不要学历，但不可没有学习力。

多看一些时尚栏目，如《美丽俏佳人》等；还有就是时尚杂志也要翻翻，如《瑞丽》等。一定要知道流行什么，了解流行趋势。

二、注意进货技巧

服装店经营的好坏关键在进货。进货时要一看款式，二看价格，三看流行，四看面料。只要是款式新、价格低、面料好并符合流行趋势的服装

都能卖个好价钱。进货最好货比三家，如果是第一次去进货，应先多看，多听，然后问一下零售价，是否能优惠等，了解了最低零售价，心里就应该知道批发价在哪个范围了。

三、商品采用模特实拍

其实很多时候，卖衣服不仅仅是款式、色彩的问题，而是能否把服装展示得更好，让顾客接受你的商品。如果是想用心地经营一个属于自己的品牌店的话，采用模特实拍图片是必不可少的。建议经营服装的卖家用真人做模特拍摄图片，给买家传达更多的信息。

四、搭配其他商品卖

服饰要学会搭配其他商品卖，服装与饰品搭配；裙子与鞋子搭配；新货与旧货搭配，搭配得好会卖得让你心花怒放。

五、注意季节性

服饰的流行周期短，变化快，刚开店的新手不能把握好规律，切记要见好就收。如果不明白这个道理，还在大量的进尾货，还在为占了厂家清季而处理的便宜货得意时，你进的货已可能会因转季打折而卖不了好价钱，或需求少影响到销售不理想，所以看准季节时机慎重进货也是一个重要方面。

六、商品定价不能高

电子商务信息快捷，范围广阔，消费群体复杂多样，同样的商品消费者能够轻易快速的获得性价比的准确信息，所以网上销售的优势就是价格。

如果商品的价格定得太高，就没有竞争优势，除非是独家经营，垄断销售。但采用薄利多销的方式同样能让店铺获得更多的买家。

七、点到为止，拒绝压货

每到换季时节，大部分商店都在做最后的清仓处理，以棉袄为例：夏天对棉袄打的折扣都很诱人，而服装在刚上市的时候一般是不怎么打折的。服装的进货多少，一定要根据实际情况，计划赶不上变化，不能贪一时便宜，而亏了自己，要量力而为。

勤进快销是加快资金周转、避免商品积压的先决条件，也是促进网店经营发展的必要措施。当然，也不是进货越勤越好，还需要考虑网店的条件及商品的特点、货源状态、进货方式等多种因素。

13.3.4　化妆品店

利润丰厚的化妆品市场，无论网上或网下都蕴藏着巨大的商机，这自然吸引了大量商家进入。一方面，化妆品的高额利润给投资者带来了巨大的商机；另一方面，激烈的竞争也会带来较大的商业风险。

一、首先选对化妆品

首先要选自己了解且质量有保证的宝贝。货源必须稳定，最好找有实力的厂家供货。如果是做网络代理，要认真考察一下对方是不是厂家或公司，能不能提供真实的营业执照等，这样才能保障供货稳定。

二、保证质量

化妆品生意和其他门类的生意一样，对待进货渠道也要慎之又慎。因为化妆品不同于其他用品诸如服装、鞋帽、箱包等，它属于精细化工产品，对待质量的要求相当高。衣服可以穿水货的，手袋可以提水货的，用在脸上或身上的护肤品如果也是水货的那就糟了。买家一旦使用假化妆品，不但不能美容还很可能被毁容。因此，买家对于化妆品质量的担忧，是化妆品网店经营最大的问题。如果没有买家的信任，对一家新开的网店来说很可能是致命的。推出“承诺无条件退货”等售后服务，对于提高买家的信任很有必要。

三、要有价格优势

为了获得买家的信任，商品的定价也十分讲究。在化妆品的定价上一定要适中，不能太高也不能太低。价格高了会没有竞争力，消费者会认为有“宰客”嫌疑，从而失去对商家的信任；而价格低了则会引起买家怀疑产品的真假，因为消费者总是认为“便宜没好货”。

在商品的定价上要先参考多家网店的价格，再为自己的商品定一个最适合的价格。

四、要找到卖点

卖化妆品，一定要拿出一个招牌品牌，或推荐自己觉得好用的。因为毕竟效果怎么样自己最清楚。卖点就是店铺的闪光点，就是店铺吸引买家购物的地方。如图 13 –14 所示化妆品店铺，有自己的卖点产品，销售非常好。

卖家最好有一款是淘宝上价格最低的正品，作为自己店铺的免费流量通道，这个就像免费广告，该款宝贝保证有利润就行，它所带来的流量才

是最重要的。

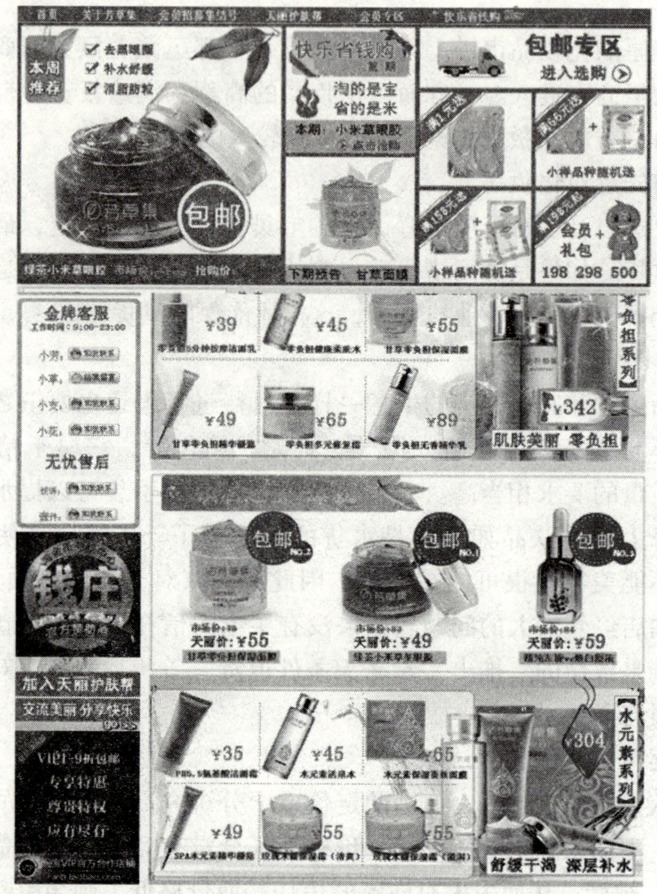

图 13－14　化妆品店铺的卖点产品

五、重视老客户

据了解，网上化妆品店“80% 的利润来自于 20% 的老客户”，由于化妆品是日用品，用完了还要消费，因此，在经营的时候应该努力去抓住每一个买家，让买家踏踏实实地做个回头客。

六、客服人员和售后服务

淘宝网店客服不同于实体店铺，实体店铺的客服可以通过笑容、体贴，或其他肢体语言来展示，缩短与客户之间的距离。淘宝却不一样，淘宝上卖家太多，竞争对手太多，要想发展起来，就要做出自己的特色。就

客服而言，首要目标就是赢得客户的信任，要对客服人员进行培训，让客服人员了解，作为网店客服的第一目标不是为了卖产品而是为客户着想。对于产品，有一说一，能就是能，不能就是不能，不清楚的就说不清楚，千万不能想着忽悠客户，没有客户喜欢被欺骗，所以实事求是是建立客户信任的根本。

13.3.5 地方特产店

随着网上购物这种消费方式的走红，越来越多的土特产通过网络走进了全国市场。在淘宝网输入“特产”，就能检索出很多产品信息，随便进入一家网店的首页就能看到各类特产。细心的店主通过把产品归类，每一项都分得很细致。俗话说“靠山吃山”，所以不妨选择选择自己身边的最好具有地方特色的产品。

典型案例——重庆姑娘网上开店卖特产

一个 22 岁的重庆姑娘，依靠在网上销售重庆的各种特产名小吃，现在一个月网上的销售额已经突破 8 万元，客户遍布中国各大城市。前不久，由于一个人忙不过来，网店销售也从一个人变成了三个人。她的网店如图 13－15 所示。

重庆姑娘网上叫卖重庆特产

网商“心田”2006 年曾在北京经营北京和重庆的特产名小吃，但经营成本比较高，于是在 9 月份回到重庆，开始在淘宝网上卖重庆特产名小吃。

“心田”的网店“重庆馋猫 Party”最初的客源来自于她在北京开实体店时所积累下来的老客户，货源则是来自重庆本地的食品厂商，宣传依靠在网上四处发帖，像重庆本地的磁器口麻花、灯影牛肉、白市驿板鸭、合川桃片等都是“心田”销售的主力商品。

“和其他网商相比，我觉得我的经营优势在于价格低，每箱食品我只赚几块钱，利润薄，卖食品关键是要走量。”“心田”说，主要是自己还能保证食品的新鲜度。

客户遍及全国各地

在“心田”的网店看到，目前“心田”的客户基本上已遍布中国各大城市，绝大多数买家来自外地。而且很多客户都是一个公司的同事采取团

购的方式前来购买。“其实重庆的名特产小吃在全国都挺有名，很多外地的公司员工，自发组织集中购买，这种客户群占了目前网店销售的70%。每个月的销售额大约在8万元左右。”心田说。

图 13－15　特产网店

目前“心田”已成为一名专职网商，在石桥铺租了房子专门经营网店。谈到自己的网上生意经，“心田”总结了两点：一是网上价格战比实体店更厉害，面对价格战最好的办法是打品牌，留住老客户；二是网上开店一定要做自己擅长的东西。“我就不会去卖服装，因为我对那个行业完全不懂。”“心田”说。